彩图1
《姑娘莫愁》季立新摄
整幅画面中蓝色占了近75%的面积，故属"冷"色调。蓝色又可寓悲哀，与被摄者微蹙的眉头、失神的眼神相联系，形成了愁与悲的基调

彩图2
姜增祚摄
采用明显低于胶片指定色温的光源进行造型，致使整幅照片呈现出暖调效果，与结婚所要表现的温馨的二人世界非常贴切

彩图3
姜增祚摄
当整幅照片中都是大片的冷色时，用局部暖色（渐变）来丰富背景的色调，并让其与花束相呼应，增加些婚纱的喜气

彩图4
《旭日》郭良荣摄
　　一对情侣互相深情地对视着，款款迎向朝阳。新娘的曳地长裙在画面的左下方占据了较大的空间，于是新娘左肩抱花，让花束点缀左上方过于空旷的背景。初升的太阳填补了牵手处腾出的空间

彩图5
《人像习作》姜增祚摄
　　端起的杯子既不是放在桌子上，也不在嘴边，而是在二者之间，人物的姿势显得静中有动。可以从这种姿势中感到画面之外还有一位朋友，二人正在亲切交谈

彩图6
姜增祚摄
　　被摄者的手和手腕形成缓曲线，上体前倾，头也略低，使手撑到下颚处。体型线呈反"S"线，与右臂的曲线呼应，婀娜窈窕的体形跃然而出

彩图7
姜增祚摄

被摄者手腕和手臂处于直线状，最上一节手指又处在此直线的延长线上。于是胸得挺起来，头略反向倾，面向再回正些。塑造出来的形象则相对开朗明快一些

彩图8
姜怡摄

除了一头略有波浪的长发外，以硬线、折线为多的画面，结合对角线的主线条、休闲上衣和牛仔裤，一位活力四射且又带些"野"味的"假小子"便跃在人们的眼前了

彩图9
姜怡摄

与传统的静态双人婚纱像相比较，只是对新郎在头姿、面向、腰肢和腿脚这几个因素上作了调整，结果却产生了明显的动态，让人感觉是抓拍的

彩图10
姜增祚摄
　　摄影师运用较短焦距的镜头，在较近的距离拍摄，充分利用"近大远小"的透视规律，让近处的男子变得大些，使离镜头远些的女士缩小些，男女形象大小的比例就较为和谐了

彩图11
伍丽萍摄
　　被摄者用手遮住部分腮，使下巴变尖，呈现瓜子形脸

彩图12
伍丽萍摄
　　被摄者基本上腮全露，呈现卵圆形脸。对照彩图11，说明了姿势造型的因人而异还包含了"美化形象"的作用

彩图 13
姜增祚摄
浓黑的背景、深浓的衣帽和浓重的阴影，包围了被强光、硬光照明的一小部分面部。这一小部分面部，尤其是鼻梁光就显得更为明亮、挺拔

彩图 15
《"上轿"之前》施宝安摄
从画面构图的角度来看，人脸和脖、胸无论从角度、冷暖、面积、虚实、位置等方面来看，都具有成为视觉中心的条件。而通过主体与陪衬之间的虚实对比，进一步加强了视觉中心的中心地位

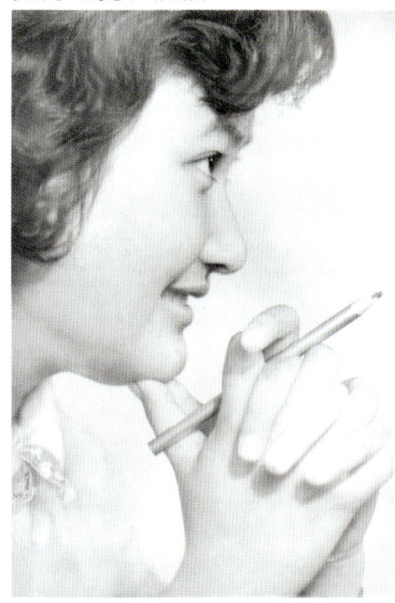

彩图 14
姜增祚摄
这是一幅高调人像，显示了大面积明色块包围中的深色线条。画面既突出了被摄者颇具美感的全侧面特征曲线，又保留了女青年肌肤娇嫩的质感

彩图 16
《乔治·洛蒂》
顾云兴摄
显示被摄者的个性：幽默风趣、意气风发、神采飞扬，为自己的职业自豪

彩图17
姜怡摄
通过引导视线，使被摄对象"眼活神露"。画面中姑娘的眼神既喜悦又羞怯，而面部表情却是喜悦

彩图18
姜怡摄
尽管身体朝向侧前方，但人物圆圆的眼珠及其视线方向，使人感到似在滴溜溜地转动。于是，活泼开朗、机智俏皮的神态豁然显现于眼前了

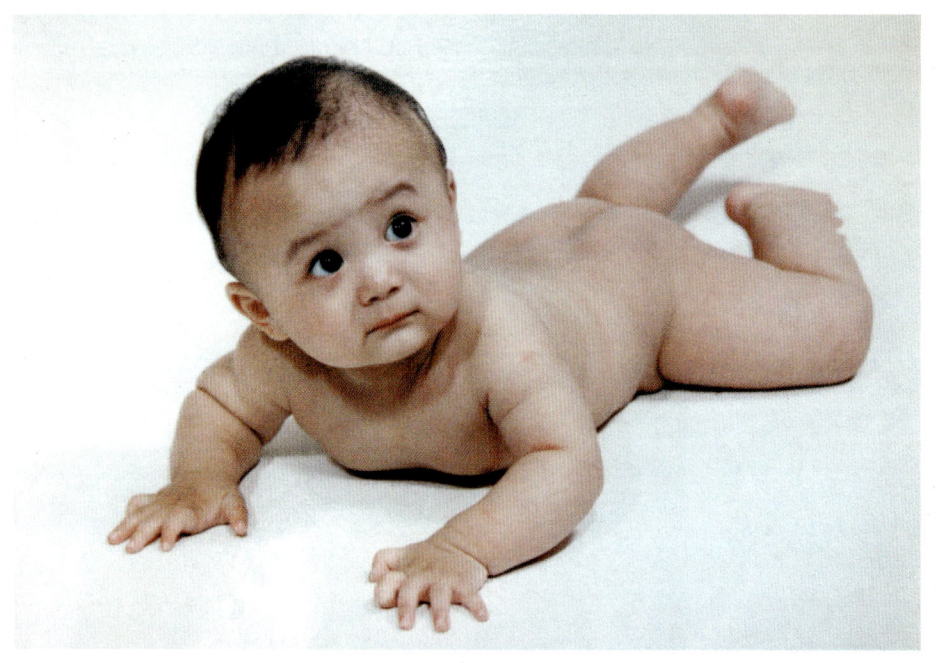

彩图19
《小天使》
章荣海摄
照片中婴儿胖乎乎的小胳膊、小腿费力地支撑和爬行，显得童趣十足

彩图 20
《逃出小天地》姜怡摄
　　童趣、童真写满在孩子的脸上。这样的神态，尤其是张大的嘴和伸出的舌头，只可能也只适宜出现在儿童的脸上

彩图 21
《外婆！我来好吗？》姜增祚摄
　　画面中的儿童，手持着电话，对着话筒就要与外婆通话呐！对自己最喜欢的人做自己最想做的事，这种喜悦的心情就溢于言表了

彩图 22
姜增祚摄
　　一坐一站的双人全身像，两人的身高差别弹性范围可大些。整幅照片的感受就是互敬互爱、互依互靠、志趣相同而且淡雅高洁

彩图 23

成对角线相向布置的光线集中透射到食品上。黑色丝绒背景与黑碗一起产生大片黑暗，在黑暗衬托下，色彩鲜艳的食品非常突出

彩图 24

主光透过霜面有机玻璃将整碗汤照亮，两只辅助灯光分别照亮了画幅边角的筷子和碗盖，光感柔和，很好地突出了汤的浓郁感和热气腾腾的食欲感

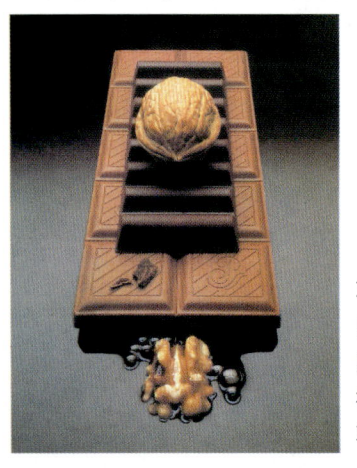

彩图 25

摄影师将两种不同基调的巧克力和核桃搭配起来，以突出照片主体诱人的味道。整幅照片非常有深度感，画面具有极强的透视感，好像巧克力把观赏者拖进画面中一样

彩图 26

大块的金黄，配上背景中少许的灰色调，整幅照片构图张力十足，让人感觉忍不住想品尝这美味佳肴

彩图 27
这是一张拍摄精美的饮料图片,其主体加入了冰块和柠檬片。为了产生最佳的气泡感,玻璃杯装满了二氧化碳汽水

彩图 28
这张表现啤酒的照片,构图上四平八稳,但在用光上颇为讲究,其关键在于啤酒的容器——啤酒杯的用光表现

彩图 29
照片中并没有使用高高的普通啤酒杯,而是用了一个喝白兰地的大酒杯,酒杯外侧喷上了水,还把酒杯下面的立柱加以遮挡

彩图 30
饮料主体完全被四溅的水花所包围,整个画面产生了一定的空间层次感

彩图 31

照片看似简单，实际用光极为讲究，在照明上用了 12 盏灯之多。整幅照片构图非常饱满，色彩把握也比较柔和

彩图 32

在这张水从杯子边倾泻而出的照片中，摄影师表现出了强烈的动感。玻璃杯和瓶子的位置都超出了画面之外，溅出的水花更是拍摄的要点所在

彩图 33

拍摄宝石时要保持各面层次的鲜亮，各棱边清晰，且明度变化要有韵律，暗面和耀斑都不可缺少，这样才能流光溢彩

彩图34

摄影师将柔光箱进行适当的布置,从而使光线直接投射到正面的丝绸上,产生了比反光板光线还要强烈的直射"硬调"柔光,在这些本身具有闪光性质的物品上实现了理想的光泽

彩图35

这张高调的照片,主光从略高处投射,勾勒出了前部轮廓线;辅助光从右侧投射,勾勒出了计算机右面的线条;前方照亮显示器的光束前加放了黑纸板,使得整张画面色调起伏分明,但又和谐统一

彩图36

要表现出拖鞋剪裁讲究、缝线精致、质感真实的一面。因此,在用光上较软,所有光源均通过投光板漫散射到被摄体上

彩图 37

　　这张表现计算机的照片，多种光源的使用使得整幅画面色彩饱满，层次清晰，很好地传达了商品的质感和美感

彩图 38

　　暗线条和亮线条的合理处理，加强了杯子的立体感

彩图 39

　　高档日用品的表面光洁程度高，反射光的性能与映射物像的性能均强。因此在拍摄上，既要充分表现其质感，又要完美刻画其造型

彩图 40
主光从侧稍后水平光位处投光,前面放置扩散棚以柔化光性,下部背景采用光源补光

彩图 41
利用隔离布光最大限度地消除银器和不锈钢制品的耀斑

彩图 42
棉布和毛料织品属于吸收型被摄体,在布光中不会出现耀斑。因此,布光重点为表现纹理和花色质感

彩图43
《晒佛》潘锋摄
藏族每逢藏历新年，都将举行盛大的晒佛节，以求来年五谷丰登、六畜兴旺

彩图44
《赶集》陈筱枫摄
各民族都有自己的节日，白族姑娘们穿上了自己的民族服饰去赶集

彩图45
《交流》陈筱枫摄
身穿筒裙的傣族姑娘邂逅在热带植物园

彩图46
《泼水节》陈筱枫摄
泼水节是西双版纳的重要民族节日，人们以泼水的方式互祝吉祥

彩图47
《祈福》陈筱枫摄
捻珠转经，祈求神佛保佑

彩图48
《转经》陈筱枫摄
在西藏的寺庙中，每天有许多藏民来朝拜

彩图 49
《渔舟唱晚》祖忠人摄
一幅构图完美的舞台摄影作品，应该主体突出，画面均衡

彩图 50
《雀之灵》祖忠人摄
抓住舞台表演的精彩瞬间

彩图 51
《黄河儿女婚嫁图》祖忠人摄
把握好舞台摄影艺术中影调的处理，对烘托主题，突出人物性格起着推波助澜的作用

彩图 52
《酣畅》祖忠人摄
　将运动中的瞬间"凝固"在胶片上

彩图 53
《空中飞人》 祖忠人摄
　把握快门开启时机，体会动感美在舞台艺术摄影中的独特魅力

彩图 54
《外交家基辛格》 潘锋摄
　纪实摄影是不干涉被摄对象、不破坏现场环境气氛而摄录事物客观形象的"原生态摄影"

彩图 55
《三阳开泰渔晚晴》
潘锋摄

彩图 58
《矛盾》怀特摄
　　这是一幅超现实主义流派的作品，图中的平民排着长队购买食品，而上层社会的阔少坐在豪华的轿车里，这就是当时的现实冲撞和社会矛盾

彩图 57
《仙境》潘锋摄
　　写意作品，用虚拟、比拟的手法表现美好河山

彩图 56
《大漠古堡》潘锋摄
　　丽景作品通常以山水自然风光为题材，它注重景物的自然美和光影的艺术美

彩图 61
《远行》
潘锋摄
被摄景物在直射光线照射下,影纹线条有力,受光面和阴影面的光比较大,反差强烈,影调明朗,立体感强

彩图 59
《嫉妒》潘锋摄
这是一幅诙谐的批评性照片。在此类无知者的眼中,是看不清真正的美的形象的。所以在拍摄时,借用长焦距和大光圈产生的小景深,把维纳斯虚化,寓意愚昧者对事物的态度与结果

彩图 60
《十月的螃蟹》黄翔摄
借意叙事作品。借以表达粉碎"四人帮"后的喜悦心情

彩图62
《漓江泛舟》
潘锋摄
　　被摄景物在散射光线照射下影调柔和,色彩饱和,无鲜明反差,但缺乏立体效果

彩图65
《川西风光》潘锋摄
　　白色具有最大的明度,寓意着光明的、积极的、进步的、向上的精神色彩,它在画面中有向外延伸、扩展的视觉感受

彩图63
《过街》名家摄
　　依托光线与影调来构成环境和气氛

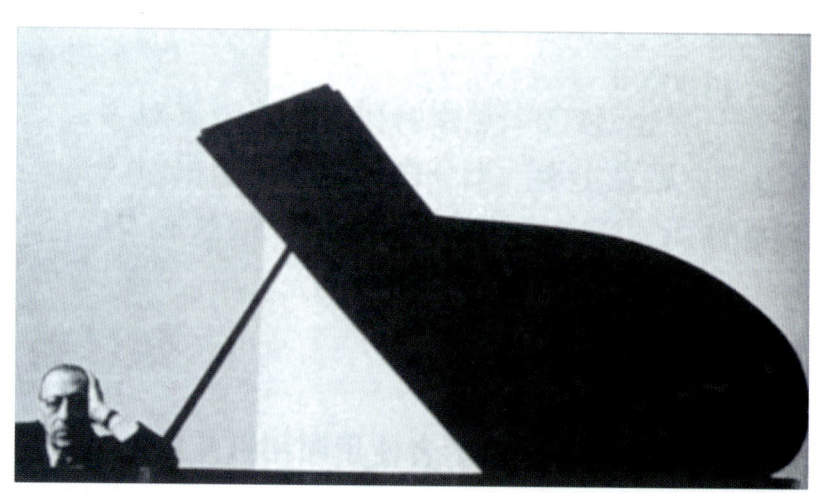

彩图64
《钢琴家》卡什摄
　　线条和形状是摄影构图中的两大基本结构,对作品的主题往往起到"画龙点睛"的作用

彩图 67
《维纳斯家属》潘锋摄
运用画面结构中的对比手法，丰富画面的表现形式，使主题更有表现力度

彩图 66
《面包》陈康龄摄
静物摄影，依托光线表现物体的质感

彩图 69
《战争与和平》陈复礼摄
作者借用鸽子象征着和平、铁丝网寓意着战场，来呼唤人们反对战争，保卫和平

彩图 68
《生活的两种方式》
雷蓝德摄
这是1857年英国曼彻斯特艺术珍品展览中的一幅摄影作品。它是用圣经中的故事情节，模仿西洋画中的笔触，将多张摄影作品拼合而成的摄影艺术作品。这幅作品成为画意派摄影作品的典范

彩图 70
《穹顶之月》亚当斯摄
　　预想中的影像密度，这就是亚当斯区域曝光的核心。他运用滤色镜、曝光控制、显影控制，最终达到丰富的层次与理想的影调

彩图 72
《稻子与稗子》李英杰摄
　　寓意深刻的画面，让观者在摄影家的丰富、绝妙的想象中品味出做人的哲理

彩图 71
《我要读书》解海龙摄
　　作者以江淮大地上一个农村少女对读书的渴望和期盼眼神，打动了亿万民众

彩图 73
《征程》潘锋摄
作者用旋梯来比喻中国的建设历程是曲折向上的

彩图 74
《双龙喜日满天红》潘锋摄
只望"小龙"早日回归,同沐金色阳光。表达了作者盼望台湾早日回归祖国的企盼

彩图 75
《"经济"观点》潘锋摄
曝光以水下的钱币为标准,因而使这些"欲得利者"成为黑色的幻影

彩图 76
《生命》
潘锋摄
老褐色的枯叶和嫩绿色的幼苗,相互仰望,倾诉着生命的春秋;新陈代谢,演绎着历史的沧桑;晨昏朝夕,谱写着生命的哲理

彩图 77
《山盟海誓》潘锋摄
海涛激起阵阵白色的浪花，簇拥着这对爱侣纯洁的爱情；即将西落的红日，把玫瑰色的祝福献给这对天底下最幸福的人

彩图 80
《祈祷》潘锋摄
运用形式上、视觉上和意念上的高调构图，将画面中的主人公定格于洁白纯净的苍天一角，从而使作品寓以净地、净空、净身、净心、净愿、净灵的意境

彩图 79
《雾云山庄》潘锋摄
浓浓的云雾及题词，都起着平衡画面的作用

彩图 78
《开发与振兴》潘锋摄
一张照片，记录了这座古老城市的历史，见证了改革开放的发展，又憧憬着辉煌的未来

1+X 职业技术·职业资格培训教材

摄影师

（中级）

主编 吴本宁
编者 吴本宁 潘　锋 姜增祚
　　　王　骅 陈筱枫 祖忠人
审稿 唐光波

劳动和社会保障部教材办公室
上海市职业培训指导中心　组织编写

中国劳动社会保障出版社

图书在版编目(CIP)数据

摄影师：中级/吴本宁主编．—北京：中国劳动社会保障出版社，2005
职业技术·职业资格培训教材
ISBN 7-5045-5056-6

Ⅰ．摄… Ⅱ．吴… Ⅲ．摄影技术-技术培训-教材 Ⅳ．TB8

中国版本图书馆 CIP 数据核字(2005)第 049684 号

中国劳动社会保障出版社出版发行
（北京市惠新东街1号 邮政编码：100029）
出 版 人：张梦欣

*

三河市华骏印务包装有限公司印刷装订 新华书店经销
787 毫米×1092 毫米 16 开本 13.5 印张 1.5 印张彩插 292 千字
2005 年 9 月第 1 版 2016 年 9 月第 9 次印刷
定价：26.00 元

读者服务部电话：(010) 64929211/64921644/84626437
营销部电话：(010) 64961894
出版社网址：http://www.class.com.cn

版权专有 侵权必究
如有印装差错，请与本社联系调换：(010) 50948191
我社将与版权执法机关配合，大力打击盗印、销售和使用盗版图书活动，敬请广大读者协助举报，经查实将给予举报者奖励。
举报电话：(010) 64954652

内容简介

本教材由劳动和社会保障部教材办公室、上海市职业培训指导中心依据上海1+X职业技能鉴定考核细目——摄影师（四级）组织编写。本书从强化培养操作技能，掌握一门实用技术的角度出发，较好地体现了本职业当前最新的实用知识与技术，对于提高摄影人员的基本素质，掌握中级摄影师的核心知识与操作技能有很好的帮助和指导作用。

本教材主要内容包括：摄影技术基础、数字摄影技术、艺术人像摄影、静物及产品摄影、应用摄影、艺术理论知识等。另外，为了检验参加培训者的学习效果，在每单元后附有单元测试题及答案，在全书后附有知识考核模拟试卷及答案。

本教材可作为摄影师（四级）职业技能培训与鉴定考核教材，也可供中等职业学校师生及从事摄影工作的人员学习、掌握中级摄影师的先进知识和技能，或参加职业培训、岗位培训、就业培训使用。

前 言

职业资格证书制度的推行,对广大劳动者系统地学习相关职业的知识和技能,提高就业能力、工作能力和职业转换能力有着重要的作用和意义,也为企业合理用工以及劳动者自主择业提供了依据。

随着我国科技进步、产业结构调整以及市场经济的不断发展,特别是加入世界贸易组织以后,各种新兴职业不断涌现,传统职业的知识和技术也愈来愈多地融进当代新知识、新技术、新工艺的内容。为适应新形势的发展,优化劳动力素质,上海市劳动和社会保障局在提升职业标准、完善技能鉴定方面做了积极的探索和尝试,推出了1+X的鉴定考核细目和题库。1+X中的1代表国家职业标准和鉴定题库,X是为适应上海市经济发展的需要,对职业标准和题库进行的提升,包括增加了职业标准未覆盖的职业,也包括对传统职业的知识和技能要求的提高。

上海市职业标准的提升和1+X的鉴定模式,得到了国家劳动和社会保障部领导的肯定。为配合上海市开展的1+X鉴定考核与培训的需要,劳动和社会保障部教材办公室、上海市职业培训指导中心联合组织有关方面的专家、技术人员共同编写了职业技术·职业资格培训系列教材。

职业技术·职业资格培训教材严格按照1+X鉴定考核细目进行编写,教材内容充分反映了当前从事职业活动所需要的最新核心知识与技能,较好地体现了科学性、先进性与超前性。聘请编写1+X鉴定考核细目的专家,以及相关行业的专家参与教材的编审工作,保证了教材与鉴定考核细目和题库的紧密衔接。

职业技术·职业资格培训教材突出了适应职业技能培训的特色,按等级、分模块单元的编写模式,使学员通过学习与培训,不仅能够有助于通过鉴定考核,而且能够有针对性地系统学习,真正掌握本职业的实用技术与操作技能,从而实现我会做什么,而不只是我懂什么。每个模块单元所附单元测试题和答

前 言

案用于检验学习效果,教材后附本级别的知识考核模拟试卷,使受培训者巩固提高所学知识与技能。

本教材虽结合上海市对职业标准的提升而开发,适用于上海市职业培训和职业资格鉴定考核,同时,也可为全国其他省市开展新职业、新技术职业培训和鉴定考核提供借鉴或参考。

新教材的编写是一项探索性工作,由于时间紧迫,不足之处在所难免,欢迎各使用单位及个人对教材提出宝贵意见和建议,以便教材修订时补充更正。

劳动和社会保障部教材办公室
上海市职业培训指导中心

目 录

第一单元　摄影技术基础 ……………………………………………………（ 1 ）
　第一节　摄影光学基础 ………………………………………………………（ 1 ）
　第二节　感光材料特性与特性曲线 …………………………………………（ 4 ）
　第三节　曝光与测光 …………………………………………………………（ 16 ）
　第四节　滤色镜 ………………………………………………………………（ 28 ）
　第五节　中幅面照相机的构造与使用 ………………………………………（ 32 ）
　第六节　银盐图像的冲印技术 ………………………………………………（ 35 ）
　单元测试题 ……………………………………………………………………（ 41 ）
　单元测试题答案 ………………………………………………………………（ 43 ）

第二单元　数字摄影技术 ……………………………………………………（ 45 ）
　单元测试题 ……………………………………………………………………（ 74 ）
　单元测试题答案 ………………………………………………………………（ 76 ）

第三单元　艺术人像摄影 ……………………………………………………（ 77 ）
　第一节　人像摄影的造型技巧 ………………………………………………（ 77 ）
　第二节　人像摄影的拍摄方法 ………………………………………………（130）
　单元测试题 ……………………………………………………………………（141）
　单元测试题答案 ………………………………………………………………（142）

第四单元　静物、产品摄影 …………………………………………………（148）
　第一节　静物摄影的常用器材设备 …………………………………………（148）
　第二节　静物摄影的质感表现 ………………………………………………（152）
　第三节　产品摄影的拍摄方法 ………………………………………………（154）
　第四节　微距的拍摄 …………………………………………………………（158）
　单元测试题 ……………………………………………………………………（166）

目 录

单元测试题答案 ·· (167)

第五单元　应用摄影 ·· (171)
第一节　民俗摄影 ·· (171)
第二节　舞台摄影 ·· (180)
单元测试题 ·· (182)
单元测试题答案 ·· (183)

第六单元　艺术理论知识 ·· (185)
第一节　摄影艺术的表现形式 ·· (185)
第二节　摄影艺术的审美要素 ·· (186)
第三节　表现形式 ·· (189)
第四节　摄影艺术的创作要点 ·· (190)
第五节　摄影艺术作品赏析 ·· (192)
单元测试题 ·· (196)
单元测试题答案 ·· (197)

知识考核模拟试卷（一） ·· (198)
知识考核模拟试卷（一）答案 ·· (201)
知识考核模拟试卷（二） ·· (203)
知识考核模拟试卷（二）答案 ·· (206)

附录　中级摄影师操作技能鉴定项目表 ·· (208)

第一单元 摄影技术基础

第一节 摄影光学基础

一、光的特性

光是一种电磁波,它在均匀的介质中以 300 000 km/s 的速度作直线传播。

电磁波的波长范围很宽,目前人们所知道的约为 $30^{-14} \sim 30^{-7.5} \times 10^{14}$ Hz。按照光的电磁波段,分为可见光线、红外光线、紫外光线、X 光线、γ 光线、电振动射线。可见光是在人们的视觉中呈现红、橙、黄、绿、青、蓝、紫等颜色的光线,可见光的频率为 $3.9 \times 10^{14} \sim 7.5 \times 10^{14}$ Hz(见图 1—1)。

1. 物体对光的吸收、透射与反射

(1)光的传播路径为直射和反射,但在两种媒质的分界面上,它除了发生直射现象和反射现象以外,还有一部分光线会在界面上被媒质吸收。

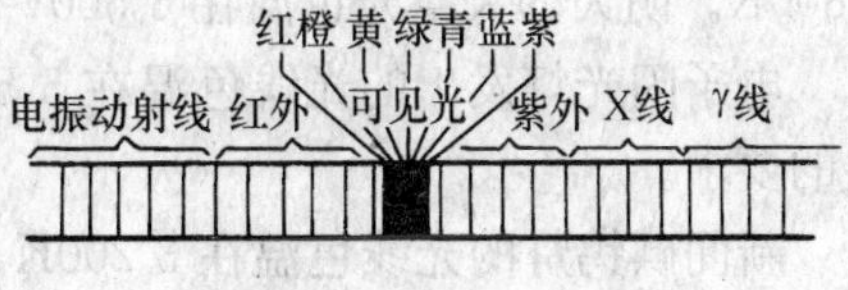

(2)介质的景物对光的吸收、透射与反射是各不相同的,透明物体的吸收能力最差、透光能力最强,不透明的物体吸收能力最强,粗糙的物体具有较强的吸收能力。

图 1—1 光谱频谱图

2. 物体对光的反射率

物体对光线的反射率是随物体的颜色和表面平滑程度的差异而不同的。颜色浅淡的、表面平滑的物体对光的反射率较高,颜色深浓的、表面粗糙的物体对光的反射率较低。

3. 物体反差、光线反差与景物亮度差

（1）物体反差是由物体的质地、质感及颜色与光照所形成的对光线反射的明暗比例差异。

（2）光线反差是指不同光源亮度之间的相对关系，例如，主光与辅光的关系。

（3）景物亮度差是指景物亮度对比的差异程度。由于我们所摄景物存在着质地、形态、远近纵深、色调深浅和反光能力上的差异，所以在光线的照射下各种不同的景物和一种景物的不同部位的亮度也是有差异的。景物中的最高亮度和最低亮度的间距称为景物的亮度范围，在这一范围之内的最高亮度和最低亮度之比，则称之为景物亮度差。

4. 标准被摄体

标准被摄体是指对光线的反射率为18％的被摄景物。

由于一般物体对光线的最大反射率约为90％左右，最小反射率约为3％～4％，那么在其最大和最小的反射率之间的中间值即为标准灰度。

在摄影的实践中，对标准被摄体拍摄最能取得景物的丰富层次。以此为标准，也是改变景物的影像密度和取得人为的理想影调之参照。

二、光与色

"有光才有色"，人们能看见自然界中各种景物的光亮和颜色，是由于这些景物受到光线照射的缘故。

1. 光源的色温

色温又称光源色温度。它是表示辐射光源颜色特征的物理量。若某热辐射光源与某绝对温度下的黑体具有相同的颜色（色度），则此刻黑体所对应的绝对温度，称为该辐射光源的色温。热辐射光源的色温即为与光源具有相同色度的黑体的绝对温度。色温的单位为"开尔文"（Kelvin），用K表示。

色温仅用于表示光源的颜色，而并不是表示光源的实际物理温度，更不能用于表示物体的颜色。光源的色温高表示光源中含有蓝色光的成分多，光源色温低表示光源的光谱成分中含有红色光的成分多。

中午前后的太阳光色温在5 500K左右；早晚的太阳光色温较低，约在1 900～2 800K。阴天的天空光色温在6 500～6 950K。

电子闪光灯发出的光线色温在5 500K，这正适合于彩色日光型胶卷的色彩还原对色温的要求。

新闻碘钨灯的光线色温在3 200K，适合于彩色灯光型胶卷的色彩还原对色温的要求。

太阳光在一天中各时段的色温度见表1—1。

各种人造光源的色温度见表1—2。

2. 光与色

（1）光源色。不同的光源有着不同的颜色，用三棱镜把白光进行分解后，则能看到红、橙、黄、绿、青、蓝、紫七种色光。同一物质在不同颜色的光源照射下，会产生不同的色彩效果。例如：白色物体在白色光照射下表现为白色，在红色光照射下表现为红色，在蓝色光照射下表现为蓝色。

表 1—1　　　　　　　　　　日光的色温表

日照情况	光线色温（K）
日出日落时	1 900
日出后 15 min	2 100
日落前 30 min	2 300
日出后 30 min	2 400
日出后 1 h	3 200
日出后 1.5 h	4 000
日落前 2.5 h	4 300
日出后 2 h	4 500
中午前后	5 500

表 1—2　　　　　　　　　　人造光源色温表

光源种类	光源色温（K）
电子闪光灯	5 300～5 600
1 000～5 000 W 卤素灯	5 000～6 000
高色温碳弧灯	5 500
白色碳弧灯	5 000
500 W 摄影冷光灯	3 400
摄影卤素灯	3 000～4 000
500 W 高色温摄影灯	3 200
1 300 W 新闻碘钨灯	3 200
200 W 白炽灯	2 980
100 W 白炽灯	2 900
60 W 白炽灯	2 700
25 W 白炽灯	2 500
烛光	1 800

（2）物体的本色。是指物体本身所固有的颜色。物体是在柔和的白色光照下才显现出其标准的原色的。例如：白色光照下的蓝色物体的反射光波长相当于蓝色光源发出的光波波长，所以看上去这个物体是蓝色的。但是，当对这蓝色物体打上一束黄色光时，看到的这个物体则不再是蓝色而呈现为白色。

3. 光的原色与补色

（1）光的三原色。光的三原色是指光谱中的红、绿、蓝三种色光。

（2）光的补色。补色光是指两种叠加起来能呈现白光的色光。由图 1—2 所示的色光六星图可知，两个对应的色光即为补色光，它们是：红与青、黄与蓝、绿与品红。由此可知：红光+青光=白光，黄光+蓝光=白光，绿光+品红光=白光。红光、绿光、蓝光称为三原色光，青光、品红光、黄光称为三补色光。

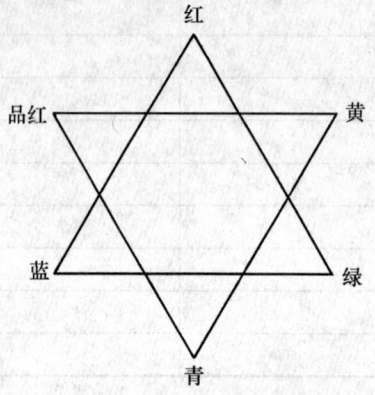

图1—2 六星图

每一种原色光是由与它相邻的两种补色光所组成，即：红光=黄光+品红光，绿光=黄光+青光，蓝光=青光+品红光。

每一种色光是由与它相邻的两种色光所组成，即：黄光=红光+绿光，青光=绿光+蓝光，品红光=蓝光+红光。

第二节 感光材料特性与特性曲线

一、密度的概念

1. 密度的定义

密度是指感光材料曝光后，经过冲洗，感光乳剂层中银的积聚程度，也就是指感光材料变黑的程度。密度用D来表示。

密度的大小与曝光时间的多少和显影时间的长短有关。曝光时间越长，显影时间越长，被还原的金属银越多，密度也就越大。反之，曝光时间越少，显影时间越短，被还原的金属银越少，密度也就越小。

胶片上的密度大小影响了胶片的透明度，因此密度越大的胶片，它的阻光率也就越大，在光学计算上：

$$阻光率 = \frac{投射通光量}{透射通光量}$$

2. 密度值

密度值为阻光率的对数值，即：

$$密度 = \lg 阻光率 = \lg \frac{投射通光量}{透射通光量}$$

假如投射光为 100，透射光为 0.1，则它的密度为：

$$\lg \frac{100}{0.1} = \lg 1\,000 = 3$$

底片的正常密度应在 0.3~2.5 之间，相纸的密度在 0~1.8 之间。

3. 胶片动态密度对影像的影响

反转片在正确曝光和正确显影后其动态密度范围在 3~3.5 之间，彩色负片的动态密度范围在 2.1 左右。动态密度范围大的胶片，影像的反差和层次表现好；动态密度范围小的胶片，影像的反差小。

二、感光特性曲线及其意义

1. 感光特性曲线

感光特性曲线表示了密度与曝光量的关系。

经过对影像科学的多年研究，人们对于感光材料性能定量化的客观测试和评价已经不是梦想。因为摄影科学工作者已经找到了研究摄影过程的钥匙——曝光量和密度的关系。感光特性曲线集中表达了这种关系，成为摄影的基本技术语言，为摄影科学的建立奠定了基础。

当感光材料处于"湿版摄影"阶段时，受当时的感光乳剂制备技术所限，制得的用于照相的感光材料其感光度基本是一致的。但是，从 19 世纪末开始，随着"干版法"的发展，感光胶片的感光度大幅提高，使各生产厂家的照相干版感光度的差异越来越大，摄影人员感到无所适从。他们迫切需要找到准确测量感光度的方法，以便减少感光材料的不必要浪费和错过瞬间即逝的拍摄机会。

对于感光材料的特殊性，1887 年 W•Deb，W•Abney 研究了曝光量增加导致明胶照相干版透明度降低的现象，得到了如图 1—3 所示的曲线。

从图中可以看出，在没有曝光的部位，干版的透明度接近 1，即 100% 的光被透射；曝光量增加时，银的沉积量增加，透明度下降。Hurter 和 Driffiel 用了 10 年左右的时间研究曝光量和银之间的关系，发表了一篇《光化学研究》的论文，首次发现了曝光量和显影后的影像密度之间所具有的相关性，由此，奠定了感光测定的基础，使摄影影像的控制走向科学化和定量化。从那时起，由曝光量的常用对数和显影后的影像密度作图得到的曲线，被称为曝光量对数（lgH）-密度（D）曲线，也称为感光特性曲线，也可称为"H-D 曲线"或"哈德曲线"，用来客观测定和评价感光材料的感光性能，一直沿用至今。感光特性曲线如图 1—4 所示。

随着对摄影科学的不断探索，使用者对运用感光测定来控制摄影和加工的各个环节表现出越来越浓厚的兴趣，并将感光测定方法从黑白照相扩展到了彩色照相的应用领域。

2. 感光特性曲线的意义

在感光特性曲线上，可以直观地反映密度随曝光量的增加而产生的变化。同一种胶片

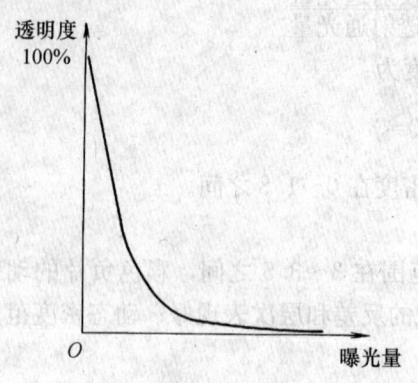

图1—3 曝光量与透明度

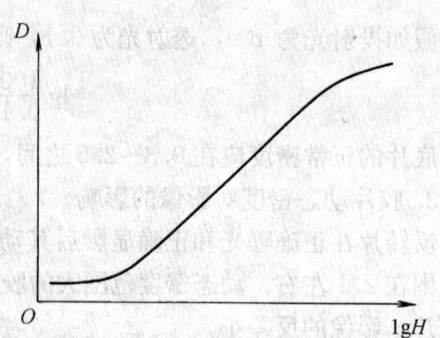

图1—4 感光特性曲线（H-D曲线）

在不同显影条件下，会得到不同形状的曲线。不同片种在正常冲洗条件下得到的特性曲线也不同。例如：

黑白负片的感光特性曲线（见图1—5）。

彩色负片的感光特性曲线（见图1—6）。

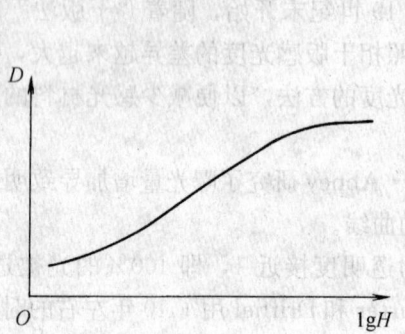

图1—5 黑白负片的感光特性曲线

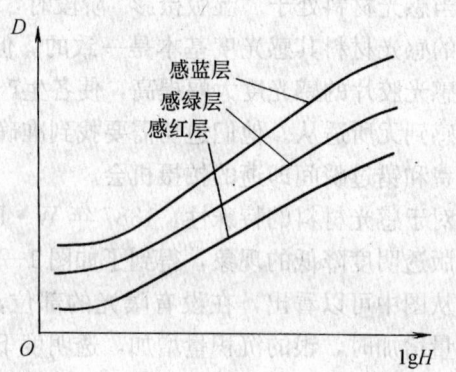

图1—6 彩色负片的感光特性曲线

黑白反转片的感光特性曲线（见图1—7）。

黑白相纸的感光特性曲线（见图1—8）。

彩色相纸的感光特性曲线（见图1—9）。

彩色反转片的感光特性曲线（见图1—10）。

黑白负片在不同显影条件下的感光特性曲线（见图1—11）。

图1—11所示KODAK EKTAPAN Film是以不同时间显影的结果。

从特性曲线的形状和位置，可以分析感光胶片的各种性能指标，对其质量的优劣做出评价。

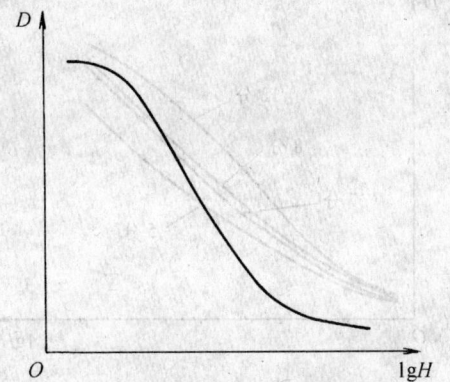
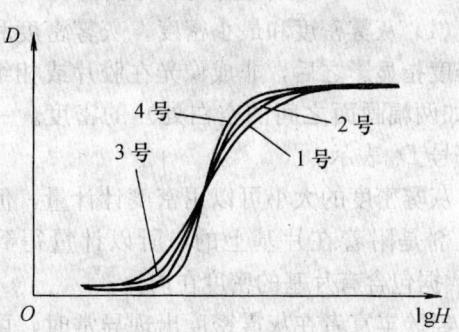

图1—7 黑白反转片的感光特性曲线　　图1—8 黑白相纸的感光特性曲线

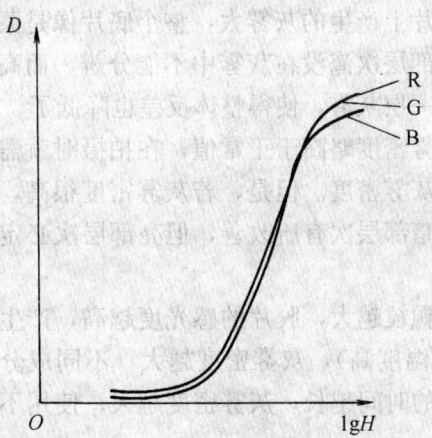
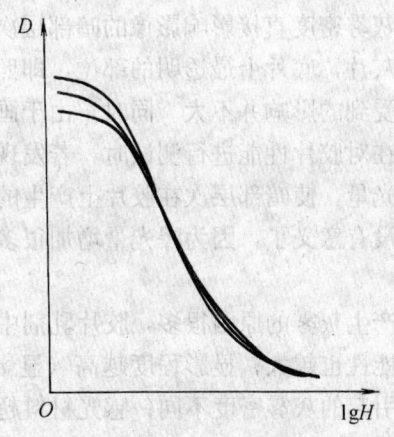

图1—9 彩色相纸的感光特性曲线　　图1—10 彩色反转片的感光特性曲线

三、曝光在感光特性曲线上的反映

1. 曝光不足

利用了特性曲线的趾部，阴影部分的层次受到损失。

2. 曝光过度

利用了特性曲线的肩部，亮部的层次受到损失。

3. 曝光正确

利用了特性曲线的直线部，景物的明暗层次得到忠实地还原。

四、感光材料的性能

感光材料的性能包括感光特性和影像结构特性。

1. 感光特性

感光材料的感光特性主要指灰雾密度（最小密度）、反差系数、感光度和宽容度。

(1) 灰雾密度和最小密度。灰雾密度和最小密度指显影之后，非成像光在胶片或相纸上（例如两幅画面之间的空白处）的密度。一般用符号 D_0 表示。

灰雾密度的大小可以用密度计计量，但由于乳剂是附着在片基上的，所以计量得到的 D_0 数据包含有片基的密度在内。

经验丰富者在灰雾密度出现异常时，可以用肉眼进行识别。不同品牌、不同型号的胶片或相纸，其灰雾密度是不同的。

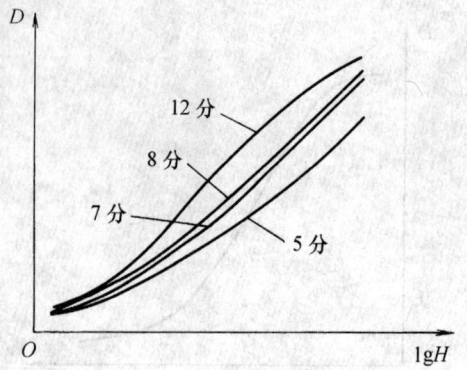

图 1—11　黑白负片不同显影条件下的感光特性曲线

灰雾密度直接影响影像的暗部层次，如果底片上产生的灰雾大，整个底片像是蒙上了一块灰片，底片上最透明的部位，即照片上的暗部层次淹没在灰雾中不能分辨，而高亮度部分受到的影响并不大。同时，由于画面蒙上了一层灰雾，使得整体反差也降低了。

在对胶片性能进行测试时，若发现胶片的灰雾密度略高于正常值，在拍摄时就需要增加曝光量，使暗部层次在胶片上产生的密度高于灰雾密度。但是，若灰雾密度很高，这样做就没有意义了，因为曝光量增加很多时，虽然暗部层次有所改善，但亮部层次必定会损失。

产生灰雾的原因很多，胶片乳剂中的卤化银颗粒越大，胶片的感光度越高，产生灰雾的可能性也越大；显影程度越高（显影时间长、温度高），灰雾密度越大；不同成分的显影液引起的灰雾密度不同；感光材料超出保存期的时间越长，灰雾密度越大；使用不当造成的漏光、摩擦等都会引起灰雾密度的增加。

对于彩色负片，由于胶片乳剂中含有带色成色剂，计量得到的胶片上未曝光的部位的密度，除了灰雾密度、片基密度外，还有成色剂的密度。通常称之为"最小密度"，依然用 D_0 表示。

(2) 反差系数（见图 1—12）

1) 反差系数是指影像的反差（画面中不同部位影调明暗的差别）和景物的反差（景物不同部位明暗的差别）之比。在感光特性曲线的不同部位（如趾部和直线部分），这个比值是不同的。只有在感光特性曲线的直线部分才是定值。影像反差在特性曲线的纵坐标上显示为（ΔD），景物反差在横坐标上显示为曝光量对数之差（$\Delta \lg H$）。因此，反差系数可以表示为：

$$反差系数 = \frac{影像反差}{景物反差}$$

符号表示为：

$\gamma = \Delta D / \Delta \lg H$

从图 1—12 中可以看出，在特性曲线直线部分，γ值是直线部分的斜率。

2）反差系数是和冲洗条件相关的。在同一显影液中，用不同显影时间显影的胶片，其反差系数是不同的。同样，用不同配方的显影液显影，同一胶片的反差系数也会不同。

3）影像反差是摄影师应当关心的影像质量之一。由于：

影像反差＝景物反差×反差系数

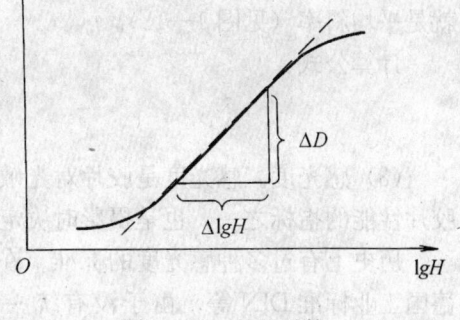

图 1—12　反差系数

从公式中可以得知：影像反差与景物反差、反差系数相关。

当景物反差一定时，若不计曝光和相机的影响因素，影像反差大小就和反差系数直接相关。这时，对于一个中等亮度的景物，当反差系数等于 1 时，影像反差等于景物反差，景物反差得到忠实再现；当反差系数小于 1 时，影像反差小于景物反差，景物反差受到压缩；当反差系数大于 1 时，影像反差大于景物反差，景物反差得到夸张。

4）反差系数的控制。为了能够得到合适的影像反差，反差系数需要得到严格控制。一般情况下：

黑白负片的反差系数为 0.65 左右；

彩色照相负片的反差系数为 0.6 左右；

彩色反转片的反差系数为 2.0 左右；

黑白相纸有不同型号，其反差系数为 1.2～3.7 之间；

彩色相纸的反差系数约为 3.0 左右。

彩色胶片有三个乳剂层，因此有三个反差系数，这三个反差系数应比较接近，否则影像的色彩就可能不平衡，会出现偏色。

5）影响反差系数的因素。影响反差系数的因素很多，不同片种的胶片反差系数有很大差异，在使用中要有所选择。显影条件是影响反差系数的一个重要因素，在实际冲洗时，需要规范操作。

当反差系数一定，即显影条件得到合理控制后，影像反差就和景物反差直接相关。如果景物反差小，影像反差也就小。因此，为了得到合适的影像反差，在拍摄时必须注意控制影响景物反差的种种因素，如景物的亮度范围、景物的反光率、照明条件等。

6）平均斜率 G。考虑到反差系数只涉及特性曲线的直线部分，而在实际使用过程中，往往要用到曲线趾部的一部分，因为景物的暗部层次记录于此。为此，人们提出了平均斜率的概念，具体的计算方法是：

在特性曲线的趾部取一个代表暗部的最低有效密度点 M，其密度为：$D_0+0.1$，在直线部分取一个代表人脸密度的中级密度点 N，规定这一点的曝光量为最低有效密度点对应的曝光量的 20 倍（曝光量对数差为 1.3）。将这两个点用直线连接起来，这条直线的斜率就是平均斜率（见图 1—13）。

计算公式：

$$G = \frac{\Delta D}{1.3}$$

（3）感光度。感光度是胶片对光敏感程度的一个重要参数，以 S 表示。它不仅是评价胶片性能的指标之一，也是摄影时决定光圈与快门时间的依据。

历史上有过多种感光度的标准。许多国家都有自己的标准，例如美国国家标准 ASA、德国工业标准 DIN 等，由于没有统一的标准，不便于交流。1974 年，国际标准化组织 ISO 制定了国际标准感光度 ISO。ISO 感光度有算术值和对数值之分。它和美国国家标准 ASA、德国工业标准 DIN 具有一定的换算关系。

1）黑白负片的感光度 S_{ISO}。计算黑白负片的感光度时，是以冲洗后的底片达到测定密度所需要的曝光量为准的。达到这一密度所需曝光量越小，负片的感光度就越高。根据国际标准化组织的规定，计量感光度所采取的基准密度为最低有效密度：$D_0+0.1$（见图 1—14）。此图代表的是画面中的暗部，位于特性曲线的趾部。同时规定，底片的显影程度应达到反差系数为 0.65（即平均斜率为 0.62，这时，相应的 ΔD 达到 0.8 ± 0.05）。

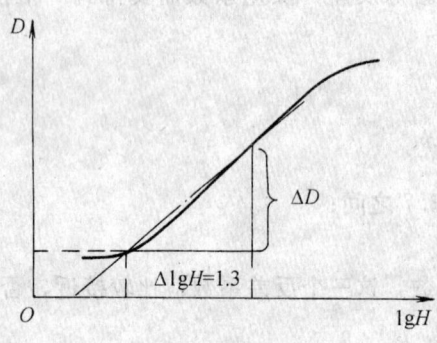

图 1—13 平均斜率

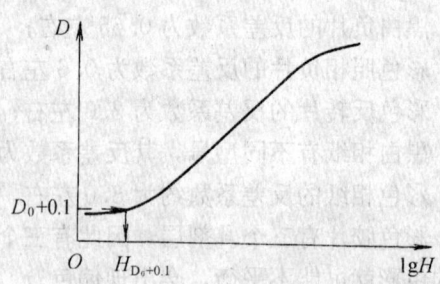

图 1—14 感光度计算中的数据标示 1

黑白负片的国际标准感光度有两种表示方法，一种是算术值，一种是对数值。算术值的计算公式为：

$$S_{ISO} = \frac{0.8}{H_{D_0+0.1}}$$

$H_{D_0+0.1}$ 为密度 $D_0+0.1$ 所对应的曝光量。

对数值的计算公式为：

$$S_{ISO} = 1 + 10 \lg \frac{0.8}{H_{D_0+0.1}}$$

当感光度的算术值增加一倍时，对数值增加 3。其对应关系见表 1—3。感光度的表示方法为：S_{ISO} 算术值/对数值。

表1—3　　　　　　　　感光度算术值与对数值的对应关系

S_{ISO}算术值	25	50	100	200	400	800	1 600
S_{ISO}对数值	15	18	21	24	27	30	33

例如：富士 Neopan 400，其感光度应表示为：

$$S_{ISO}400/27°$$

在实际使用胶片时，感光度相差一倍的胶片，在拍摄同样条件下的景物时，为得到同样的效果，光孔要相应开大或缩小一挡。

感光度 S_{ISO} 的算术值和 S_{ASA} 的数值相等，S_{ISO} 的对数值和 S_{DIN} 的数值相等。其数值关系见表1—4。

表1—4　　　　　　　　　感光度各种数值关系

S_{ISO}算术值	25	50	100	200	400	800	1 600
S_{ASA}	25	50	100	200	400	800	1 600
S_{ISO}对数值	15	18	21	24	27	30	33
S_{DIN}	15	18	21	24	27	30	33

2）彩色负片的感光度。彩色负片感光度的计算要考虑三层乳剂各自的感光能力，根据国际标准化组织的规定，计量感光度所采取的基准密度为各层的 $D_0+0.15$，它们分别对应三个曝光量对数，$\lg H_红$、$\lg H_绿$、$\lg H_蓝$。同时规定，底片以推荐的冲洗工艺冲洗，如 C—41 冲洗工艺。

彩色负片感光度的计算公式为：

$$S=\frac{\sqrt{2}}{H_m}$$

其中，H_m 为感绿层达到 $D_0+0.15$ 所需的曝光量和另外两层中感光度低的一层的曝光量的平均值。即：

$$H_m=\sqrt{H_绿+H_{低感层}}$$

或：

$$\lg H_m=\frac{\lg H_绿+\lg H_{低感层}}{2}$$

3）彩色反转片的感光度。彩色反转片的感光度计算公式为：

$$H_m=\sqrt{H_{D_0+0.2}\times H_S}$$

$$S=\frac{10}{H_m}$$

其中，H_m 为特性曲线（见图1—15）上两个点的曝光量平均值。这条反转片的曲线是依据视觉密度数据绘制的。这两个点分别是：T 点，其密度为 $D_0+0.2$，代表影像中的高亮度部分；另一个点是 S 点，代表的是影像中的暗部，这一点是从 T 点向曲线肩部引出的切线的切点，若这点的密度值大于 $D_0+2.0$，就取 $D_0+2.0$ 为准。所以：

人们一般将感光度低于 ISO 100 的称为低速片，感光度在 ISO 100～ISO 200 之间的称为中速片，ISO 200 以上的称为高速片。

4) 感光度的影响因素。胶片的感光度受多种因素的影响，首先是乳剂中卤化银颗粒大小、晶体结构、化学增感、光谱增感等因素对感光度产生影响。例如，卤化银颗粒比较大，受光面积大，感光度就高。另外，胶片在保存期间，感光性能在逐渐发生变

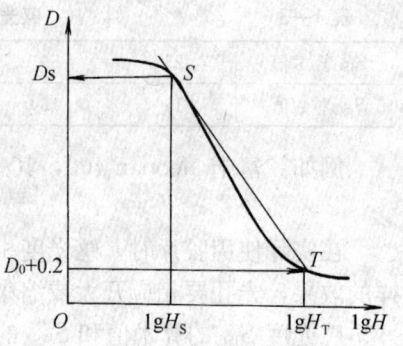

图 1—15 感光度计算中的数据标示 2

化，保存时间越久，温度越高，灰雾密度上升越高，感光度相应降得越低。一般来说，在保质期内，这种变化并不明显。再有，显影程度越高，例如显影时间越长，显影温度越高，感光度越高，当然，这是以牺牲整体像质为代价的；反之，显影程度越低，则感光度下降。不同配方的显影液也对感光度有不同程度的影响。彩色片的冲洗涉及三层乳剂的平衡，如果任意改变冲洗工艺，会使三层乳剂的反差系数发生不同的偏差，造成影像的偏色。

为了准确掌握所用胶片的感光度，在正式拍摄之前，应对胶片进行实拍测试。

(4) 感色性。感光材料的感色性指的是其对各种波长的光的敏感程度。

如果感光乳剂中只含有卤化银，它的特性是只感蓝紫光，这种感光材料被称为色盲材料。早期的胶片就是这种类型。目前使用的大部分黑白相纸和黑白正片也都属于这种类型。由于对绿光和红光不敏感，因此，可用红色、绿色滤光片作为安全灯片，在红灯或绿灯下进行操作。

如果对卤化银进行光谱增感，使其感色范围从蓝光扩大到绿光，这种感光材料被称为正色材料。由于对红光不敏感，因此，可用红色滤光片作为安全灯片，在红灯下进行操作。

若使卤化银的感色范围从蓝光扩大到绿光和红光，这种感光材料则被称为全色材料。这种材料的分装、缠卷等操作必须在全黑条件下进行。

对于感色性不同的材料，特别是胶片，可通过拍摄灰板等方法来进行测试。

利用滤光片可以改变全色片接收的色光，获得所需的影调。如利用黄色滤光片可以使黑白影像中的天空显得更暗，利用红色滤光片可使黑白影像中的红色花卉显得更明亮。

(5) 宽容度。宽容度指的是感光材料等比例容纳景物亮度差别的能力，常用 L 表示。

从特性曲线上可以看出，只有在直线部位，景物的亮度差别才能以一定的密度差被等比例记录下来，而在趾部和肩部，密度差减小，即密度差值不是定值。由于感光材料接收的曝光量为感光材料接收的照度与曝光时间的乘积，而照度正是由景物的亮度决定的，因此，感光材料的宽容度实际上就是曲线直线部分对应的曝光量，即特性曲线在横坐标上的

投影。参见图1—16、图1—17。

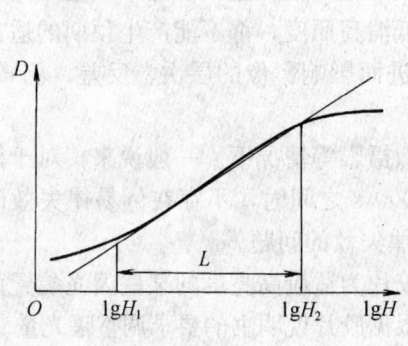

图1—16 黑白负片的宽容度

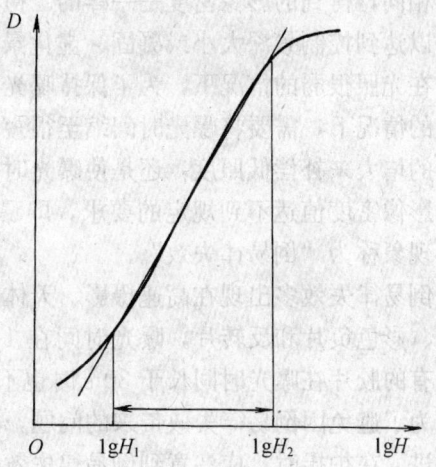

图1—17 黑白正片的宽容度

宽容度可以用亮度比 $H_1:H_2$ 表示，也可用亮度间距 $\lg H_2 - \lg H_1$ 表示，或用光圈级数来表示。

一般来说，负片的宽容度用亮度比表示为1：128，用亮度间距表示为2.1，用光圈级数表示为7级；反转片的宽容度以亮度比表示约为1：32～1：64，用亮度间距表示为1.5～1.8，用光圈数表示为5～6级。

感光材料的宽容度和乳剂中卤化银晶体的颗粒的大小分布有关，如果感光乳剂中既含有感光度高的大颗粒，也含有感光度低的小颗粒，则能记录的景物亮度范围就大，宽容度就大；如果乳剂中卤化银晶体的颗粒大小均匀，宽容度就小。因此，负片的宽容度大于正片或照相纸的宽容度。

由于宽容度是特性曲线直线部分在横坐标上的投影，所以，如果直线部分的斜率大，在横坐标上的投影必然就小，宽容度就小。因此，为了使负片有足够大的宽容度，必须严格控制显影条件。

在实际拍摄时，要注意控制景物的亮度范围，使其能够容纳在胶片所允许的范围中。如果景物的亮度范围过大，超出了胶片的宽容度范围，就会使画面的反差变大，部分层次损失。如果景物亮度范围小于胶片的宽容度，则可允许有一定曝光误差。但是，如果景物亮度范围过小，虽然有了比较大的曝光允许误差，但是影像反差也会很小，影调不明朗。

（6）倒易特性。感光材料接收的曝光量是光照强度和时间的乘积，即：

$$H = E \cdot t$$

在常规的拍摄条件下，感光胶片存在倒易特性（The Reciprocity law），即只要光照强度和时间的乘积相等，曝光量就相等，冲洗后，感光材料上就可以产生相同的密度。

例如，用光圈 f/5.6 和快门时间 1/30 s 曝光与用光圈 f/4 和快门时间 1/60 s 曝光的曝光量相同，得到的影像密度是一样的。摄影师也正是利用了这种特性来调节光圈和曝光时间，以达到控制景深大小或凝固、虚化景物等创作目的。

在光照很弱的情况下，为了保持曝光总量不变，需要将曝光时间延长很多；而在光照极强的情况下，需要将曝光时间缩至很短，才能达到额定的曝光量。但是，无论是用曝光时间的增大来补偿低照度，还是使曝光时间缩短来抵消高照度，都不能产生预期的适当曝光，影像密度值达不到规定的要求，即曝光不足，进而影响影像的层次、反差、色彩等。这种现象称为"倒易律失效"。

倒易律失效多出现在高速摄影、天体摄影、显微摄影等情况下。一般说来，对于黑白负片、彩色负片和反转片，曝光时间在 1 s 到 1/1 000 s 之间时，不存在倒易律失效的问题，有的胶片在曝光时间长于 30 s 时也不存在倒易律失效的问题。

为了避免因倒易律失效带来的问题，很多感光胶片为适应高亮度的某些闪光装置而有所改进。在拍摄时，应注意到倒易律失效的问题，根据胶片说明书的要求调整曝光量。

2. 影像结构特性

（1）颗粒度和颗粒性。人眼对影像的不均匀性的视觉感受被称为颗粒性。由感光乳剂曝光显影后形成的影像，在放大倍数不大时给人的感觉很细腻，但是当放大倍数增加时，就会使人感觉到颗粒的存在或影像的不均匀感。

1）产生颗粒性的原因。感光乳剂的颗粒性是由于显影后银的随机不均匀聚集造成的深浅疏密不同而引起的。人眼并不能看到乳剂中的单个银的颗粒，因为它太小，最大的不过 2 μm，要放大几十倍才能看到。

2）颗粒性和颗粒度的评价。颗粒性是用人的视觉感受来评价的，可通过在一定距离上观看不同放大倍率的影像来评价，也可通过在不同距离上观看相同放大倍率的影像来比较，实际上是以心理——物理量来衡量的。颗粒度是对颗粒性的一种客观度量，这种方法避免了视觉评价颗粒性的主观因素。颗粒度的表示方法不止一种，常用的颗粒度表示方法是 RMS 颗粒度。在均匀曝光的净密度为 1.0 的感光材料上，用测微密度计计量 1 000 个点的密度值，求出均方根颗粒度，以 RMS 颗粒度表示。

RMS 颗粒度数值大的，对应画面的颗粒感强；RMS 颗粒度数值小的，则表示画面的颗粒细腻。

彩色感光材料的颗粒度以曲线的形式表示（见图 1—18）。

3）影响颗粒度的因素。感光材料的颗粒和乳剂本身的颗粒有关，高感光度胶片的颗粒比低感光度胶片的颗粒要大。黑白负片曝光量越大，颗粒越粗；彩色负片曝光量越小，颗粒越粗。显影程度越强，颗粒越粗。

（2）分辨率。感光材料的分辨率也称解像力，指的是感光材料记录影像细部的能力。分辨率广泛用于表示感光材料再现精细影像结构的能力。

1）分辨率的表示方法。以每毫米内最多可分辨的线对（一条黑一条白为一线对）数来表示，记作：线对数/mm。

2）分辨率的测定方法。测定时，用感光材料拍摄带有不同粗细线条的分辨率标板，冲洗后在显微镜下辨别能够分辨得清楚的最细的一组线对，用它的线对数/mm乘以缩拍的倍数，就是分辨率。例如，某胶片拍摄后的标板影像比标板缩小了30倍，每毫米3组线对尚可分辨，则其分辨率为90/mm。

3）分辨率的影响因素。标板有高反差和低反差之分，因此，用不同标板测出的数据是不同的。用高反差标板（1∶1 000）测出的分辨率高于用低反差标板（1∶16）测出的分辨率。

卤化银颗粒大小不同的乳剂分辨率不同。颗粒越细，分辨率越高。

曝光正确、显影正确时，感光材料的分辨率最高。

（3）清晰度。感光材料的清晰度指的是影像中各个细部的边界清晰程度。也称锐度。

1）清晰度的测量方法。测量方法曾用过刀刃法，后用标板法。标板法是将不同宽窄的线条模板和感光仪的标准光叠合在一起，曝光到胶片上，用显微镜或放映画面进行视觉评价。

2）清晰度的影响因素。感光乳剂中的卤化银颗粒细，清晰度就高。乳剂涂层薄，光线在乳剂中的折射和反射的可能性减少，有利于影像的清晰度的提高。

曝光正确、显影正确时，感光材料的清晰度最高。

（4）模量传递函数。在卤化银感光材料上的成像过程被认为是信息传递过程，光学信号在传递过程中的信息失真与否，可通过模量传递函数也称调制传递函数来表示。

感光材料的模量传递函数测定，可通过拍摄相应标板，冲洗后计量其密度，并经数学处理，画出模量传递函数曲线。曲线的横坐标代表的是空间频率，用周/mm表示，从左至右表示频率由低变高，低频对应于粗糙的细部，越往右表示细节越多；纵坐标则代表模量传递系数，也称响应值，用百分数表示。图1—19为KODAK T-MAX 100 Professional Film的模量传递函数。

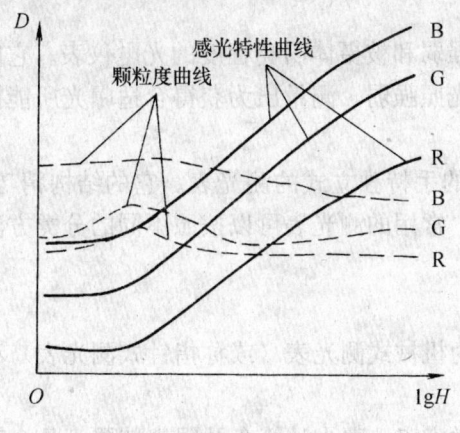

图1—18　颗粒度曲线

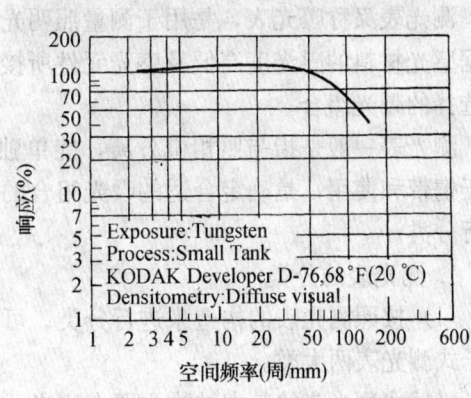

1—19　KODAK T-MAX 100的模量传递函数

在模量传递函数曲线中，若响应值高，说明影像失真程度小，即清晰度高。一般来说，在频率低处，响应值都比较高。这表明对于细节不是很多的景物，其影像比较清晰。而曲线在向右延伸过程中逐渐向下弯曲，这说明随着空间频率的提高，也就是细节的增多，清晰度逐渐下降。曲线向右延伸的距离越长，表明这种感光材料能记录的细节越多。例如图1—20中，b胶片能记录的影像细节比a胶片要多。而在频率比较低时，a胶片的清晰度比b胶片要高。

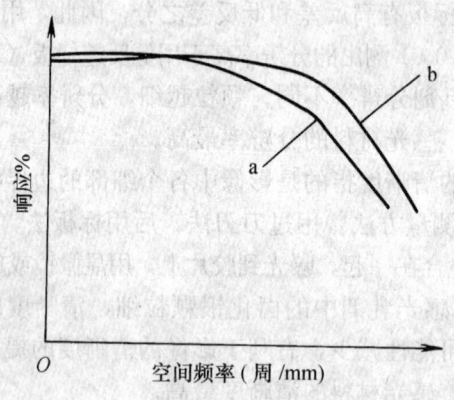

图1—20 不同胶片的模量传递函数的比较

第三节 曝光与测光

一、测光表的分类、工作原理及性能

测光表又称曝光表，是用于测量照明光线的强弱和被摄体明亮程度的光电仪表。它能根据感光材料的感光度高低及感光元件所接收的光照强弱，测量出为获得合适曝光所能提供选择的曝光组合。

测光表一般是指与照相机分离，能单独使用的手持独立式的测光表。它的结构精巧，便于携带和使用，是确定合适的曝光组合的工具。常用的测光表可以按照不同的分类方法进行分类。

1. 测光表的分类

（1）按照测光表的构造来进行分类。可以分为机械式测光表（或称指针式测光表）和电子式测光表两大类。

机械式测光表的基本结构主要由测光元件、微安表、曝光计算盘及限光装置等几个部分组成；电子测光表的基本结构主要由测光元件、转换电路、微型计算机、液晶显示屏及限光装置等部分组成。

当用机械测光表测光时，测光窗口内的测光元件会根据接收到的光亮度信号产生电流，或者改变测光表中电阻的阻值使电流产生相应的变化。该电流送到微安表（电流表）中的动圈里，由于电磁作用会使微安表中的指针偏转，从而能指示出光照的强弱，便于摄影者判断决定应该使用的曝光组合。

电子测光表内则运用了微型计算机，它能将接收到的光信号转换成能够处理的数字信号，并经过计算后在液晶显示屏上显示出供摄影者使用的光圈、快门速度、EV 值等数据。

（2）按照测光表测光元件的种类来分类。可以分为光电元件测光表与光敏元件测光表两大类。

测光表的测光元件是用来测量光线强弱的重要部件，它位于测光窗口的后方，它的性能好坏直接影响到测光表的灵敏度。

光电元件测光表的测光元件是硒光电池。硒光电池是最早应用于测光表的感光元件。它由硒材料制成，由于光照射到硒上就会产生电流，因此它不用外加电源就可以直接将光能转化成电能（产生电流），从而使电流表中的指针偏转，反映出光线的强弱。由于要在硒光电元件上产生足以推动电流表中的指针转动的电流，测光元件需要较大的体积，因此，此类测光元件不适宜放到照相机内进行测光。另外，它还有灵敏度较低，容易老化等缺点。目前，光电元件测光表已被淘汰。

光敏元件测光表的测光元件有硫化镉、硅光二极管、磷砷化镓等。

1）硫化镉光敏电阻。硫化镉光敏电阻是 20 世纪 60—70 年代广泛使用的测光元件。这类测光元件体积小，灵敏度高，能测量微弱的光线，它的光谱特性也和人眼的光谱敏感性接近。由于它本身不产生电流，只是由于光线照射到它的上面时使得感光元件的电阻变小。在电路中，当电阻发生变化时，电流也就发生了变化，从而使电流表中的指针发生偏转，指示出光线的强弱。使用硫化镉作为测光元件的测光表必须要有电源。

硫化镉光敏元件的缺点是对强光有记忆效应，不适宜在亮度急剧变化的情况下使用。另外，在红光下也有计量过度的情况产生，容易导致读数偏高、曝光不足。

2）硅光二极管。硅光二极管简称"SPD"，它是一种新型的感光元件。

硅光二极管的最大特点就是它的线性特别好。所谓线性好就是指在明亮的光强范围内亮度的变化与元件的反应速度成正比，光线亮度急剧变化时没有惰性，能够测量瞬间的强光。因此，目前能测量电子闪光灯的测光表大多采用硅光二极管作为测光元件。

硅光二极管的光谱特性与人眼的视见函数差别较大，主要是对长波光感应较为强烈，所以，常在测光窗口前加蓝滤色镜予以校正。这也就是我们称硅光二极管为蓝硅的原因。

3）磷砷化镓光敏元件。磷砷化镓光敏元件简称"GPD"，也是用于测光表或照相机、摄像机测光系统的一种感光元件。它既有蓝硅的优点，又能对色光起平均反应的光谱特性。它没有硫化镉在光线急剧变化时存在的惰性，即使测量瞬间启动的闪光灯，也能得到准确的记录。它对弱光反应较强，适合于室内使用。它的灵敏度高，耗电量低，但是价格偏高。

(3) 按照测光原理来分类。可以分为入射式测光表和反射式测光表两大类。入射式测光表又可称为照度测光表，反射式测光表也称为亮度测光表。

照度测光表是用来计量物体表面所接收的全部光通量。照度测光表目前多数被用于同时计量照度值和亮度值，测光表采用的是照度、亮度的相对值。只有计量照度的测光表采用的是照度值。由于照度测光表计量的是景物所接收到的照度值，所以这种计量方法测到的标准曝光量和被摄体本身的反射状况无关。

亮度测光表是用来测量物体表面的反射光，计量的结果直接受到景物反光率高低的影响。照相机的内测光系统是属于亮度测光表的范畴。

(4) 按照测光表的测光方式来分类。可以分为照相机的内测光方式、照相机的外测光方式和独立式测光表三种。

(5) 按照测光表的显示方式分类。可以分为指针式测光表、发光二极管显示测光表和液晶数字显示式测光表（数字式测光表）。

1) 指针式测光表。指针式测光表是机械式测光表的显示方式。它是利用电流表（微安表）感应到光线的强弱而产生的电流，推动指针发生偏转，再通过旋转曝光计算盘，显示出不同光线强度条件下的曝光组合。

2) 发光二极管显示测光表。发光二极管显示测光表是通过多只发光二极管分别显示曝光不足、曝光过度和曝光合适的快门时间值或光圈值，以及手动、闪光同步时间等信息。这种测光表常安装在照相机内，成为照相机的内测光表。

3) 液晶数字显示测光表。是现代电子测光表的主要显示方式，它直接将快门时间、光圈值以数字的形式显示在液晶显示屏上，供拍摄者根据实际需要选择不同的曝光组合。

(6) 专业用途测光表。包括点测光表、闪光测光表、色温表等。

除了上述几种分类方式外，专业摄影工作者还常使用点测光测光表，影楼摄影师常使用测量摄影室闪光灯亮度的闪光测光表。此外，还有用于精确校正光源色温而使用的色温表。

2. 测光表的测光原理

(1) 照度测光表的测光原理。采用硒光电池作为感光元件的机械式照度测光表，不需外加电源。它基本上就是一只电流表（微安表），电流的大小随受光的强弱而变动，可用来测量光线的强弱。硒光电池是以铁为基片，先在铁上镀半导体硒，然后加入隔层，并在上面镀上作电极用的银金属膜。当光束透过银膜投射到硒时，硒原子中的电子被释放到银膜上，在铁片与银膜之间形成一定的电位差。当铁片、银膜连接成一个闭合电路时，导线上就有电流通过，驱使微安表的指针指向标尺。光线越强，电流越大，指针偏转的程度也越大。

采用硫化镉作为感光元件的测光表，由于硫化镉是光敏元件，它的灵敏度比硒光电池强，但要比蓝硅和磷砷化镓差。此类光敏元件测光表，电流来自一个小型的电池，测光元件就像一个可变电阻器。当不同强弱的光投射到硫化镉感光元件上时，它的阻值立即发生了变化，使与它一同串联在同一电路上的微型电池所产生的电流也发生相应的变化。这样，测光表内微安表的指针也将产生不同的偏转，从而显示出光的强弱。

数字式测光表的测光原理在很多方面与机械指针式测光表相同。不同的是数字式测光表不需要使用微安表和曝光计算盘，而是利用了微电子技术和计算机技术，将测光窗口接收到的光信号转换成计算机能处理的数字信号。使用者可以通过测光表上的按键输入所需要的数据，然后微型计算机根据输入的数据和测量窗口测量到的光值，计算出曝光所需的光圈数、快门时间、EV 值以及照度或亮度值，最后在液晶显示窗口上显示出各种数据，以供摄影师准确地控制曝光量。

照度测光表是通过测量被摄体处的照度，将测量的读数乘以 18% 来计算曝光量的。由于计量的是景物所接收的照度值，所以利用这种计量方法测到的标准曝光量与被摄体本身的反射状态无关，无论景物反光率是高还是低，确定曝光组合的依据是同一个照度值（照度测光表的乳白罩选定的基准反光率是一个固定值，它就是采用反射率为 18% 的标准被摄体的反射率），按照被摄体的照度来计算曝光量。被摄景物中反射率为 18% 的被摄体，会在画面中得到最佳体现。反射率高于 18% 的景物，会在底片中得到较大的密度，低于反射率 18% 的景物在底片中得到较小的密度。这样，不同反射率的被摄景物就会在画面中得到客观地再现。

（2）亮度测光表的测光原理。亮度测光表是通过测量被摄景物的亮度来计算曝光量的。它是把测光表的受光角所接收到的光亮度的平均值当作是反射率为 18% 的标准被摄体的光亮度来计算曝光量的。

亮度就是指物体发光面上的发光强度。物体的发光面包括物体的自发光面、物体的透光面以及物体的反光面。物体的发光面上沿着视线方向的单位面积上的发光强度称为亮度。也就是说，亮度就是被摄体在一定的照明条件下所表现出来的表面明亮程度。反射率不同的物体具有不同的明暗表现。

亮度测光表就是用来测量被摄体表面反射的光量。因此，计量的结果直接受到景物反射率高低的影响。

用亮度测光表来测量亮度均匀的表面，根据所测得的读数控制曝光，这个表面在画面中形成的就是反射率为 18% 的中级灰度影调。由于测光表并不了解被测对象的反射率高低，因此，不论面对何种物体进行测量，测光表都把它当作是反射率为 18% 的标准被摄体。所以依据哪个部位确定曝光，这个部位就会在画面中形成中级灰度影调，这个特点就是亮度测光表的基本特征，也是控制画面影调的基本依据。

当使用亮度测光表对准白色的墙壁进行测量时，如果按照测光表指示的数据进行曝光，那么在拍摄的画面中白色的墙壁呈现的是灰色（不是白色）。同样，当使用亮度测光表对准黑色的煤炭进行测量时，如果按照测光表指示的数据进行曝光，在画面中的黑色煤炭呈现的也是灰色而不是黑色。不论被摄对象的反射率如何，如果要在拍摄后的画面中保持其原有的亮调和暗调的效果，那么就要对亮度测光表所提供的曝光数据进行修正。这就是所谓的"曝光补偿"。

"曝光补偿"就是指在拍摄时根据拍摄者的意图,对测光表所提供的曝光数据进行调整,增加或减少曝光量,以使得对光线有不同反射率的物体在画面中的影调得到符合摄影师意图的还原。这种还原可以是客观的,也可以是摄影师主观所要求的。

亮度测光表的测光范围有一定的角度,这个角度叫做"受光角",简称为"受角"。测光表测量的是受光角范围内所包括的景物亮度,测出的结果是景物的平均值。受光角之外的景物是测量不到的,因此,它们对测量的结果没有影响。亮度测光表的受光角一般在30°～50°,专用的点测光表的受光角在1°～5°,有的亮度测光表增加了一个限光器,使测光表的受光角在10°左右。

使用较小受光角的测光表,可以帮助摄影师避免由于测光方法使用不当而使画面的曝光出现误差、影响主体物的表达。例如,遇到拍摄的景物亮度分布为大面积亮背景包围着局部的暗色调主体,这样亮度测光表所测出的亮度值是它的受光角所包围景物的平均亮度值。由于大面积的背景较亮,使测到的读数(亮度值)偏高,如果按照该读数来确定光圈和快门时间就会出现主体曝光不足。所以,遇到上述情况,就需要根据测光表的受光角大小,尽量靠近被摄对象的主体进行测光,或者使用点测光表测量,使测光表的受光角只包括要拍摄的主体,这样测到的亮度值就是主体物表面的亮度值,能够使主体物的影调得到很好的控制。

3. 常见测光表的性能

(1) 美能达测光表(见图1—21)

1) 闪光测光表 V 型。美能达V型闪光测光表,是日本美能达公司生产的一种多功能测光表。该测光表具有超智慧自动(Auto)模式,只需要一按开关,就能测量出连续光、闪光灯或二者混合的光线的照度或亮度。摄影者不需要进行模式转换,便可调整到另外的功能显示。当测量连续光时,可使用快门优先测量;当用于闪光灯的测量时,可选择使用或不使用同步连线,同时备有多重闪光的测量。当光源既有连续光又有闪光灯光线时,该表可以测定闪光灯在总体曝光上所占的比

图1—21 美能达测光表

例,并能在快门时间被改变后重新计算该比例。该表还有很强的记忆功能,可以帮助摄影者预测拍摄效果;已经存储的记忆还可以被平均化,或将曝光读数偏重在暗部或高光部分上。该表还有许多的附加功能,是摄影人员的重要工具。

美能达V型闪光测光表的技术性能如下:

类型:测量连续光及闪光灯光线的独立式测光表

测光元件:采用硅光二极管作为光敏元件

光线接收方式:入射光和点反射光测量

入射光线接收器:球形扩散受光器,平面扩散受光器,4倍球形扩散受光器,8倍球

形扩散受光器，重点遮光罩

反射光线接收器：5°取景器，10°取景器Ⅱ，40°反射光线附加器

外置接收器：增感器Ⅱ，微型接收器

      测光窗口可作 270°旋转

      计算方法将依据测量附加器而自动调校

测量模式：AUTO：当进行连续光或闪光灯测量时，自动模式将自动决定光源需作连续光或闪光灯来处理，闪光灯测量可使用或不使用同步连线

      AMBI：适用于连续光的快门优先测量

      AMBI FNO：适用于连续光的光圈优先测量

      FLASH：适用于使用或不使用同步连线的单一闪光灯测量

      FLASH MULTI：适用于多重闪光的积累测量

测量范围（ISO 100）：

连续光：入射光线：EV 2.0～19.9

    反射光线：5°取景器：EV 2.5～24.4

           10°取景器Ⅱ：EV 1.2～23.1

           40°反射光线附加器：EV 1.2～23.1

闪光灯：入射光线：F/ 0.7～F/ 90+0.9

    反射光线：5°取景器：F/ 0.7～F/ 90+0.9

           10°取景器：F/ 0.7～F/ 90+0.9

           40°反射光线附加器：F/ 0.7～F/ 90+0.9

显示范围：

    数字显示：F 值：F/ 0.7～F/ 90+0.9

           EV 值：EV－11.8～35.5

    照度：0.6～99 000 lx（勒克斯）；0.1～99 000 ft（英尺）－烛光

    快门时间：连续光：30 min～1/16 000 s

        闪光灯：30 min～1/1 000 s

        可选择每次 1/2 级或 1 级递增

摄影频率：每秒 8，12，16，18，24，25，32，64，128 格

胶片感光度：ISO 3 至 ISO 1800（每次按 1/3 级递增）

闪光次数：0～9 次（当闪光次数超过 9 次时，只会显示个位数字）

存储测量资料次数：0～8 个

类推级数：F 值：F/1.0～F/90，每次 1/2 级递增

亮度差异：－4.0～＋4.0 EV。在－3.0～＋3.0 EV 之间，每次作 1/4 级递增；在－4.0～－3.0EV 及＋3.0～＋4.0 EV 之间，每次作 1/2 级递增

分析级数：0%～100%以每次10%递增

其他显示：测量模式；过度/不足范围显示；亮度差异模式显示；阴影/平均/高光计算显示

其他功能：

记忆功能：8个数据

分析功能：会决定曝光时闪光灯光度占总体光度的比值；黑暗环境下，资料显示屏的照明灯将自动开启；配件接收插座；测量调校转钮；三脚架插座

校正系数：

入射光线：球形扩散受光器：$C=330$

平面扩散受光器：$C=250$

反射光线：$K=14$

2）Ⅲ型与ⅢF型自动测光表。美能达Ⅲ型测光表专为测量连续光设计，而ⅢF型测光表则增加了测量闪光的功能。该测光表以数字和光标共同显示，还附加了曝光记忆功能，并且可以附加一系列的配件。美能达ⅢF型自动测光表的基本结构如图1—22所示。

美能达ⅢF型测光表的技术性能如下：

类型：用于测量连续光的多功能曝光测光表；ⅢF型则除了测量连续光外，还可以测量闪光灯光线

图1—22 美能达ⅢF型自动测光表

测光元件：硅光二极管

光线接收器：

入射光线接收器：球形扩散受光器；平面扩散受光器；4倍及8倍球形ND扩散受光器；重点遮光罩

反射光线接收器：5°取景器；10°取景器Ⅱ；40°反射光线附加器

外置接收器：增感器Ⅱ，微型接收器

测光窗口可作270°旋转

计算方法将依照接收器附加器而自动调校

测量范围（ISO 100）：

入射光线：EV−2.4～19.1

反射光线：5°取景器：EV 2.2～23.7

10°取景器Ⅱ：EV 1.0～22.5

40°反射光线取景器：EV 1.0～22.5

显示范围：

ISO：12～6 400 以每次 1/3 级递增
快门时间：30 s～1/2 000 s 以每 1 级递增
F 值：0.7～64＋0.9 以每 1/10 级递增
EV 值：－5.4～28.5 以每 1/10 级递增
类推级数：(F 值) 1.0～45 以每 1/2 级递增

其他记忆显示：2 个频道，均由类推级数及数字显示
其他功能：记忆 2 个频道；ISO 及曝光时间/电影转换表

(2) 高森测光表与点测光表（见图 1—23、图 1—24、图 1—25）。

图 1—23　高森指针式专业测光表

图 1—24　高森点测光数字测光表

二、独立式测光表的测量方法

独立式测光表是专业摄影师广泛使用的测光表，虽然在使用上较为复杂，但是它不仅能够测量出被摄体的平均亮度值，还能够方便地靠近被摄体，测量被摄体局部的亮度值。更为重要的是，它能准确地测量出被摄体所接收的照度值，以此来分析照明光源之间的照度比值，从而能准确地控制画面的反差。

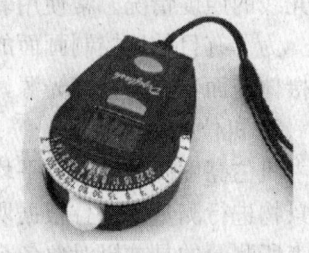
图 1—25　高森数字闪光测光表

独立式测光表有照度测光表和亮度测光表两类，目前的独立式测光表既能测量照度也能测量亮度，而且有的独立式测光表将测量环境光的照度与亮度，测量闪光灯的照度与亮度，以及具有点测光的功能集于一身，使用起来十分方便。摄影师应根据不同的需要来使用测光表。使用测光表的目的有三个，一是决定曝光量，选择"合适曝光"的曝光组合；二是判断被摄景物的亮度范围；三是控制被摄主体的光比。为了达到这三个目的，有以下四种测量方法。

1. 综合照度测量法

综合照度测量法使用的是照度测光表，这类测光表在测光窗口前装有一个半透明的乳白罩或乳白板，以便使光线漫射，装有半球形乳白罩的照度测光表的受光角约为 180°，装有乳白板的照度测光表的受光角约为 90°。乳白板是独立式测光表的附件，主要用来测量主体的光比以及翻拍时平面的照度。

综合照度的测量步骤：当被摄对象和照相机固定后，将照度测光表置于被摄体的前面，将测光窗口上的半球形乳白罩对准照相机的镜头，这时对被摄体进行全部的有效照明（指将所有需要参与造型的光源全部开启）包括主光、副光、辅助光及轮廓光等都可以被测光表接收。此时测得的照度就是综合照度。

照度测光表在测量时所测到的照度，与被摄体本身对光的反射率无关。但是在进行照度测量时，照度测光表的测量位置和测量方向将在很大程度上影响测量结果的准确度。

照度值的大小受光源和被摄体之间距离的影响。测光表的位置稍前或稍后，都会使被摄体曝光不准。在室外自然光的条件下进行测量时，由于光源距离被摄体的距离过于遥远，所以测量的结果不会造成明显的影响。但是在室内人造光源条件下进行照明时就会有很大的影响，如果测光表距离光源过近，照度值就很高，而实际上在被摄体上并没有接收到这么多的光通量。根据这一照度来确定曝光组合，就会造成被摄体曝光不足。只有将测光表放到被摄体的前面，靠近被摄物体进行测量，才能真正代表物体表面接收的实际照度值。

测光表的方向也会直接影响到测光的准确度，因为景物在不同方向的光源照射下所接收的照度值不同。正确的测量方法是使测光表的测光窗口对准照相机镜头。

2. 照度分析测量法

使用照度分析测量法测量照度的目的是为了分析被摄体所接收的各个方向、不同强度的光线的照度情况。常使用乳白板进行照度测量。特别是在室内灯光摄影时特别有用。

为了有目地控制画面的光比，了解各个光源的实际光照度，可以把照度测光表置于被摄体前面，方向直指光源，测量各个光源投射到被摄体的照度值，以控制光比。

3. 机位亮度测量法

机位亮度测量法又称平均测量法，就是在照相机的位置将测光表测光窗口直接对准被摄景物进行测量，并且根据所测量出的亮度值来确定曝光量。采用这种方法测光，亮度测光表所测量的是被摄对象各个部分所反射的总的亮度，并且把各景物亮度综合为一个平均值作为曝光的依据。

这种测量方法多用于远景或全景的拍摄，因为远景、全景画面注重表现景物的规模与气势，对景物的细节要求不严格。机位测光适合于表现较大范围的景物亮度，特别适合于景物亮度分布较为均匀，或者是景物的亮度差距不很大的场面。例如，顺光照明下的景物或散射光中的一些景物。因为这些景物表现出的亮度变化不十分复杂，以平均亮度值控制曝光量，能使景物在画面中得到较好的表现。但是，如果遇到景物亮度分布不均匀或景物之间的亮度范围过大时，就需要根据创作的意图进行测光调整（曝光补偿），以便有效地控制曝光量。

4. 亮度分析测量法

由于亮度测光表的测光原理是把反射率为18%的被摄体作为测量的基准。因此，摄影者在测量亮度时必须进行分析，看一看所测量的对象是不是和标准被摄体的反射率相一致，也就是说所测量的对象是不是中级灰度。如果是灰的，那么，测光表所指示的曝光数据（光圈和快门时间）是合适的。如果你的拍摄对象的反射率高于18%或低于18%，则必须对测光表所指示的读数进行修正。这就是对景物亮度进行分析的测量法。

亮度分析测量法包括以下几种：

（1）近测法。又称局部测光法或重点测光法。就是手持测光表靠近被摄体或利用窄角测光表（10°、5°或1°的受光角）来测量景物中最重要部位的局部亮度值。根据这一局部亮度值来控制曝光。近测法还可以对被摄体进行亮度分析，测量景物中各个有代表性的亮度，分别测出它们的亮度值，然后根据对画面影调的需要，进行有目的的控制曝光。近测法可以避免平均测光所带来的种种不足，当主体的亮度和背景的亮度相差悬殊时，采用近测法来测量主体的亮度，可以将背景及周围环境的影响减小到最低的程度。

（2）替代测量法。这种测量方法是用一块中灰的灰板（反射率为18%）来替代被摄体进行测光。测量时无论被摄体的实际反射率如何变化，也不论景物在什么光源照明下，用亮度测光表可以直接读出曝光组合的数据。根据这些数据曝光，就会在画面中得到与实际景物亮暗变化一致的明暗层次。

测量人的脸部与手背肤色。因为人脸与手背的肤色对光的反射率接近18%，用手背代替灰板进行测量会得到使用灰板测量的同样效果。

（3）亮部优先测量法。这种测量法是对准景物中稍有细节、层次的最亮部位测光（使用受光角较小的亮度测光表，或者采用近测的测光方式）。测光以后所得到的曝光组合读数不能直接使用，需要开大2~2.3级光圈，它的作用是确保被摄景物的亮部有良好的细节表现。在点测光表以及具有点测光功能的内测光照相机上，有一个"H"键，"H"键表示"高光"，就是用于亮部优先测量法的。按下"H"键时，得到的测光读数已自动补偿了2.3级（增加了曝光），这时可直接使用测光表所指示的曝光组合。如果此时采用一块白板作为测量的对象时，按下"H"键后，测得的曝光组合也能直接使用。

（4）暗部优先测量法。这种测量方法是将测光表的受光角对准景物暗部中稍有细节、层次的最暗部进行测光，同样需要使用点测光表或使用近测的方法。这种暗部优先的测光方法所测得读数也不能直接使用，需要缩小2.7级光圈（减少曝光）。原因就是亮度测光表是把黑的被摄体当作了反射率为18%的标准被摄体来进行测量。测得的亮度偏低，它所指示的读数表示了标准灰色的物体应该具有的曝光量（亮度测光表对准黑色物体测量时，只是认为测量的是一个反射率为18%的灰色物体，因为光线照明不够，造成物体反射光的亮度低，测光表指示的曝光组合能确保被摄体再现18%中灰物体的色调）。反射率为18%的标准被摄体的亮度与稍有层次的黑色（反射率为3%左右的被摄体）亮度等级要相差2.7级，也就是两者的EV值相差2.7。

点测光表和具有点测光功能的部分相机上，有一个"S"键，"S"键表示"阴影"或"暗部"。按下"S"键测光，测光表的测光读数已经自动地补偿了2.7级的曝光（减少了2.7级的曝光），此时的曝光组合读数可以直接使用。

使用一块黑板作为被摄对象的替代物，对准黑板进行测量后，将测得的读数减少2.7

级曝光量也能得到合适的曝光。这种暗部测量法的作用是确保被摄景物的暗部有良好的细节表现。

（5）亮度范围测量法。这种测量法是分别将亮度测光表对准被摄景物中最有代表意义的高亮度部分和最有代表意义的低亮度部分进行测量，然后取两组曝光组合读数的中间值进行曝光。有的测光表上可以测到两个EV值读数，并且有一个"A"键，"A"键表示"平均值"。测光表上测到的数字可以按"M"键存储起来，然后按下"A"键得到它们的平均值。这样的测量既照顾到了明亮部分的曝光，又照顾到了暗影部分的曝光。只要这种暗部与亮部的亮度间距（即景物的亮度差）在感光胶片的宽容度范围内，就能得到合适的曝光。

三、曝光的控制

1. "合适曝光"的概念

"曝光"是得到影像的关键环节，也是摄影最重要的技术之一。只有通过"曝光"才能在感光胶片上得到银的影像，曝光的恰当与否，直接影响到影像的密度、清晰度以及色彩。因此，掌握曝光技术至关重要。由于感光材料的感光特性的原因，要使记录的影像与见到的影像的明暗关系相一致，或者是根据创作的意图将不同的景物亮度在画面中形成最佳效果，就需要进行曝光控制，而这种曝光控制是通过调节曝光时间和光圈大小来进行的。通常把拍摄时采用的曝光时间和光圈系数的组合称作为曝光组合参数。测光表在进行照度或景物亮度的测量后，提供的参数就是曝光组合参数。

不同的曝光组合又可以用不同的曝光值（EV值）来表示。不同的曝光组合会使感光胶片在拍摄后得到"曝光正常""曝光不足""曝光过度"等结果。其中，"曝光不足"会使景物阴影部分的影纹层次受到损失；"曝光过度"又会使景物中的亮部层次受到损失。

所谓的正常曝光就是正常地反映了原景物的亮度关系，是对原景物客观、真实的再现。在感光材料的特性曲线上看，就是利用了特性曲线的直线部分。在这个部分，景物的亮度变化与感光材料上影像密度的变化是成正比例的，也就是说景物明暗的变化都能准确地记录在胶片或照相纸上，这就是"正确曝光"。其实，"正确"曝光的概念不够准确，因为摄影是一门艺术，曝光除了有技术标准外，还有艺术标准。有时为了表现作者的意图，从而改变原景物亮度与底片密度之间的正常关系，曝光的目的是使原景物成为摄影师主观意图的再现。所以，应该说凡是达到作者意图的曝光才能称作是"正确"曝光。正确曝光应达到以下三个方面的要求：

（1）利用感光材料特性曲线的直线部分。作为曝光的技术标准来说，称为"合适曝光"较为恰当。所谓的合适曝光在理论上就是指充分地利用了感光材料特性曲线的直线部分。因为在这一部分被摄体的明暗层次能得到充分的体现。

（2）掌握曝光的宽容度。"合适曝光"是有宽容度的。胶片的宽容度和景物的亮度差决定着曝光的宽容度。当景物的亮度差大于胶片的宽容度时，严格地讲没有合适的曝光，因为在这种情况下，总有一部分景物的层次受到损失。

当景物的亮度差与胶片的宽容度相等的时候，只有一个曝光量（一种曝光组合）可以称得上是合适曝光。

当景物的亮度差小于胶片的宽容度时，曝光就有宽容度（曝光的宽容度就是指此时曝光量多一点或少一点都算是合适曝光），可以有多种的曝光组合供选择。这些曝光组合产生的曝光量都利用了感光材料的特性曲线直线部分，所不一样的是不同的曝光组合在感光材料上所产生的密度不同。曝光量少的曝光组合产生的密度小，曝光量大的曝光组合产生的密度大。不同的曝光量产生的反差则相同。

（3）运用最佳曝光量。显然，采用曝光量小的曝光组合意味着充分利用了感光胶片的感光度。例如，使用感光度为 ISO 100 的胶片拍摄，通过照度测光表的测量得到的曝光组合为F/8　1/125 s，由于景物的亮度差为1∶16，而胶片的宽容度为1∶64，这时的曝光组合可以在F/11　1/125、F/8　1/125或F/5.6　1/125 之间进行选择，这三个曝光组合都是合适曝光。如果选择了曝光多一点的话，也就是光圈放大一挡的曝光组合（F/5.6　1/125），感光材料上的曝光较多，负片看上去密度较大，最大密度大，最小密度也大；如果选择曝光量较小的曝光组合（F/8　1/125）时，感光胶片通过冲洗后得到的密度较小，最大密度小，最小密度也小，此时看上去底片较为通透。由于曝光量小，负片的颗粒也小，由于比测光表测到的曝光组合减少了一挡曝光，相当于使用了感光度 ISO 200 胶片进行拍摄，从而意味着充分地利用了胶片的感光度，将 100 的胶卷当作 200 的胶卷来拍摄。由于得到的负片密度小但是并没有影响到影像反差的大小，这样在后期底片的放大时可以使用较小的曝光时间进行照片的放大，有利于提高照片的放大质量。因此，可以认为合适曝光的最小量才是最佳的曝光量。

2. 如何进行曝光控制

照相机的曝光过程，是通过对影响曝光的四个因素的变化组合进行分析、调整，利用控制曝光的手段来实现的。这四个因素是以景物的亮度或者是景物所接收的照度值以及胶片的感光度值为曝光的前提，只有当前提条件确定之后，才能利用控制曝光的两种手段——调整光圈值和快门时间来实现准确的控制。

曝光是技术与艺术的结合，说它是技术是因为它有着科学的规律，如果违背了这些规律，得到的画面就很难有较高的质量。说它是艺术，是因为不同的曝光组合，直接体现着创作者的主观意图，形成不同的艺术风格。这在创作中不能把两者截然分割开来。合适的曝光是从拍摄技术的角度保证完成造型任务的关键。拍摄时，应该结合艺术要求去考虑曝光中的所有技术因素，也应该根据曝光的技术条件考虑画面的表现方法。既要考虑景物的亮度范围，也要考虑创作意图和将来产生的艺术效果，这样才能实现合适的曝光。

第四节 滤色镜

一、黑白摄影滤色镜

1. 原理

黑白摄影滤色镜的滤色原理是根据以下事实确定的：滤色镜能通过或大部分通过光源的光谱成分中与滤色镜的色相相同的色光，能部分通过与滤色镜色相相邻的色光，并且能阻挡或大部分阻挡光源光谱成分中的其余色光。滤色镜的颜色越深，这种通过与阻挡的性能就越高。

2. 种类与作用

（1）种类。各种滤色镜对色光的吸收状况见表1—5。

表1—5 各种滤色镜对色光的吸收状况

滤色镜	通过色光	吸收色光
黄 Y	黄、橙、红、绿	紫、蓝外光
黄绿 PO	黄、绿、红	紫、大部分蓝、少量红
橙 YA	红、黄、部分绿	紫、蓝、少量绿
红 R	红、橙、黄	绿、蓝、紫
绿 G	绿、黄	红、蓝、紫
蓝 B	蓝、青	红、橙、黄、绿与少量紫外光

（2）作用

1）校正颜色，调整影调。由于胶片对光的感色能力与人的眼睛的感色能力不一样，例如人眼对黄绿色光的感觉能力特别强，对紫外光线的感色能力相对比较弱，而胶片却对紫蓝光线特别敏感，而对黄色光线较为迟钝。为了真实地表现景物色调，这就需要对这些色光进行滤色校正。例如拍摄天空中的云彩，加用黄（Y）滤色镜，天空就会变灰暗，这样就使白云表现得较为明显了，黄的滤色镜颜色越深，效果越明显。如果用红（R）滤色镜，天空就会变黑暗，云彩就会显得更白。

2）调节空气透视。由于空气当中紫蓝光线的缘故，使人们看到的近处的景物较为清楚，而远处的景物较为模糊，且距离越远越为明显，此时可以运用黄（Y）、橙（YA）或是紫外光线提高远景的清晰度。如运用蓝（B）、青（C）滤光镜，能增强空气的透视效果。

3）调节反差，突出主体。当主体景物与背景色调相近而不易区分时，可加用与主体颜色相同的滤色镜，或是加用与背景颜色相同的滤色镜来改变主体与背景的反差，从而突出主体。例如拍红花绿叶时用红（R）滤色镜，使红花的色光通过、而使绿叶的色光受阻，这样在底片上提高了红花的密度、减少了绿叶的密度，使印放之后照片上花的亮度提高，叶的亮度压暗。用黑白胶片翻拍时，遇到那些有污迹的图片，可加用与污迹颜色相同的滤色镜来减弱或消除污迹。

二、彩色摄影滤色镜

彩色摄影滤色镜指为彩色摄影而设计的，主要用于彩色摄影的滤色镜。在彩色摄影滤色镜中，常用的有"校色温滤色镜"，另外还有"色彩补偿滤色镜"和"创造色彩效果滤色镜"。

1. 校色温滤色镜

在彩色摄影中，通常要求光源的色温与胶片的平衡色温相一致，如果不一致就会产生偏色。光源的色温高于彩色片的平衡色温时，影像就会偏蓝；光源色温低于彩色片的平衡色温时，影像就会偏红。这种色温的误差越大，偏色也就越严重。校色温滤色镜是专门用于调整进入镜头的光线的色温，以满足彩色片对光线色温的要求。它有"橙色"和"蓝色"两大系列。橙色系列用于降低色温；蓝色系列用于提高色温。滤色镜的颜色越深，这种提升或降低色温的能力也就越强。

按照其升降色温幅度的大小，通常又可分为"换型滤色镜"和"光线平衡滤色镜"两类。

（1）换型滤色镜。换型滤色镜是指相对来说大幅度升降色温的校色温滤色镜，它是为"灯光型片"在日光下使用和"日光型片"在灯光下使用而设计的。"柯达雷登"校色温滤色镜中的"雷登"85系列和"雷登"80系列就是属于换型滤色镜。

"雷登"85系列是橙红色的，"雷登"80系列是蓝色的。

1）"雷登"85系列的滤色镜用于降低光源色温，见表1—6。

表1—6　　　　　　　　"雷登"81、"雷登"85系列滤色镜

镜号	色温降低度	曝光补偿级
81	150～100	1/3
81A	230～200	1/3
81B	250～300	1/3
81C	350～400	1/3
81D	500～550	2/3
81EF	550～700	2/3
85C	1 700	2/3
85	2 100	2/3
85B	2 300	2/3

① "雷登"85B。用于3 200 K的灯光型胶片，在5 500 K的日光或是电子闪光灯下拍摄。

② "雷登"85。用于3 400 K的A型灯光型胶片，在日光或是电子闪光灯下拍摄。

2）"雷登"80系列的滤色镜用于提升光源色温，见表1—7。

表1—7　　　　　　　　"雷登"80、"雷登"82系列滤色镜

镜号	色温升高度	曝光补偿级
80A	2 300	2
80B	2 100	2
80C	1 700	1
80D	1 400	1/3
82C	400~550	2/3
82B	300~350	2/3
82A	200~220	1/3
82	100~150	1/3

①"雷登"80A。用于日光型胶片在3 200 K的灯光下拍摄。

②"雷登"80B。用于日光型胶片在3 400 K的灯光下拍摄。

（2）光线平衡滤色镜。光线平衡滤色镜是指相对来说小幅度升降色温的校色滤色镜，用于需要小幅度升降色温时的拍摄。"柯达雷登"校色滤色镜中"雷登"81系列与"雷登"82系列的滤色镜就是属于光线平衡滤色镜。

1）"雷登"81系列的滤色镜用于降低光源色温，见表1—6。

2）"雷登"80系列的滤色镜用于升高光源色温，见表1—7。

在彩色反转片拍摄特别是广告摄影中，校色温滤色镜的使用需要依靠色温仪来确定滤色镜型号。

2. 色彩补偿滤色镜

彩色摄影的色彩补偿滤色镜简称"CC滤镜"，它有黄、品红、青、红、绿、蓝六种颜色系列，每种颜色各有若干不同深浅的密度，如"柯达"和"富士"的色彩补偿滤色镜，每种颜色分七种密度。"柯达"用"025，05，10，20，30，40，50"为标记；"富士"则用"2.5，5，10，20，30，40，50"为标记。各种色彩补偿滤色镜通常采用"CC＋密度标记＋滤镜颜色的英文缩写"来表示，如CC10Y，CC20M等。

（1）色彩补偿滤色镜的特性。色彩补偿滤色镜的作用是调节彩色片三层乳剂层的感光比率，也就是说它只对三层感光乳剂中的某一层或某两层起作用，从而起到调节色彩还原效果的作用。

（2）色彩补偿滤色镜的用途。色彩补偿滤色镜在拍摄中主要有以下一些用途：

1）当互易律失效时，用以补偿偏色，使色彩平衡。

2）在某些特种光源，如荧光灯下拍摄时，用以校正色彩效果。

3）进行微量的色彩调整，用于强调被摄体某些部位的色彩效果。

4）有些专业型彩色反转片需用色彩补偿滤色镜来校正三层感光乳剂的色彩平衡，确保准确的色彩再现。

5) 根据创作意图，用于制作色彩独特的照片。

6) 拍摄彩色电视屏幕上的彩色影像。已有专用的彩电色彩补偿滤色镜，如"Kenko TV-CC 滤色镜"。

3. 创造色彩的效果滤色镜

创造色彩效果滤色镜又称特殊色彩效果滤色镜，有许多种类，常用的有彩虹镜、双色滤镜、可变色彩滤色镜和彩色中空滤色镜等。

（1）彩虹镜。彩虹镜能使画面上的明亮点周围产生一圈五彩缤纷的彩虹色或晨光增色的光芒线条，即这些线条上呈现红、黄、绿、蓝等色。它是在无色透明的镜片上刻有不同的放射线条，利用多重光栅使光源沿着不同方向进行色散，从而形成辐射状的彩色线条，鲜艳夺目。

（2）双色滤镜。双色滤镜上呈两种不同的颜色的半圆，常见的有"橙-绿""红-蓝""黄-紫"，拍摄时可转动滤色镜圈，调节两个半圆形的位置。双色滤镜的效果是使画面两半部分分别蒙上滤镜上相应半圆颜色的基调，从而使画面产生一种特殊的色彩气氛。

（3）可变色彩滤色镜。可变色彩滤色镜可以改变滤镜的颜色，只要稍微转动该滤色镜圈或滤色镜圈旁的小柄，滤镜就变色了。这种滤镜又称"彩色偏振镜"，它的用途和"双色滤色镜"相同。

（4）彩色中空滤色镜。彩色中空滤色镜由一副滤色镜圈配上四、五种中空滤色镜镜片组成，镜片有红、黄、绿、蓝等色，镜片的中心是空心的，使用时选择所需颜色的镜片装入滤色镜圈即可。

彩色中空滤色镜的效果是画面上中心区域的景物呈天然景物的色彩，其余部分的景物则蒙上了强烈的滤镜色。

三、黑白与彩色摄影通用滤色镜

1. 紫外线滤色镜（UV 镜）

紫外线滤色镜是一种由氧化镍玻璃制成的，能吸收可见光和邻界两侧区域的光线（$0.3\sim0.4\ \mu m$ 之间）的滤光镜。它分为染料吸收型（切割型）和干涉型两种。吸收型 UV 镜由明胶加染料制成，它可以吸收全部可见光和红外线光；干涉型 UV 镜由干涉光栅和玻璃片制成，它只是吸收紫外线中的短波光线，运用它可以提高景物特别是远景的清晰度。

2. 密度镜（灰镜 ND 镜）

密度镜是一种不带任何色彩成分而只含有一定光学密度的呈灰颜色的滤光镜，它能起到减少光线整体的亮度而不影响光线色彩、不改变景物反差的作用，运用它拍摄高亮度的景物时可丰富层次，增强质感。

3. 偏光镜

偏光镜是由极细的玻璃光栅组成的滤光镜，呈青灰色。它常有两个镜圈，可使其 $360°$ 调转，从而允许与光栅平行的光线通过，垂直的光线被阻挡，斜向的光线被减弱。运用偏光镜能消除或减弱金属、玻璃及水面的反光耀斑，还能起到压低天空影调的作用。

4. 柔光镜

柔光镜是拍摄人像专用的滤光镜，它能柔化人物脸部的某些缺陷，使人物的形象具有柔和光嫩的视觉效果。使用时不需要增加曝光量。

5. 近摄镜

近摄镜是由一块无色透明的凸透镜做成的滤光镜。运用它能靠近被摄物体，提高影像倍率。但是近摄镜的景深极小，而且因它本身的球差的增大，所以四周结像率很低。

6. 星光镜

星光镜是一块无色透明的滤光镜，玻璃镜片刻成十字或米字状，能使点光源（太阳或圆形灯管）的光线沿着十字或米字状发散光束。

7. 多影镜

多影镜是一种能产生多个重叠影像的滤镜，常见的为2～6影镜。

8. 超速镜

运用超速镜能使景物产生一种风驰电掣一般的动感效果，常用来拍摄行驰中的车辆或奔跑中的人。

9. 渐变镜

渐变镜是一种逐渐改变景物颜色或是景物光线亮度的滤光镜，常见的有渐变蓝色镜、渐变橙色镜、渐变黄色镜以及渐变灰密度镜。

第五节 中幅面照相机的构造与使用

中幅面照相机（见图1—26）是120单镜头反光照相机的另一种称呼。由于使用的胶卷是120胶卷，拍摄的画幅面积要比135胶片的画幅大。在135单镜头反光照相机还不太盛行的时候，120照相机曾经是业余摄影师的宠儿。由于它在使用上没有135单镜头反光照相机那么灵活，所以在普通的摄影师中已很少使用。但是在专业摄影师的眼中，120单镜头反光照相机却是不可或缺的专业照相机。原因就是使用的胶片成像面积大，图像的信息量大，分辨率高，易于放大。

一、特点

1. 幅面特点

中幅面照相机使用的胶卷是120胶卷。不同的照相机设计的画幅也不同，画幅大小有6 cm×4.5 cm，6 cm×6 cm，6 cm×7 cm，6 cm×8 cm，6 cm×9 cm，6 cm×12 cm等多种。如果强调放大的效果的话，120胶片的拍摄效果肯定要比135胶片拍摄的效果好。和135胶片相比的话，6 cm×4.5 cm胶片的面积是135胶片面积的2.7倍；6 cm×7 cm胶片的面积是135胶片面积的4.4倍。

2. 机械结构上的特点

在机械结构上，120单镜头反光照相机主要包括调节焦点的对焦机构、取景用的观景窗，这些机构与135单镜头反光照相机差不多，只是观景窗大得多，如图1—27所示。120中幅面相机的发展也非常迅速。645照相机的自动化程度已经可以与135照相机媲美，有自动对焦、自动曝光、自动卷片、自动显示拍摄信息等功能。

图1—26 中幅面照相机

图1—27 哈苏120相机

二、构造

1. 曝光测光机构与测试方式

和135单镜头反光照相机一样，120单镜头反光照相机也开发了TTL AE曝光机构。在设计上也有光圈优先和快门时间优先两种，有的照相机这两种曝光方式都有。考虑到120单镜头反光照相机的使用对象一般都具有一定的摄影知识，而且摄影者的要求比较高，经常要更换各种附件，所以测光系统只有少数是放在照相机内的，而多数组装在微棱镜的取景器中，以方便使用者更换不同使用目的的AE取景器。不论是哪种方式，都是利用测光表的光敏元件来捕捉光线，然后由摄影者判定适当的曝光组合。它的构造与135单镜头反光照相机的构造大体相同，由于135单镜头反光照相机是批量生产，因此售价低，而120单镜头反光照相机AE取景器的售价却比较高。

2. 取景器与对焦

决定取景大小以及对焦的取景器，在中幅面照相机中占有很重要的位置。对取景器的基本要求就是从取景器中见到的摄影画面的范围与实际拍摄画面之间的误差要越小越好。这个误差称为视差。也就是说，视差要越小越好。这个视差一般还分为"时间视差"和"空间视差"两种。在中幅面的单镜头反光照相机上，空间视差已经很小，甚至可以忽略，但是时间视差则十分大。因为当按下快门时，由于反射镜向上弹起，取景器中什么也看不见，在这一瞬间，如果被摄体再出现移动的话，拍摄到的画面就会和之前在取景器中见到的情形不一样，这就是时间视差。当然，相对地讲，时间视差的影响并不是很大，反而由于空间视差小、能够准确地取景这一优点，使单镜头反光照相机的取景要比双镜头反光照相机取景方便得多。

中幅面单镜头反光照相机的取景器常采用毛玻璃对焦的方式进行对焦，有的照相机还使用"眼平取景器"也就是五棱镜取景器（见图1—26）。使用五棱镜取景器取景将左右相反的像变成了正像，使用起来比较方便。使用俯视式取景器（也称腰平取景器）看到的影像与实际拍摄的影像左右相反。

取景器中的对焦屏，可以根据用户的需要进行更换，常用的对焦屏有微棱镜式、粗面式（毛玻璃式）、粗面式＋方格线、裂像式等。

3. 快门机构与反光镜

中幅面单镜头反光照相机的快门设计有镜间快门和帘幕快门两种。无论是哪一种快门形式，都需要设立反光折射镜，这块反光镜是将进入镜头的光线反射到取景器的聚焦屏上去。反光折射镜的大小要与胶片的大小有关。无论是镜间快门还是帘幕快门，都是在反光镜弹起的瞬间开启快门。帘幕快门的照相机，多数采用快速复原反光镜的方式。在曝光完成后，反光镜立即返回原来的位置。如果照相机的快门是帘幕式快门的话，更换的镜头中不需要具有镜间快门，价钱比较便宜。但是，使用帘幕快门的照相机的闪光同步速度在1/60 s以下。由于120单镜头反光照相机的胶片较大，快门的行程较长，所以快门的同步速度会更慢一些。

镜间快门的优点就是无论在什么速度段，它都能与闪光灯同步。其缺点就是镜间快门的快门时间一般都在1/500 s以下，而帘幕快门的快门时间可以高达1/2 000 s。因此，一些高档的中幅面单镜头反光照相机采用了两套快门，既有帘幕快门，又有镜间快门。在使用较高的快门时间时将镜间快门设定为T门，再采用帘幕快门曝光。

4. 胶片的安装与更换

中幅面照相机使用的120胶卷多数是筒装的胶卷。安装胶卷时需要格外的小心。先要将胶卷装进照相机的机身中，转动遮光用的牵引纸，直到表示可以摄影的箭头对准机身上的记号，才能盖上后盖准备拍摄。玛米亚M645、玛米亚RB 67、玛米亚RZ 67等相机都采用了胶片座。安装的方法是：

（1）把胶卷插入胶片座上支撑胶卷的支架上。

（2）拉出胶卷引导纸面转过胶卷的底部，把引导纸末端插进另一边胶卷空芯的缝隙中。

（3）转动胶卷直到胶片上出现表示可以拍摄的箭头标记出现为止。

（4）然后把胶卷座放入相机的后背中。

中幅面照相机一般都具有可以更换片盒（后背）的装置。也有的相机采用不能更换胶卷片盒的装置。胶卷的安装如同135照相机一样，放进照相机的机身内。它的优点是机身做得比较小巧，但是缺点是在摄影途中不能更换后背。也就是说，不能同时使用不同种类的胶卷进行拍摄。

5. 镜头

中幅面照相机使用的是120的胶卷。画面的大小基本上是受胶卷的尺寸所限制，全部以6 cm为基本尺寸。不过这只是习惯的叫法，实际上画幅只有5.6 cm左右。所以，我们常说的 6 cm×4.5 cm，6 cm×6 cm，6 cm×7 cm，它的实际尺寸都要比这个数值小。

画面面积越大，摄影镜头给胶卷的拍摄范围就越大。这个拍摄范围称作镜头的涵盖角，当角度一定时，焦距越长。焦距与画面的对角线相等的镜头称作标准镜头。所以画幅为 6 cm×7 cm 的对角线是 89 mm，约等于 35 mm 胶卷的两倍。标准镜头的焦距与摄角的比较见表 1—8。

表 1—8　　　　　　　　　标准镜头的焦距与摄角的比较

底片	照相机	焦距（mm）	摄角（°）
6 cm×4.5cm	Bronica ETRS	75	50
	Mamiya M 645	80	47
6 cm×6 cm	Bronica RA	75	55
	Hasselblad 501 CM	75	55
6 cm×7 cm	Pentax 6×7	105	45
	Mamiya RB 67	127	38
	Mamiya RZ 67 Pro	127	38

6. 移动机构与偏移镜头（移轴镜头）

中幅面照相机的镜头与胶片平面的关系，是镜头的中心线（光轴）与作为画面的胶卷的中心点成直角相交。一般照相机都是根据这个要求设计的。但是，有时为了应付一些特殊的被摄体以及制造特别的拍摄效果，就需要打破这种关系。担任这个工作的机构，称为照相机的移动机构。相对于镜头的光轴，画面不做直角相交的叫作倾斜；相对于光轴，画面虽然也作直角相交，但是画面的中心点偏离镜头光轴的叫作偏移（平行移动）。

经过偏移或者倾斜变化后，有下述作用：

（1）视野的移动。
（2）矫正被摄物体的垂直、水平。
（3）远近感的夸张修正。
（4）被摄体景深的调节。

中幅面照相机中，有的在机身上附加了这种装置，例如林哈夫照相机就有这种调节装置。有的则要加上专为这种偏移而设计的镜头（称为移轴镜头）或伸缩皮腔。

第六节　银盐图像的冲印技术

一、负片冲洗

1. 黑白负片的冲洗

冲洗黑白负片，一般使用 D-76 配方显影液。也有照相馆根据自身的需要对标准的 D-76 配方进行了改变，形成了自己的配方。近年来，有些企业为了追求更高的黑白照片质量使用柯达 Tmax 黑白胶片拍摄，同时也就使用 Tmax 套药进行冲洗。还有一些影楼采用染料型的黑白负片，这类负片使用冲洗彩色负片的 C-41 工艺进行冲洗加工。

黑白负片的冲洗一般是在显影罐中进行的，罐中显影能够避免胶片的物理擦伤，但是工作效率较低。有些企业黑白负片的冲洗量较大，为了提高工作效率而采用了盘中显影，盘中显影的全过程都必须在全黑暗的暗室中进行，中途虽然可以打开暗绿色的安全灯观察显影效果，但不可时间过长或距离太近，可允许观看的时间和距离以不使胶片产生灰雾为原则。使用盘洗的方法冲洗的质量无法保证，同时使用绿灯观看的操作法不科学，又无法规范，故不予推荐。也有的单位采用冲卷机进行冲洗，效率高、质量稳定，只是初期的资金投入较大。

黑白负片冲洗工艺流程包括显影——停显——定影——水洗——清洁——干燥等 6 个步骤。显影的作用是使已曝光的卤化银还原为金属银，将潜影变成可见影像。显影时的温度、时间和搅动的控制都非常重要，是决定冲洗质量的关键环节。停显需要 1 min。定影的目的是用酸来中和胶片中残留的碱性显影液，使胶片的显影过程立即停止。定影的目的是溶解乳剂层中未曝光的卤化银，使已形成金属银的影像得以保持稳定。定影的时间一般控制在胶片边缘未曝光部分呈透明状态所需时间的 2 倍。水洗步骤是为了除去残留在胶片中的药液，水洗的时间宁长勿短，在流动水中不应短于 15 min。

为了节约水资源，增强环保意识，提倡使用"换水"水洗方法。每隔 5 min 倾倒换水一次，不少于五六次即可。经试验检测，此种水洗方法优于用流动水冲洗。清洁步骤在水质较硬的我国北方地区尤为重要，它是将胶片在用表面活性剂高倍稀释的溶液中浸泡 1 min，以克服胶片晾干时依附在表面上的水滴的表面张力，以免胶片干燥后表面形成弄脏底片的水渍。

影响黑白负片显影的四个基本因素是：显影液的性能与浓度、温度、时间、搅动情况。如果这四个方面均呈加强状态时，被显影的影像就会密度高、反差大、颗粒粗，甚至会产生一定的灰雾；当这四个方面均呈减弱状态时，被显影的影像就会密度低、反差小、影像平淡无力。

D-76 黑白负片微粒显影液配方：

水	750 ml
米吐尔	2 g
无水亚硫酸纳	100 g
对苯二酚	5g
硼砂	2 g
加水至	1 000 ml

F5 酸性坚膜定影液配方：

水（50℃）	700 ml
硫代硫酸钠	240 g
无水亚硫酸钠	15 g
冰乙酸（28%）	45 ml
硼酸	7.5 g
硫酸铝钾	15 g
加水至	1 000 ml

2. 彩色负片的冲洗

较黑白负片的冲洗，彩色负片的冲洗无论从配方与工艺要求上都复杂一些。所有的彩色胶片生产厂都对自己所生产的负片推荐了专用的冲洗配方和工艺。例如：柯达公司推荐C-41配方，富士公司推荐CN-16配方，阿克发公司推荐AP-70配方，乐凯公司推荐G-70配方，柯尼卡公司推荐CNK-14配方。严格地讲，各种负片应该使用各自推荐的配方才会达到最佳效果。但是，所有的胶片厂也并不反对在冲洗过程中使用其他厂家的同类配方。由于柯达公司在这方面的领先地位，其他胶片在其包装盒上都标明可以使用C-41配方。以上各种配方都可称为C-41工艺。

由于彩色药液的抗氧化能力较低，C-41工艺对于温度、时间、搅动等因素的要求又十分严格，为了保证冲卷的质量，很少有人进行手工操作，一般都是采用冲卷机进行冲洗。冲卷机有吊挂式、引带式、短导带式、滚筒式等多种形式，性能优劣各异。目前吊挂式最受专业摄影师欢迎，它从根本上排除了胶片在冲洗过程中划伤的可能性。吊挂式冲卷机还可以改变某个胶卷的显影时间，能够满足迫冲增感的特殊要求。所有的冲卷机的冲洗质量都是依靠严格的品质控制来保证的，不能单凭操作者的经验，要有客观的数据依据。使用者除了按时检查冲卷机的温控系统、传动系统、药液循环补充系统、供水系统和烘干系统外，还要定时根据冲洗的厂家提供的试条，用密度仪测量其密度、反差、灰雾度、色度和残留银等多项技术指标，发现问题后及时纠正。

C-41彩色负片冲洗工艺（罐冲）见表1—9。

表1—9　　　　　　　　　C-41彩色负片冲洗工艺（罐冲）

工序	药液	温度（℃）	时间
1	彩显	37.8±0.15	3分15秒
2	漂白	37.8±3	6分30秒
3	水洗	37.8±3	3分15秒
4	定影	24～41	6分30秒
5	水洗	37.8±3	3分15秒
6	稳定	24～41	1分30秒
7	干燥	50左右	

C-41 RANP 彩色负片快速无水冲洗工艺见表1—10。

表1—10　　　　　C-41 RANP 彩色负片快速无水冲洗工艺

工序	药液	温度（℃）	时间
1	彩显	37.8±0.15	3分15秒
2	RA漂白NP	38±3	45秒
3	RA定影	38±3	1分30秒
4	稳定液	38±3	1分钟
5	干燥	50左右	

二、照片制作

1. 黑白照片的制作

黑白照片的制作分为印相和放大两类，两者在制作时所使用的曝光工具不同。

印相是在曝光箱上进行曝光的。印相时，将底片的乳剂层向上放置于曝光箱上，在底片的上面覆盖规定照片画幅规格的"套方"，将印相纸乳剂层向下放置在套方之上，在相纸的背面向下施以重压，目的是让相纸与底片紧密结合，如果相纸与底片之间存有间隙，所印制出的影像就会模糊。在相纸与底片完全紧贴的条件下开启曝光箱的光源，使相纸曝光。

放大是在放大机上进行曝光。放大机是一种装有镜头的投影设备，镜头的优劣对于放大照片的质量有很大的影响。而这一点是被许多人所忽视的。镜头的焦距应等于或大于所放大底片画幅对角线的长度。否则因镜头的涵盖力不足，会出现周边影像发暗、发虚和变形的问题。但在进行高倍率放大时，镜头的焦距也不能过长，否则机位会升得很高，不便于操作。在进行放大操作时，先将底片乳剂膜向下装入放大机的底片夹中，依据放大倍率的要求调整放大机与成像板之间的距离，距离与放大倍率成正比，距离越远，所放大的倍率越大。底片夹与放大机的镜头之间用折叠皮腔相连，其距离可以用旋钮进行调整，这段距离的远近决定放大照片的清晰程度。

镜头与底片之间的距离和镜头与放大纸之间的距离是互相关联的，它们之间是共轭的反比例关系。当放大倍率为1∶1时，这两段的距离相等，为镜头焦距的2倍。当提高放大倍率时，需要加长镜头与放大纸之间的距离，反之则必须缩短镜头至底片之间的距离，这样才能获得清晰的影像。放大倍率越高，这两段距离之间的差别越大，实际上，镜头至放大纸的距离除以镜头至底片距离所得的商数，就等于影像的线性放大倍率。至于更严格的镜头节点距离的计算在这里可以暂时略去不计。

放大照片的曝光量取决于底片的密度、光源的亮度、镜头光圈的系数、放大倍率和相纸的感光度及洗相药液的能力等六大要素。印相纸与放大纸的光度相差甚多，虽可互相代用，但使用上并不方便。无论是印相纸还是放大纸，一般都用纸号来表示反差。2号表示反差适中，1号表示软性，0号表示特软性，3号表示硬性，4号表示特硬性。近年来也有部分依靠滤光原理调整反差的。多反差性能的相纸在市场上有售,虽然省去了更换相纸的麻烦,但因价格和设备等因素尚难普遍使用。

配纸是暗室操作人员的基本功之一,全调照片的配纸原则是:高反差的底片配低反差的纸,低反差的底片配高反差的纸,中反差的底片配中反差的纸,最终以使影像的反差达到适中为目的。

相纸曝光后要进行显影,一般都是使用1:2冲淡的D-72显影配方。比较专业的暗室都有自己独特的显影液配方,工作同时配制软性药、中性药和硬性药三种显影药液,供显影过程中调节反差使用。三种药液的反差调整范围最大可以达到半号相纸左右的幅度。这样,通过显影过程中相纸在不同药液中浸泡时间的调整,就可以获得满意反差的影像了。

照片显影是在安全灯的照明下进行的,待达到理想的密度和反差时,即投入停显液稍作停顿便可进行定影,照片在定影液中也应经常地翻动,防止压叠在一起的照片定影不足。当确定照片定影充足后,就可在白光下对照片进行水洗、干燥、裁切等工序的处理。

黑白相纸显影配方见表1—11。

表1—11　　　　　　　　　黑白相纸显影配方

	软性	中性	硬性
水（40～50℃）	750 ml	750 ml	750 ml
米吐尔	10 g	3 g	1 g
无水亚硫酸钠	50 g	45 g	45 g
对苯二酚	无	12 g	18 g
无水碳酸钠	50 g	50 g	90 g
溴化钾	1.2 g	2 g	3 g
加水至	1 l	1 l	1 l
同时冲淡	1:1	1:2	1:3

2. 彩色照片的制作

彩色照片的制作分为扩印和放大两个工种,彩色扩印是使用彩色扩印机,将底片中的影像扩印成某种固定规格的照片,照片的规格为英寸×英寸:

3R=3.5×5　　4R=4×6　　5R=5×7　　8R=8×10
3S=35×35　　4S=4×4　　5S=5×5　　8S=8×8
3P=3.5×4.5　4P=4×5.5　5P=5×6.5

换算为cm单位,为:3R（8.9 cm×12.7 cm）,4R（10 cm×15.2 cm）,5R（12.7 cm×17.8 cm）等。

扩印机设有若干个频道,每个频道可以储存某一种特定品种胶片扩印某种特定规格照片的信息。当遇有该种胶片扩印该种规格的照片时,必须使用该频道,否则将会影响照片的质量，主要表现为偏色。频道内数据的设定必须与所使用的相纸、药液及其他控制条件相吻合。如果其中某一项有所改变，频道内的数据也要随之修正，以保证照片的扩印质量。

当前，国内使用的彩色扩印机，绝大多数是减色法扩印机，光源的色温由电压和基础滤光片共同控制，扩印机的扩印灯泡总是长亮的。在扩印机镜头的周围有若干只测光探头（俗称电眼），分别测量被扩印底片的C.M.Y.（青、品红、黄）数值。当操作人员启动曝光开关时，扩印机的快门打开，相纸开始曝光，扩印机的计算机控制系统测得某种原色的色光已经达到规定的量值时，便指示该原色的补色滤光片切入光道，阻止光源中的该种原色光从光道中通过，该张相纸便得不到该种原色光。当第二种原色光曝光量已达到规定的量值时，这种原色的补色滤光片也同样地切入光道，阻止该种原色光的通过。当最后一种原色光的曝光量已达到规定的量值时，除去其补色滤光片切入光道外，扩印机的快门也同时关闭，完成这幅照片的曝光工作。以后，输纸系统启动，新的一幅相纸进入纸框，等待下一幅照片的曝光。

扩印机的自动化程度很高，一台调试精良的扩印机，可以把70％以上的底片扩印出合格的照片。但是，再先进的彩色扩印系统也是有局限性的，扩印机工作原理是以"灰"为理念设计的，虽然大多数的被摄对象都与这一理念相吻合，但仍有两种例外的情况。一种情况是主体密度与陪体密度的差异。当这两者的差异较大时，扩印机自动扩出的照片会产生密度的失控。补救的办法是人工给予适当的调校，如果底片上主体密度大，陪体密度小，就应手工增加密度；如果底片上主体密度小，而陪体密度大，就应手工减少密度。这种人工增减密度的依据只是主体与陪体间的密度差异，而不必去管底片的整体密度，因为整体密度的大小是由扩印机的测光系统感知的。第二种情况是被摄景物色别不均衡。当被摄景物是单一色彩或某一色别的面积大幅度超过互补色面积时，会产生色彩失控问题，用扩印机的自动功能扩印这种底片，照片会发生偏色。补救的办法也只能是手工调校，调校的原则是：被摄景物中的哪种色彩面积大，就在扩印机上增加哪种颜色的浓度，或者减少该种颜色补色的浓度。例如：在大面积红色背景下拍摄的人物，就应该在扩印机上增加品红＋黄色的浓度或是减少青色的浓度，以达到所扩印照片的色彩平衡。

彩色放大是用放大机获得彩色照片的一种方法，其放大倍率可以自由选择，也可以对影像进行任意剪裁，还可以在放大过程中进行技法加工。彩色放大与黑白放大的基本原理相同，只是彩色放大机添加了校正颜色的滤色装置，机上有C.M.Y（青、品红、黄）三块滤光片，这组滤光片安置在放大机灯泡与混光箱之间，通过滤光片切入光道的面积，改变光源投入到底片的色光成分，从而影响穿透底片而达到相纸上的影像色彩，由此来调校照片的色彩。由于彩色负片中普遍使用色罩技术，所以很难直接通过观看底片来确定其偏色的程度。一般的做法是：先用面积较小的相纸在影像主要部位做曝光试验，俗称"打小样"。所打的小样虽不是正式照片，整体的制作工艺却丝毫不能马虎，做出的小样如果有偏色现象，就要用放大机的滤光片进行校正。其校正的原则是：增加与小样照片偏色色别相同的滤光片浓度,或是减少其互补色的滤光片浓度。例如:小样照片偏黄,就应该在放大机上增加黄滤光片的数值,使放出的照片减少黄色的成分,表现出正常的色彩;同样是小样片偏黄,而放大机中已经加了品红和青滤光片,这时就减少品红和青滤光片的数值,因为品红和青滤光片相叠后会产生蓝色光,减少了这种蓝色光的成分,照片自然就不会偏黄了。

放大机中,虽然有三种颜色的滤光片,却不可同时使用,只能用一色或两色。如果三种色同时使用,会产生一定的中性灰,无助于色彩的校正,却减弱了光源的照度。

经过扩印或放大曝光后的相纸,要通过冲纸机进行彩显、漂定、水洗、干燥和裁切等工序后才能最终完成。许多快速扩印机的曝光部分与冲纸部分是联体的,由机器自动运行。而放大机曝光后却要将相纸拿到独立的冲纸机上单独作业。近年来,有一种介于放大机和扩印机之间的设备称做"随意放",它综合了放大和扩印的优点,同时还增加了视频正像显示和自动调焦等功能,既可以明室操作又能任意剪裁,操作方法与扩印十分接近,大大提高了工作效率,只是在放大倍率上还有一定的局限性,超过其幅面规格的照片还得需要使用放大机。

目前,彩色照片的洗印过程都在向高温、快速的方向发展,绝大多数冲纸机都在使用 RA 系列药水,只需 3 min 便可完成彩显、漂定和稳定的全部工作,使工作效率空前提高。

单元测试题

一、单项选择题(下列每题的选项中,只有 1 个是正确的,请将其代号填在横线空白处)

1. 人眼能感觉到的可见光呈_____颜色的光线。
   A. 白　　　　　　　　　　B. 黄
   C. 黄、白、红　　　　　　D. 红、橙、黄、绿、青、蓝、紫
2. 可见光的频率约为_____ Hz。
   A. $3.9 \times 10^{14} \sim 7.5 \times 10^{14}$　　B. $30^{-14} \sim 30^{-75} \times 10^{14}$
   C. $3.9^{-14} \sim 7.5 \times 10^{14}$　　D. $30^{14} \sim 30^{75} \times 10^{-14}$
3. 人们目前所知的光电波长为 _____ Hz。
   A. $3.9 \times 10^{14} \sim 7.5 \times 10^{14}$　　B. $30^{-14} \sim 30^{-75} \times 10^{14}$
   C. $3.9^{-14} \sim 7.5 \times 10^{14}$　　D. $30^{14} \sim 30^{75} \times 10^{-14}$
4. 标准被摄体是指对光的反射率为_____的被摄体。
   A. 18%　　B. 25%　　C. 50%　　D. 85%
5. 光线的三原色是_____。
   A. 红、黄、青　　　　　　B. 红、黄、绿
   C. 红、绿、蓝　　　　　　D. 黑、白、灰

6. 颜料的三原色是_____。
   A. 黑、白、灰   B. 红、绿、蓝
   C. 红、黄、青   D. 青、品红、黄
7. 光线的三补色是_____。
   A. 红、绿、蓝   B. 青、品红、黄
   C. 红、黄、青   D. 黑、白、灰
8. 黄光=红光+_____。
   A. 蓝光   B. 绿光   C. 品红光   D. 紫光
9. 绿光+_____=青光。
   A. 蓝光   B. 红光   C. 黄光   D. 品红光
10. 下列色光中对胶卷最敏感的光线是_____。
    A. 红光   B. 蓝光   C. 黄光   D. 紫光   E. 绿光   F. 橙光

二、多项选择题（下列每题的选项中，至少有 2 个是正确的，请将其代号填在横线空白处）
1. 按照电磁波段可把光线分为_____。
   A. 可见光线   B. 红外光线   C. 紫外光线   D. X 光线
   E. γ 光射线   F. 电振动射线
2. 下列两种光线叠加起来能呈白光的是_____。
   A. 红与青   B. 黄与蓝   C. 绿与品红   D. 红与蓝
   E. 黄与品红   F. 红与绿
3. 与 GB24°感光度相等的是_____。
   A. ASA 200   B. ISO 200/24°   C. DIN 24   D. ASA 400
   E. DIN 18

三、判断题（下列判断正确的请打"√"，错误的打"×"）
1. 光是一种电磁波，它在均匀的介质中以 300 000 km/s 的速度作直线传播。（   ）
2. 物质对光线的反射率，是随物体的颜色及其表面的光滑度的差异而不同的。（   ）
3. 补色光是多种叠加起来呈白光的色光。（   ）
4. 绿光=黄光-红光。（   ）
5. 品红光=蓝光+红光。（   ）
6. 青光=绿光+红光。（   ）
7. 阻光率=投射光量/透射光量。（   ）
8. 用独立式测光表，按亮部优先测量法测光，拍摄时必须增加 2～2.3 级曝光量。
（   ）
9. 用独立式测光表，按暗部优先测量法测光，拍摄时必须增加 2～2.3 级曝光量。
（   ）

10. 观液晶屏是数码相机拍摄时最佳的取景方法。   (   )

四、简答题

1. 简述影像反差与景物反差对底片曝光量的影响。
2. 简述胶卷感光度的高低对底片感光宽容度的影响。
3. 简述黑白胶片、彩色负片、彩色反转片的感光宽容度大小。
4. 简述移轴镜头的四个作用。
5. 简述影响景深大小的三大因素。
6. 什么是标准镜头？
7. 简述标准镜头的视角大小与透视特征。
8. 简述 D-76，D-72，C-41，R-14 的用途。
9. 简述 C-41 的机冲工艺。
10. 黑白冲洗的工艺流程有哪些？影响其显影的因素又有哪些？
11. 滤色镜在黑白摄影和彩色摄影中的主要作用是什么？

单元测试题答案

一、单项选择题

1. D   2. A   3. B   4. A   5. C   6. C   7. B   8. B   9. A
10. B

二、多项选择题

1. ABCDEF   2. ABC   3. ABC

三、判断题

1. √   2. √   3. ×   4. √   5. √   6. ×   7. √   8. √   9. ×
10. ×

四、简答题

1. 答：当影像反差小于景物反差时，底片曝光不足。当影像反差大于景物反差时，底片曝光过度。当影像反差等于景物反差时，底片曝光正确。

2. 答：当胶卷感光度高时，底片的感光宽容度就大；当胶卷感光度低时，底片的感光宽容度就小。

3. 答：黑白胶片的感光宽容度是 1∶128，彩色负片的感光宽容度是 1∶64，彩色反转片的宽容度是 1∶32。

4. 答：移轴镜头的四个作用是移动视野；调整景深；矫正景物的垂直与水平线条；修正远近景物透视感的大小。

5. 答：影响景深大小的三大因素是：

(1) 拍摄距离的远近：即摄距近景深小，摄距远景深大。

（2）镜头焦距的长短：即焦距长景深小，焦距短景深大。

（3）摄时光圈的大小：即光圈大景深小，光圈小景深大。

6. 答：镜头的焦距与所摄画面对角线长度相等的镜头即为标准镜头。

7. 答：标准镜头视角大约为 50°～60°左右，它的透视率类同人眼的透视率。

8. 答：D-76 冲显黑白胶卷，D-72 冲显黑白相纸，C-41 冲显彩色负片和某些染料型黑白片，R-14 冲显彩色反转片。

9. 答：C-41 的机冲工艺是：彩显——漂白——定影——稳定——干燥。

10. 答：黑白冲洗工艺的流程为：显影——停显——定影——水洗——干燥，影响其显影的因素有药液的配方、药液的浓度、显影的温度、显影的时间、显影时的搅动情况等。

11. 答：滤色镜在黑白摄影中的主要作用是：调整影调；调节反差；调节空气透视效果；调整密度。滤色镜在彩色摄影中的主要作用是：调整色温；调整色彩；调整反差；调整密度。

第二单元　数字摄影技术

　　数字摄影已经进入了人们的生活，数字摄影的诞生，标志着摄影已经经历了一场革命性的变化。

　　数字摄影对传统摄影的革新是一场观念上的革新。说起摄影，在绝大多数人脑海中的概念就是购买胶卷、拍摄、冲洗，然后从冲洗店取回自己的相片。多少年来，这种观念在人们的心目中难以变更。然而，数字相机的出现，从根本上打破了人们固有的思想模式，只要拥有一架数字相机，再也不用购买胶卷，任何场景即拍即现，在计算机前一坐，精美的个人相册、生动的图文资料、独具匠心的广告作品……通过创意和编辑就可以成功地问世了，联上因特网，瞬息之间便可传递到世界各个角落。

　　数字摄影对传统摄影的革新也是一场技术上的革新（见表2—1）。传统摄影以胶片为载体，通过相机、镜头等设备的操控，完成对银盐颗粒的曝光。然后是暗房的加工部分，对形成潜影的胶片进行显影及定影等冲洗加工，并对冲洗完成之后的胶片再次放大、拷贝。数字摄影则是以电子存储设备为载体，通过对相机、镜头等硬件设备的操控，完成对影像由光信号至数字信号的处理，将数字影像保存在电子存储介质上，然后将数字图像传送到计算机中，编辑处理并存盘为电子文件。从化学方式处理到电子信息处理，完全不等同的技术方式是数字摄影对传统摄影彻底革命的一种表现。

　　随着全球日益高涨的数字化热潮，数字相机的技术日益成熟，价格也会逐渐下降，数字相机将成IT行业增长最为迅速的产业之一。在不远的将来还会有胶片的一份空间，但是数字化的天地会更加广阔。汹涌而来的数码影像技术革命，必将对人们的生活引发更巨大、更深刻的变革。

　　数字摄影系统之所以称得上系统，那么它必定是由一系列设备所组成的。通常人们认

表 2—1　　　　　　　　传统摄影与数字摄影的比较

比较项目 \ 类别	传统摄影	数字摄影
基本功能	捕获静止图像的照相机	既是捕获静止的或多媒体图像的照相机，又是多媒体计算机的重要外围设备
图像摄入	从拍摄到冲洗出照片需要相当长一段时间，不能立刻显像	拍摄完成后约几秒便能查看图像质量，可即时显像。甚至在拍摄前就能看到拍摄的图像，并能进行曝光的控制
信息存储	镜头摄入的光学信息存储于化学胶卷上，胶卷不可重复使用，拍摄成本高	光学信息经过转换变成数字信息，存储于存储卡上。存储卡可以重复使用，大大节约了成本
图像保存	照片长期保存会褪色、变黄	照片存储于磁盘或光盘中，永久保存
后期制作	暗房加工的范围很小，对照片的总体影响不是很大	利用图像处理软件可以随心所欲地对图片进行加工，处理后的图片可能面目全非
信息传输	通过邮局传递（借助扫描仪上网传输，过程繁琐）	通过专用数据传输线直接上网传输，相当便捷
图像质量	较好	低像素图像质量较差；高像素图像质量能够达到高品质
环境保护	照片冲洗过程中，需用化学药剂，对操作者和环境都会造成不利影响	整个成像过程都没有化学药剂的参与，有利于环保

为数字摄影系统是由照明设备、数字相机、计算机、打印机以及存储设备等组成，其中包括了数字图像的输入、处理和输出三个部分。而数字相机无疑是数字摄影系统的关键所在。

数字摄影系统的关键在于图像信息的获取。人们获得数字图像的初稿就是通过数字相机对"所见即所得"的真实世界的最初反映。对于摄影创作来说，获取的是素材。这时的数字图像并非是摄影人员最终所要的，需要应用计算机的辅助或其他手段的帮助，对获取的图像进行编辑和修正，最后得到理想的图像。在这一过程中，如果没有数字相机对图像信息的采集与捕捉，"所见即所得"仅是一句空话而已。

摄影师应该用超前的思维方法和发展的眼光来迎接数字相机掀起的数码影像新浪潮。从如今数字相机的发展速度来看，这个周期正在大大缩短。

数字相机是一部相机。说的更具体一点，数字相机是一台会拍照的计算机。可以把数字相机当作普通的相机来使用，去拍摄所要拍摄的事物。但是，随着计算机及多媒体技术的发展，图像的数字处理越来越受到人们的关注，数字相机也成为图像数字化的首选工具。

从当年柯达公司推出第一款数字相机到如今款式多样品种各异的数字相机,从原本单一的图像复制到今天的集视频图像、录音,甚至是一些简单的图像处理功能加入到数字相机中,从技术的角度而言,数字相机走的就是集多样化数字功能于一身的路线。数字相机的开发商在设计数字相机的时候,更多考虑的是消费者普遍的心理需求,而不单纯地满足其中的一点或几点要求。如今,随着声音备忘录、间歇定时拍摄功能、MPEG 数码影像功能、定向感应、直接打印、显微拍摄等智能化功能的开发和研究,数字相机在满足消费者好奇心的同时,赢得了更多消费者的青睐,特别是数字图像处理人员的爱戴。虽然这些新功能的实现或许要依赖于计算机软件的辅助,但这确实为消费者带来了便利与满足,而且还在不断地发展。

数字相机高昂的价格一直让人望而却步,即使真的想有一台数字相机,也因为囊中羞涩而望而止步,更别说数字相机作为一种时尚走入寻常百姓家了。于是,多媒体设备厂商为了在激烈的市场竞争中争得一席之地,获得更大的利润,在提高数字相机质量的同时,也没有忘记另一个极其有效的措施,使他们的产品在市场中具有更强的竞争能力,那就是降低数字相机的成本,使数字相机的价格能为更多的消费者所接受。当然,这种降低成本是在数字相机制造技术不断发展的前提下,在保证数字相机功能趋于完善的基础下有序进行的。数字相机的价格之所以一直居高不下,究其原因在于作为数字相机关键部件 CCD 器件的价格昂贵。研究人员一直在致力于寻找其他的器件取代 CCD 器件的使用。对 CMOS 的发现和使用使得数字相机的价格在一夜之间降了很大的幅度。因为 CMOS 的价格仅为 CCD 价格的十分之一。相信,随着 CMOS 的大量采用,消费者拥有数字相机的可能性已大大增加。

虽然数字相机的诸多优势得到了广大用户的认可,但数字相机本身存在的不足也使得数字相机在消费者的心目中显得不那么完美。随着技术的不断发展,数字相机的分辨率正逐渐向传统相机靠拢,目前数字相机的图像质量已经可以和传统相机的图像相媲美。

一、数字摄影系统的组成

1. 数字摄影系统

数字摄影系统实际上是一个电子数字图像制作系统,它是由各种数字图像输入设备、计算机图像处理设备以及数字图像输出设备共同组合而成的。

数字照相机只是数字图像输入设备中的一种工具。

2. 数字摄影的基本概念

(1) 模拟成像。传统的摄影方式是采用卤化银感光材料来记录影像。这种成像系统是采用化学摄影系统成像。它是通过曝光装置(照相机),使用光学镜头聚焦后,先将摄影胶片曝光,通过化学显影得到负像,再经过二次曝光得到正像(照片)。

这时得到的像实际上是银的影像,也就是曝过光的卤化银经过显影后被显影液中的显影剂还原成为金属银。人眼看到物体的影像,是物体对光线的反射而产生光的影像。记录的影像是一种银的影像。实际上就是用银的影像来模拟所看到的光的影像,因此是一种模拟的像。

传统的摄影是采用卤化银作为记录影像的载体，卤化银又是涂布在透明的片基上，因此把这种使用卤化银胶片的传统摄影方式称作为胶片摄影。胶片摄影使用的是化学方式成像。这种技术又称为"银盐技术"。胶片摄影的最大的局限性在于需要化学处理过程。它的存取时间长。要得到胶片摄影的影像，需要化学处理（冲洗）过程，不能在摄影时立即得到影像。

（2）数字成像方式。数字成像主要是使用光电耦合器件，将镜头所形成的影像的每个非常细小的局部光线亮度信号转化为计算机可以识别的、可以用数字进行描述的电子信号，最后通过计算机和其他专用设备再把这些数字信号还原成为光信号，使影像再现出来。这种成像技术就是"固体影像传感技术"，也被称作"数字影像技术"。

数字影像技术能够把数字信号存储在光盘、磁盘或者其他的存储介质中，等到需要的时候再还原成照片，也可以在计算机屏幕中观看。与传统的胶片摄影不同的是，拍摄工作仅仅是数字摄影中的一个很小的组成部分，数字摄影还包括了将图像数字化以后的编辑工作。

数字图像的编辑有以下特点：数字图像处理可以对图像进行任意地修改和布局。摄影师可以利用图像处理的手段实现作者的创意。数字摄影使摄影艺术创作实现了连续性。

二、数字图像基础知识

1. 像素

像素是组成图像的最基本单元。它是一个小的方形的颜色块。一个图像通常由许多像素组成，这些像素都是方形的。每个像素都有不同的颜色值，单位面积内的像素越多，分辨率越高，图像的效果就越好。像素是组成数字化图像的最小的方块，因此它没有图片的整体概念，既不知道其周围的像素是什么样子，也不知道图片的种类。在图像处理软件 Photoshop 中，像素具有独立性，它们是栅格中的小单元，并且很难和其他单元联合在一起。由于像素的独立性，使得它在描述色调空间方面是十分优秀的。在自然界中，所有的颜色和对原物的微小变化都可以用像素来实现。像素有两个属性：大小和深度。图像中的像素越多，图像文件的大小就越大。

Pixel 一词是由 Picture 和 Element 两个词汇合成的短语。在其间拼凑上字母"x"，使人们将图像看作是具有 x 和 y 的笛卡儿栅格。在看待数字图像时，应该联想到它们的像素总量应该是长×宽的。

2. 矢量图与点阵图

矢量图是由 Adobe Illustrator，Macromedia FreeHand 等图形软件产生的，它由一些用数学方式描述的曲线组成，其基本组成单元是锚点和路径。不论放大缩小多少倍，它的边缘都是平滑的，尤其适用于制作企业的标志。这些标志无论用于何处，只需要一个文件就能满足要求，可随时缩放，效果一样的清晰。基于矢量图的图形软件也称 PostScript 绘图软件，或简称绘图软件，最早用在早期的 MAC（苹果机）上。早期的 MAC 上有三个软件：MacWrite，MacPaint 和 MacDraw。

MacWrite 是现代文字处理软件的前身，Word 就是在此基础上发展起来的。

MacPaint 是基于像素软件的起源。

MacDraw 是基于矢量软件的开端。

所以，现在基于位图图形的软件通常称为 Paint（绘图）软件，基于矢量图形的软件称为 Draw（绘图）软件。

3. 图像分辨率

图像分辨率的单位是 ppi（pixels per inch），即每英寸所包含的像素数量。图像分辨率和图像大小之间有着密切的关系。图像分辨率越高，所包含的像素数越多，图像的信息量就越大，文件也就越大。通常的文件大小是以"兆字节"（MB）为单位。一般情况下，一个 A4 幅面大小的 RGB 模式的图像，如果分辨率为 300 ppi，则文件大小约为 20 MB 左右。

4. 色彩深度

色彩深度是指在一个图像中颜色的数量。常用的色彩深度是 1 位（bit）、8 位、24 位和 32 位。1 位有两个可能的值：0 或 1。这些位（bit）是用来定义图像中每个像素的颜色的。随着定义图像颜色数的增加，每个像素的颜色范围也在增加。一个 8 位的图像包含有 2^8 种颜色，或 256 级灰阶，每个像素可能是 256 种颜色中的任意一个。24 位图像包含了 16.7 百万种颜色。

5. 色彩模式

（1）Bitmap（位图）。只有黑色与白色的像素，通常线条稿采用这种模式，只有双色调模式和灰度模式可以转换为位图模式。在位图模式中只有少数的工具可以使用，所有的和色调有关的工具都不能使用，所有的滤色镜命令都不能使用。

（2）Grayscale（灰度）模式。灰度模式通常是 8 位的图像，包含 256 个灰阶，任何模式的图像都可以转换为灰度模式，但是原来图像中的彩色信息将被丢失。

（3）HSB 模式。是基于人眼对色彩的观察来定义的，所有的颜色都用 Hue（色相或色调）、Saturation（饱和度）和 Brightness（亮度）三个特性来描述。

（4）RGB 模式。大部分的可见光都是由红、绿、蓝以不同的比例混合而成的，这三种原色互相叠加起来便产生青、品红、黄。由于红、绿、蓝三原色全部叠加起来产生白色，因此又称之为加色原理。显示屏就是使用的加色原理。RGB 模式的图像有三个不同的颜色通道，用 0~255 阶来描述各像素颜色值，当像素在三个通道中的色值都是 255 时，产生的是白色。当三个通道中的色值都是 0 时，产生的是黑色。

（5）CMYK 模式。RGB 模式是根据光源来产生颜色，而 CMYK 模式是由纸张上的油墨的吸收特性来定义的。白色的光碰到半透明的油墨，一部分的光被吸收，一部分的光被反射。从理论上来讲，纯的青、品红、黄染料结合起来可以吸收所有的光并产生黑色，因此又称为减色原理。实际上，由于染料的纯度关系，三种染料所形成的是深灰色，因此必须用黑色染料才能产生真正的黑色。四色印刷就是采用的 CMYK（Cyan \ Magenta \ Yellow \ Black）。

（6）Lab 模式。所包含的颜色范围最广，而且包含了所有的 RGB 和 CMYK 模式的颜色。Lab 模式所包含的色彩最少。

（7）Index Color（索引模式）。是网上和动画中常用的图像模式，转换为索引模式后的图像包含近 256 种颜色，通常被看作 8 位图像。索引模式的颜色包含一个颜色表，用来定义图像中的每个颜色。只有灰度和 RGB 模式的图像可以转换为索引模式。但是这种模式有许多限制，所有的滤色镜都是不可用的，有一些绘图工具不可用，图像只有一个图层，只有一个通道。

6. 图像大小

在文档尺寸（Document Size）一栏中可设定图像的高度、宽度以及分辨率。

在对话框的最下端有一个 Resample Image 选项，选中此项可以改变图像的大小，（重定图像像素）如果将图像变小，对图像的质量影响不是太大；如果增加图像的大小，或提高图像的分辨率，就要根据此处设定的差值运算方法来增加像素。

7. 图像文件的格式

数字图像文件的格式是组成图像文件内部数据的结构和计算形式。由于图像文件的格式不同，它们之间不能通用，必须通过计算机的图像处理软件进行转化，但是大多数的图像处理软件，可以处理多种不同格式的数字图像。

（1）PSD 和 PDD 格式。Photoshop 生成的图像格式，可包括层、通道和颜色模式等信息，该格式是唯一支持全部颜色模式的图像格式。使用这两种格式存储的文档比较大，但是，它不会丢失任何数据，所以在编辑的过程中，最好用这两种格式保存存盘，编辑完成后，再转为其他的文件格式。

（2）BMP 格式。主要是作为资料的交换及存储的格式，用在 PC 环境下的各种软件当中。Frontier 350/330 等数码彩扩机希望采用 BMP 格式文件来输出。当你的图像以 BMP 格式存储时，你可以选择存为 Microsoft Windows 或 OS/2 格式，及 1 位到 24 位的图像。在 4 位到 8 位图像间，BMP 还提供 RLE 的压缩，是一种非常稳定的格式。

（3）GIF 文件格式。在专业的图像制作中并不常用。它普遍运用在互联网的 HTML 文件上。GIF 是一种压缩的格式，只能存 8 位的颜色资料。

（4）JPEG 格式。严格说来 JPEG 不是一种文件的格式，而是一种有损性的文件压缩方式，它能够将图像文件压缩在很小的存储空间中，目前普遍应用在大容量图形文件中，以及在全球互联网上的 HTML 文件中使用的连续色调的图像。JPEG 格式可以存储 RGB 三原色图像上所有的颜色资料，打开 JPEG 图像时，就可以同时自动地解压缩。因为 JPEG 会排除部分图像资料，所以它是一种破坏性的压缩架构，也就是说经过压缩与解压缩后，它会与原来的图像不同。选择高度压缩形式会降低图像的品质，选择低度压缩的形式会使图像的品质较佳。

（5）TIFF 格式。是最常用的图像格式，也是最具有弹性的图像格式。

这个格式是 Aldus 公司推出的格式，为许多系统所采用，如 Macintosh，DOS，UNIX，Windows 等，绝大多数的应用程序允许将图像存储成 TIFF 的文件格式，所以这个文件格式可以在各个程序系统中通用。

TIFF 文件已经被各种排版软件所接受，使之成为跨系统跨程序的强大文件格式。

（6）PICT 文件格式。是 Macintosh 所使用的内部格式，是苹果机作业环境的标准图像程序。几乎所有的 MAC 机的图像程序都可以读写 PICT 格式。这样的兼容性可以很方便地在不同的程序中交换文件。由于它相当地复杂，所以几乎不被其他的操作系统使用。

（7）PDF 格式。是 Adobe 公司大力推广的一种新的文件格式。它的特性是，无论利用哪一种计算机操作系统、语言、应用软件、字体，均能够正确显示文件的内容与布局，这种文件同时适用于屏幕预览、网页、多媒体或者印在纸上。

8. 字节

构成数字图像的最小的数字存储单位叫做字节，用 B 表示。这个 B 是英文 byte 的意思。在计算机中一个存储单位是由 8 bits 二进制数字的集合体所组成。1 个字节表示的就是 8 个二进制数，也就是 1 Byte。

1 024 个字节称为 1 千字节，用 1 KB 表示。1 024 KB（1 048 576 字节）称为 1 兆字节，用 1 MB 表示。1 024 MB 称为 1 GB 即 10 亿字节。

9. 图像文件

图像文件是指图像数据单元的集合体。在计算机中，所有的图像或者文字，都被看作是以数据形式存在的"文件"。表示图像文件的计量单位除了长宽尺寸外，更重要的是像素量。像素量越大，所占的存储空间越大。

三、数字照相机的种类、选购、检验和使用

1. 数字照相机的种类

（1）按总像素数分类。由于数字照相机的像素越多，价格越贵，故此数字照相机按总像素多少分类，亦即按价格档次分类。主要有下列几类：专业级、准专业级、中档、普及档、低档五大类。以目前的技术水平而言，上述五类数字照相机各自所对应的像素数如下：

专业级数字照相机的像素数一般为 600 万像素以上，并且单个像素的尺寸较大（一般大于 10 μm），以便可以接收到更多的光线，提高感光的灵敏度。

准专业级数字照相机的像素数一般为 400~600 万像素左右。

中档级数字照相机的像素数一般为 200~500 万像素左右。

普及档级数字照相机的像素数一般为 200 万像素左右，并且单个像素的尺寸较小，一般在 6 μm 以下，以便可以降低成本。

低档级数字照相机的像素数一般为 30~50 万像素左右。常见的有供计算机上安装的各种"网眼"数字照相机，以及具有数字照相功能的手表、手机等。

（2）按结构特点分类。数字照相机按结构特点分类主要有普通数字照相机与数字机背

两大类型。

普通数字照相机按取景方式分类，主要有同轴取景式数字照相机（含镜头可换式单镜头反光数字照相机与镜头不可换式单镜头反光数字照相机两种形式）与旁轴取景式数字照相机两种类型。

1) 镜头可换式单镜头反光数字照相机。镜头可换式单镜头反光数字照相机上所配置的摄影镜头可以卸下更换。这类数字照相机一般以该品牌的某一型号传统单镜头反光照相机为原型，经过局部改装后设计而成的数字照相机。如尼康 G70 数字相机（见图 2—1）。

镜头可换式数字照相机的最大优势，在于可以借用原传统单镜头反光照相机的全部摄影镜头。这既充分利用了原有一系列不同焦距、不同性能的传统摄影镜头，营造一系列不同的画面造型效果，拓展了数字照相机的应用领域，又节约了使用传统照相机的专业摄影师重新购置大量摄影镜头的成本。

此外，由于镜头可换式数字照相机为同轴取景式照相机，即摄影镜头兼作取景物镜，取景时没有取景视差。但此类数字照相机的体积较大，成本较高。

2) 镜头不可换式单镜头反光数字照相机。这种数字照相机上所配置的摄影镜头不可卸下更换，为同轴取景式照相机。如奥林帕斯 E-20 数字相机（见图 2—2）。

图 2—1　尼康 G70 数字相机

图 2—2　奥林帕斯 E-20 数字相机

此类数字照相机一般为专门独立设计的单镜头反光数字照相机，体积较镜头可换式数字照相机小些，也较为轻便，配备一只不可卸下的变焦距摄影镜头。

3) 旁轴取景式数字照相机（见图 2—3）。旁轴取景式数字相机又称袖珍数字相机、轻便数字相机。它的摄影镜头也不能更换。

旁轴取景式数字照相机的最大特点是，取景光轴位于摄影镜头的旁侧，取景时存在取景视差，但数字照相机的体积更为小巧玲珑，重量轻，便于携带，成本也较低。

海鸥 SDC-2100 型数字照相机也是属于旁轴取景数　图 2—3　旁轴取景式数字照相机
字照相机，该数字照相机采用 210 万像素（1 600×1 200 像素）CCD，F2.8/7 mm 焦距的摄影镜头，1/8～1/2 000 s 快门时间，10 s 自拍，最近调焦距离达 15 cm，自动/手动曝

光，有自动与五挡手动白平衡（日光、阴天、白炽灯光、荧光灯光、黑白），五种闪光模式（自动闪光、防红眼闪光、强制闪光、强制不闪光、景深加强模式），有光学取景器，同时有 1.5 英寸彩色液晶屏，CF 存储卡，USB 接口与视频输出接口，尺寸（宽×高×厚）为 65 mm×103 mm×30 mm。

4）数字机背。数字机背是一种特殊的数字摄影器材，需要与其他照相机机身组合后才可工作。在某种程度上也可称它为照相机的数字影像附件。

拍摄时，数字机背必须临时安装于其他中型或大型传统照相机机身后面，并借助后者的机身、摄影镜头、快门、测光系统、曝光系统、调焦系统、取景器等，才能完成数字影像的拍摄工作。

数字机背一般由影像传感器（有全画幅同时曝光型与扫描式逐行曝光型两种类型）、模/数转换器、中央微处理器（或数字信号处理器）、数字输出接口等部分，以及相应软件共同构成（一般无存储器）。数字机背与传统照相机机身组合后，即可构成一台数字照相机。

数字机背的最大特点是影像传感器的有效像素数很多，所成数字影像的分辨率高、质量好，特别适用于拍摄高品质的广告照片。

常用专业数字机背的性能指标如下：

美国柯达公司 DCS Pro Back Plus 型专业数字机背，分辨率为 1 600 万像素（4 080×4 080），色彩位深为 36 bit，每 2 s 拍摄一幅。

丹麦产飞思 PHASE ONE 牌专业数字机背，强力飞思（Power PHASE）中画幅型的分辨率为 4 900 万像素（7 000×7 000），文件量为 143 MB。强力飞思大画幅 FX 型的分辨率为 39 700 万像素（10 500×12 600），文件量为 380 MB，二者色彩深度均为 42 bit。

瑞士仙娜 Sinarback23 型专业数字机背，采用菲利浦 CCD，分辨率为 629 万像素（2 048×3 072）。

（3）按曝光方式分类。数字照相机按曝光方式分类有：全画幅同时曝光型与逐行扫描曝光型两种类型。

全画幅同时曝光型数字照相机又分为全画幅一次曝光型与全画幅三次曝光型两种类型。

全画幅一次曝光型数字照相机在拍摄时为瞬间曝光，一次完成整个画幅的拍摄。所以，全画幅一次曝光型数字照相机既可拍摄静止景物，又可拍摄运动物体。目前，采用此种曝光方式的数字照相机最为普遍。

全画幅一次曝光型数字照相机按结构分类，又可分为单一影像传感器的数字照相机与三影像传感器的数字照相机两种类型：前者只有一个影像传感器，可同时对红、绿、蓝三原色感光；后者有三个影像传感器，分别对红、绿、蓝三原色中的一种原色感光（一般由分光棱镜将成像光线一分为三后，到达各自的影像传感器上）——由三个影像传感器同时分别成像。

全画幅三次曝光型数字照相机需由影像传感器三次精密位移，并依次针对红、绿、蓝三原色进行全画幅的三次瞬时曝光成像，即需要先后分三次曝光完成正常拍摄。显然，三次曝光时被摄景物必须始终静止不动。故此，全画幅三次曝光型数字照相机只能拍摄静止景物。目前，某些专业级数字照相机机背采用此种曝光方式。

逐行扫描曝光型数字照相机在拍摄时，窄长条形影像传感器自画幅一侧向另一侧匀速移动，从而匀速扫描整个画幅，使画幅得以逐行曝光。目前，某些专业级数字照相机机背采用此种曝光方式。显然，此类数字照相机只能拍摄静止景物。

（4）按存储方式分类。数字照相机按存储方式分类主要有：内置存储与外置存储两大类。

内置存储型的数字照相机一般由电路芯片存储所摄数字影像数据。早期有些数字相机上只有内置存储方式。

外置存储型的数字照相机一般由插入式的闪存卡、PCMCIA 卡、硬盘、光盘、软盘等外置存储器（又称移动存储器）存储所摄数字影像数据。

（5）按独立与否分类。数字照相机按可否独立完成存储功能分类，主要有脱机式与联机式两大类。

脱机式数字照相机（Offline）指供拍摄的数字照相机可独立完成拍摄与存储功能，它与进行后期影像处理加工的计算机之间彼此脱开，各自独立。脱机式数字照相机应用最为普遍。

联机式数字照相机（Online）指供拍摄的数字照相机不能独立完成拍摄、存储功能，所以必须与进行后期影像处理加工的计算机用电缆连接为一体，由计算机对所摄数字影像进行存储与处理。联机式数字照相机仅见于少数影楼内使用的数字照相机上。

（6）按用途分类。数字照相机按用途分类，有普通用途的数字照相机与特殊用途的数字照相机两种类型。

特殊用途的数字照相机中常见的有：水下摄影数字照相机、显微摄影数字照相机、红外线摄影数字照相机、三维测量摄影数字照相机等类型。

2. 数字照相机的选购与检验

（1）数字照相机的选购原则。摄影者购买数字照相机的选购原则与购买传统照相机相似，主要有：经济状况、用途爱好、性能价格比、是否兼容、货比三家等五条。

在选购数字照相机时，建议摄影者注意下列事项：

1）按照上述五条选购原则及自己的实际情况，来确定自己欲购机型的档次，不要盲目攀比。

2）在同样价位上，尽可能选择有效像素较多、传感器尺寸较大、影像质量模式较多、白平衡模式较多、工作效率高（开机时滞与快门时滞短）、快门时间调节范围大、有曝光补偿与自动调焦锁定功能的机型。

3）摄影镜头宜选择变焦范围广（如达 3 倍变焦），最大相对孔径大（如大于 F 2.8），光圈调节范围大，近摄距离近（如达 20 cm 或更近），透镜组数、片数多，采用非球面透镜，采用多层镀膜，品质好的摄影镜头。

4）对于数字照相机所要求的外置存储器（存储卡）的具体类型，摄影者应予以注意。在诸多的存储卡类型中，以 CF 卡应用最为广泛，既便于携带，性能价格比也较高。而 SM 卡强度较弱，不便携带。MS 卡价格较贵。硬盘卡虽容量较大，但工作时怕振动，不利于在恶劣环境下使用。

应根据数字照相机所要求的具体类型，预先购置几个存储卡，以备外出摄影时随时更换。

5）应备有充裕的备用电池，以利外出摄影。此外，若照相机配有外接电源适配器者，则更利于减少电池消耗。

6）数字照相机应选择操作简便、快捷，易于掌握的机型。最好有中文菜单，或形象图标。

7）购买有液晶显示器的数字照相机，有利于在拍摄中间通过回放，及时删除不满意的照片，及时腾空存储空间。以免欲拍摄精彩瞬间时却遇到没有存储空间，或直到全部下载至计算机中后才发现其中有的画幅不满意，这势必失去摄像良机或浪费时间。

仅有液晶取景器的数字照相机，因取景拍摄时滞较长，且两手悬空将照相机端至眼前，边取景边按快门，照相机势必不易手持平稳，故此易出现所摄非所期望的瞬间，且影像易虚的后果。如果使用仅有液晶取景器的数字照相机，最好使用三脚架。以防止在拍摄时相机的振动。

（2）选购数字照相机的误区。选购数字照相机时，请勿进入下列购买误区：

1）摄影者不要盲目追求数字照相机像素的超多。若购买数字照相机主要是供扩印一般照片用，则有 200 万像素，所摄数字影像效果就已经很好了。而庞大像素势必带来庞大的资金支出。

摄影者尤其应注意插值像素为虚拟像素，远不如同数值的光学像素重要。

2）摄影者也不要盲目追求数字照相机的功能庞大、齐全。对于业余摄影爱好者而言，上述庞大功能中有许多是极少采用的、华而不实的功能（譬如水印功能、影像复制功能、数字变焦功能等），或性能很低的功能（如视频记录功能仅相当于 VCD 质量、录音功能仅相当于电话质量等）。显然，花费庞大资金却购买闲置功能或低质功能，是极不划算的。何况庞大、齐全的功能势必导致操作的相对复杂与繁琐。

3）业余摄影爱好者请勿盲目追求"时尚潮流"。因为过于小巧又价廉的数字照相机，在减少体积与售价的同时，往往是以降低其某些性能（如成像质量）的前提为代价的。

4）业余摄影爱好者最好购买由控制、调节键或由"控制、调节键配合图标显示"进行调节、操作的机型。这类机型操作简便、易于掌握。

5）外文不精通的摄影者，请勿购买仅有英文菜单的数字照相机。

6）最好勿购买固定调焦的照相机。因为这类数字照相机的成像质量较低。

在购买时还应注意厂家随数字照相机附带的影像处理软件光盘（驱动软件、图像处理软件、数据下载软件等）及相关数据传输电缆是否配全，是否有使用说明书及随机赠送的存储卡、电池、专用充电器等。

（3）数字照相机的检验。数字照相机的检验方法主要有目测检验与拍摄检验两方面。数字照相机的目测检验方法主要有下列两方面：

1) 照相机的外观品质检验。例如，检查机身、镜头是否有缺陷，液晶屏是否有坏点等。

2) 操作性能检验。例如，检查各功能键是否灵活有效，相机启动速度是否快、变焦速度是否快、调焦速度是否快、快门时滞是否短、连拍张数是否多、存储速度是否快等。

照相机的拍摄检验方法主要是通过试拍检验其品质。

3. 数字照相机的使用

（1）首先要熟悉所用数字照相机。摄影者初次拿到一台从未用过的新型数字照相机时，应遵循以下熟悉步骤：

1) 要学习一些有关数字照相机的基本知识，以免连使用说明书也看不懂。

2) 要认真阅读并熟悉该数字照相机及其相应附件、软件的使用说明书、用户操作手册、操作指南等书面资料，熟悉该款数字照相机的有关性能、功能特点、调节、控制的方法、步骤，操作注意事项与安全须知等。尤其对书中强调的有关注意事项、安全须知部分，务必引起摄影者的注意

若无使用说明书，则应向有关熟悉该款数字照相机的专家虚心请教。

3) 对照着使用说明书、用户操作手册、操作指南，试探着逐一操作、调节数字相机的各项功能，熟悉其使用方法、步骤。尤其应熟练地掌握好该数字照相机的常用功能、模式的调节、操作方法及步骤。

有些数字照相机具有节电功能，当数字照相机自动关闭电源时，不要误以为数字照相机出现故障或损坏了。

（2）数字照相机的使用方法。在完全熟悉所用数字照相机的使用方法与注意事项的前提下，才可正式进入拍摄阶段。

1) 摄影前，先插好存储卡并关严存储卡仓盖（以防灰尘进入，有的数字照相机当存储卡仓盖未关严时，照相机无法向存储卡内存储信息），并按要求安装好所需型号的电池。然后才能打开照相机电源开关，检验电池容量是否足够工作所需。删除存储卡上的无用信息，腾出存储空间，以备存储新数字影像（若系尚未经格式化的新存储卡，则应先进行格式化操作）。

2) 根据兴趣、爱好、习惯、工作性质等，在菜单上逐一把数字照相机的各预选功能调节至所需状态。

3) 根据拍摄环境的具体条件与被摄对象的具体特点，以及摄影意图、影像用途等，选择、调节好数字影像的相应拍摄条件。

例如，根据环境光线的具体情况及摄影意图（或追求真实自然的色彩还原，或追求人

为色调气氛),选择好相应白平衡模式及感光度数值。

又如,根据需要选择好适宜的影像质量模式,以避免出现下列尴尬现象:欲放大较大尺寸的照片却误选了高压缩率的有损压缩存储格式,导致画面效果差;或欲仅供网上上传信息用却误选了高像质、大数据量的存储格式,导致上传速度极慢,且浪费存储卡的存储空间,以致因无存储空间而不能继续拍摄。

4) 根据拍摄环境的具体条件、被摄对象的具体特点、个人习惯、爱好及摄影意图等,选择调节好相应的传统拍摄模式与拍摄参数。

例如:选择好拍摄模式、曝光模式、调焦模式、闪光模式、驱动模式、自拍模式、曝光补偿等拍摄参数。

上述选择、调节传统拍摄模式与拍摄参数的操作,与传统照相机的操作非常类似。作为数字照相机,在曝光时比较忌讳曝光过度,否则将产生光溢出现象,从而导致后期无法弥补。

5) 取景构图,抓取最佳瞬间拍摄。用数字照相机拍摄时,取景、构图、曝光、调焦、闪光、补偿、抓拍等技巧,与传统照相机相类似。只是有些数字照相机的快门时滞较长,应引起摄影者的注意与适应,以便能够抓取到被摄人物的最佳表情瞬间。

6) 回放(Play)并及时删除失败影像。拍摄中及时回放查看所摄影像质量,所摄效果是否满意,决定存储与否,并及时删除不满意影像,腾空其所占存储空间,以防自己最为满意的佳作没有空间存储。

不同数字照相机上的回放模式不尽相同,常见者有:单幅回放、单幅加图标信息回放、单幅含影调直方图回放、多帧缩略影像(Multi)回放、自动重放、放大显示等。其中多帧缩略影像回放,有的为 4 幅同放,有的为 9 幅同放等。

7) 传输所摄影像。由于计算机上一般没有设置直接读取各类存储卡内信息的驱动器,因而自数字照相机内取出存储卡后,需插入与计算机相联的相应适配器内,并使用厂家提供的专用程序,才可在计算机上读取存储卡内的数字影像。

摄影者也可通过相应数字接口与电缆,直接将数字照相机内存储的数字影像下载至计算机或打印机内,读取、打印影像,甚至上网传输影像。

摄影者还可通过视频接口与视频电缆,将数字照相机内存储的影像直接传输至电视机内播放。

8) 在计算机上处理加工所摄影像,使之更完美,更符合摄影意图。

9) 将计算机加工、处理后的理想数字影像,通过存储卡或电缆输出至打印机或数字彩扩机上,打印或扩印出照片。

(3) 使用数字照相机时的注意事项

1) 带足备件。外出摄影前应检查是否带足备用电池、备用存储卡,各备用电池是否已充足电能。若使用外接电源,必须安装厂家配套或推荐的外接电源(交流适配器),以免造成事故。

2) 注意使用环境。请勿在高温、潮湿、浓腐蚀性化学气体、多灰尘（风沙）、强电磁场（如音箱）、强电场、剧烈振动等环境中使用数字照相机。

自寒冷环境进入温暖室内时，注意防止水蒸气的凝结。

数字照相机若有脏污，请用柔软的干布轻轻擦拭。

外出旅游时，请勿将数字照相机放置到行李中托运，以防受到剧烈摔振而损伤。

3) 爱护传感器。请勿直接针对刺眼的太阳或强烈的灯光拍摄，更不宜对之长时间曝光。

4) 改善存放条件。长期存放时，存放环境应通风、凉爽、干燥、清洁，远离高温、潮湿、易挥发性化学物品。

存储前，请先将照相机清洁干净，并把电池取出。

5) 正确使用存储卡。存储卡为精密电子产品，使用中请注意下列事项：

往照相机内插入或取出存储卡时，请在关机状态下进行。

插入存储卡时，应注意存储卡的正确插入方位（存储卡上一般均有表示插入方位的相应识别标志），请务必均匀用力，平直地推入，并完全插到位（有存储卡释放键的数字照相机，应插到该释放键自动弹出来为止）。

取出存储卡时，有的可直接将存储卡拔出（如 SM 卡），有的需按下存储卡的相应释放键后取出（如 PC 卡），有的照相机还需先打开存储卡仓盖。取出时应注意用手接住存储卡，不要脱手掉落地上。

请勿对存储卡施加压力，勿撞击、勿碰撞，勿将其弯折，勿弄湿存储卡。

请勿用手或金属物品碰触存储卡上传输数据的金属接口，更勿在接口处淋上水。

请勿在存储卡上粘贴标签，以防在插入或取出存储卡时因标签脱落在插槽内部而导致照相机出现故障。

在购置存储卡时，有些数字照相机允许直接使用出厂前已经格式化的存储卡。而有些数字照相机要求使用新存储卡或使用在计算机上用过的存储卡时，需先通过您所用的数字照相机对其进行格式化。甚至有些数字照相机严禁所用存储卡在计算机上进行格式化。此点应引起摄影者的密切注意。

格式化时请务必慎重，以免误清除了所需影像，造成无法挽回的损失。

当照相机正在访问存储卡时，即当在存储或清除、回放、格式化等操作过程中，请不要取出存储卡或关闭电源，以免丢失或损坏数据，甚至损坏存储卡及数字照相机的存储电路。当数字照相机与计算机之间进行数据传输过程中，也严禁拔卸传输电缆。故此，在欲格式化存储卡或删除存储卡上的全部影像前，务必注意确保照相机内的电池有足够的电量完成全部操作。

存储卡应远离强静电、强磁场、强电子干扰，以及腐蚀性气体与潮湿环境。随身携带或保存存储卡时，请尽可能将存储卡放入防静电盒内。

存储卡虽然可以长时间稳定保存所存数据，但经过过长时间（如 10 年以上）保存后，存储卡最终仍将失去保存与回放影像数据的能力。故此，建议将重要文件及时复制到硬盘或 MO，CD—R（如金盘、白金盘）等上。

6）外出摄影时为节约电池的电能，摄影中请尽可能关闭液晶显示屏，用光学取景器进行取景构图，并尽量少使用闪光灯，在传输影像数据时尽可能使用交流电源适配器。

7）慎用过高感光度、过长快门时间。

多数数字照相机的感光度可以在一定范围之内进行调节。但建议摄影者在无特殊需要时，一般不宜选用过高的感光度挡，更应避免在过高的感光度下采用过长快门时间进行拍摄，以免导致所拍摄的数字影像干扰噪声增大，数字影像质量明显下降。

四、数字图像处理技术（常规图像处理部分）

1. 图像处理软件及其分类

图像编辑处理软件是能让使用者以像素为单位对图像进行各种加工/处理的应用程序。图像处理软件的基本功能一般都包括剪裁/上下左右翻转/改变图像的亮度反差色调/遮挡/添加文字/进行文档格式的转换/施加特殊效果等。

高档的功能有批处理/图像文档的压缩精度控制/步骤录制功能和其他一些针对网络的功能，如切块/缝合/网络图像优化和根据网络的上传、下载速度计算所需图像的色深度/压缩程度和档案大小等。

（1）入门级图像处理软件。图像处理的功能有限；价格便宜；界面通俗友好。

有的软件有几个步骤合一的固定按钮，有些复杂的处理程序只要一按效果按钮就可完成。有的还有很多效果模板，只要点击鼠标就能制作出特殊效果来。

（2）业余级图像处理软件。

显示某个目录下的图像档案的小样。将所有图像按使用者设定的间隔时间作幻灯片播放；将档案删除或转移到另外的文件夹或子目录里。但是，除了具有对图像进行横竖画幅翻转等简单的功能外，一般都不能对图像文档进行永久性的改变处理。

既有一般类似专业软件的强大功能，又有业余级软件的友好界面，容易学习。

（3）专业级图像处理软件。功能齐全，界面复杂，掌握难度大；价格高；性能稳定，效果优越。因此广泛地被专业图像设计和印刷单位采用。例如，Adobe 公司的 Photoshop 已经成为图像和印前处理专业领域既定的图像编辑软件。

2. 图像管理软件的基本功能

显示某个目录下的图像档案的小样。

将所有图像按使用者设定的间隔时间作幻灯片播放。

将档案删除或转移到另外的文件夹或子目录里，但是，除了具有对图像进行横竖画幅翻转等简单的功能外，一般都不能对图像文档进行永久性的改变处理。但是目前的 ACDSee 7.0 软件功能强大。

3. 常用图像处理和管理软件

Adobe PhotoDeluxe Home Edition 4.0 入门级处理和管理软件。

Photo Element 业余级处理软件。
Photoshop 6.0/7.0/CS。
Photo Impression 入门级处理软件。
Photo Studio 业余级处理和管理软件。
Corel Custom Photo 入门级处理软件。
Corel Photo-Paint 10 入门/业余级处理软件。
JASC Paint Shop Pro 7 业余级处理软件。
Picture It! 入门级处理和管理软件。
Photo Suite 4 入门级处理和管理软件。
Photo Express 4.0 和 Photo Explorer 入门级处理和管理软件。
ACDSee 7.0 和 Photo Impact 7 入门/业余级处理和管理软件。

4. 图像处理硬件的选择

（1）数字图像处理的操作平台的选择。计算机操作系统的选择已丝毫不影响图像处理软件的选用。Adobe Photoshop 软件在 PC 和 MAC 两种系统平台上都可以使用，对于专业人士来讲，苹果机更好用一些，其中的差别主要是在色彩管理上。如果采用 PC 机系统平台，操作系统不应低于 Windows 98 操作系统。

（2）计算机系统配置要求

1）显示器。显示器可以看作是数字图像处理系统的心脏。显示器屏幕的大小、质量及色彩还原的真实性等都是重要的指标。

屏幕用户空间是指显示器屏幕可视的范围内能供给用户显示图像的空间。这个空间尺寸与屏幕的尺寸有关，同时还受各种软件控制调色板所占范围的影响。

2）内存。图像的编辑和加工对计算机内存（RAM）的要求极高。Photoshop 软件中的图像处理如果需要高速运行，通常需要使用 3～5 倍图像文件体积的内存。例如，处理一个 20 MB 的图像文件，需要 100 MB 的内存；处理一个 60 MB 的图像文件，需要 300 MB 的内存。

3）处理器。计算机的处理器运算速度及其性能的发挥受到多方面因素的影响。计算机的运算速度快，处理器价格就高。因此，除非你是专业的图像处理人士，靠计算机赚钱，否则不要买最快的处理器设备。

4）硬盘。硬盘承担了三大任务：

①暂存盘空间。一旦计算机的可用内存满足不了软件运行的需求，溢出的空间将在硬盘上开辟。如果文件的体积非常大，暂存盘所占据的空间就非常大。

②存储空间。从数字照相机上下载的图像文件、扫描文件都要耗费大量的硬盘空间。

③软件安装空间。如今的计算机的软件的体积都很庞大，都要占用可观的硬盘空间。

以上条件说明了选用大容量硬盘的重要性。

5）外部存储设备

①光盘刻录机。

②可移动存储介质：磁光盘、Zip驱动器、移动硬盘、优盘以及各种数字相机存储卡及读卡器等。

（3）扫描仪

1）扫描仪的种类

①滚筒扫描仪。采用PMT（光电倍增管）来最大限度地提升扫描图像的动态范围和清晰度，是具有最高扫描质量的扫描仪。

②胶片扫描仪。专用于扫描35 mm到5英寸×4英寸规格的胶片。顶级的胶片扫描仪在扫描质量上能与滚筒扫描仪相媲美。我们完全可以选用胶片扫描仪来代替滚筒扫描仪。

③平板扫描仪。既可以扫描透射的胶片，又可以扫描照片。这类扫描仪的扫描质量差异很大。

2）平板扫描仪的技术性能。平板扫描仪是应用最为广泛的桌面扫描设备。绝大多数平板扫描仪采用的都是"CCD"传感器。现在"CIS"接触影像传感器的应用也初见端倪。"CIS"传感器以结构简单的部件取代了CCD传感器复杂的光路系统，它的照明由一排密集的、紧贴玻璃的发光二极管提供，因此使扫描仪的厚度减小到与笔记本电脑的厚度相当。

平板扫描仪的价格在迅速下跌，而其性能却在不断提高。扫描仪的性能指标有：

①采样色彩深度。采样色彩深度也叫位深度。许多扫描仪的色彩深度提高到了每个通道10位、12位、14位，甚至每个通道16位；这类扫描仪的采样能力远不止24位，最高的采样能力达到48位。但是，照片或图片本身实际上并不能表现出如此细微的色彩变化。而且，在绝大多数的情况下，扫描仪最后输出到Photoshop中还是24位的色彩信息。因此，在扫描前的色彩调整是有实际意义的。

②分辨率。扫描仪的实际分辨率评价，应该看它的光学分辨率。

③最佳扫描区域。最佳扫描区域指的是扫描窗口内最佳的扫描区域，也就是何处是摆放原件的最佳位置。

五、Photoshop 7.0 图像处理软件

1. Photoshop 7.0 图像处理软件的界面与菜单

Photoshop 7.0 为你提供了高效的工作区域和用户界面，使你能够创建和编辑用于打印和输出的图像。

（1）工作区域。Photoshop 7.0 的工作区域包括以下内容：

菜单栏：包含了执行任务的菜单。

选项栏：提供使用工具的选项。

工具箱：存放着用于创建和编辑图像的工具。

调色板窗口：帮助你在工作区域中组织调色板。

调色板：可以帮助你监视和修改图像。

(2)操作界面。Photoshop 7.0 的操作界面沿袭了 Adobe 公司的一贯风格，由于新的功能的增加和设计的更加人性化，和以前的版本相比有不少的变化。

使用图像处理的软件，第一步就是要全面、细致地了解操作界面。

请看 Photoshop 7.0 的操作界面（请打开 Photoshop 7.0 界面）。

1）菜单栏。菜单栏中提供了 9 个菜单：文件、编辑、图像、图层、选择、滤镜、视图、窗口和帮助。单击其中之一就会出现一个下拉式菜单。如果命令为浅灰色，表示该命令在目前的状态下不能执行。有些命令的右方显示了键盘的代号，这是该命令的键盘快捷键，使用快捷键有助于提高操作效率。所以，应当熟记一些常用命令的快捷键。

①文件菜单（File）。文件菜单中的命令主要用于有关的文件管理工作。包括：文件的新建、打开、关闭、存储、输入、输出、打印及其设置等命令。

②编辑菜单（Edit）。编辑菜单中的各项命令主要用于图像的编辑操作。包括：剪切、拷贝、粘贴、恢复、还原、变换以及定义图案等。在编辑菜单，还可以进行颜色设置和软件的设置。

③图像菜单（Image）。用来设定有关图像的各项属性。

所谓的图像的属性，就是指图像的颜色模式、颜色的调整、图像大小、画布大小等。

Photoshop 图像菜单中的命令是我们经常需要使用的命令。

④图层菜单（Layer）。图层菜单中主要集成了图层的相关命令。如新建图层、设置图层属性、设置图层样式等。

图层是 Photoshop 的核心，在 Photoshop 中的作用越来越大。因为图层不但带给艺术创作者全新的创作概念，而且对于大量的重复工作而言，也节省了许多不必要的操作时间。

⑤选择菜单（Select）。选择操作对象是图像处理的一项最基本的操作，所以选择功能是 Photoshop 最基本的功能。

⑥滤镜菜单（Filter）。滤镜是 Photoshop 中最吸引人的一项功能。在摄影艺术作品的创作中常使用滤镜菜单中的命令来使作品增色。

⑦视图菜单（View）。使用视图菜单的主要目的是协助图像处理工作的顺利进行。

在 Photoshop 7.0 中，预览的功能有了很大程度的改进。

⑧窗口菜单（Window）。窗口菜单中的命令主要有如下的功能：控制面板的显示与隐藏；调出各式的资料库；在开启多个文件时，各个文件窗口的排放方式以及文件间的切换等。

通过这些命令，可以很方便地改变操作环境，显示需要用到的控制面板，从而极大地方便你的工作。

⑨帮助菜单（Help）。帮助菜单是你的老师。

2）选项栏（Option Palette）。选项栏是 Photoshop 6.0 所新增加的，在 7.0 版本中功能得到进一步的加强和完善。选项栏具有非常关键的作用，利用它可以设置工具箱中各种工具的属性，可以设置、变换操作的参数。因此，它的外观会随着选择工具的不同而改变。使用时，可以选择选项栏的显示与隐藏，并可改变它在窗口中的位置。

3）绘图窗口（Window）。每一个被打开的图像文件都会有一个绘图窗口。绘图窗口的标题栏表示这个文件的名称、显示比例、颜色模式和图层状态。如果这个文件还没有被存储过，标题以"未命名.×"来作为文件的名称。绘图窗口包括：

①比例显示栏（Size Bar）。位于整个操作界面的左下角。改变视图的比例，显示栏内会显示相应的比例值。

②状态栏（Status Bar）。位于操作界面的窗口下方。状态栏用来提供不同的图像信息。包括文档大小、文档配置文件、文档尺寸、暂存盘容量、效率、计时和当前工具等。用鼠标按住状态栏，则可以显示打印预览。按住 Alt 键再按住状态栏，则显示包含图像的像素空间的大小、颜色模式及分辨率等信息。

③滚动条（Scroll Bar）。在绘图窗口的右方及下方各有一条滚动条，用来滚动绘图页面。

④标尺（Ruler）。

4）工具箱。第一次启动应用程序时，工具箱会出现在屏幕的左侧。工具箱中的选项会显示在关联的工具箱选项栏中。通过这些工具，可以使用文字、选择、绘画、取样、编辑、移动、注释和查看图像。也可以更改前景色/背景色；在不同的模式下工作；以及在 Photoshop 和 ImageRead 应用程序之间跳转。

工具箱中总计有 22 组工具，所有不同作用的工具总计有 55 个。使用鼠标单击要选择的工具按钮，按钮呈被压下的状态，代表已经选用了该工具。

工具箱的底部有 3 组控制面板：颜色设置控制；工作模式控制；画面显示模式控制。最后一行的按钮是用来切换至 ImageReady 中，进行网页图像最优化的处理。

①选择及编辑类工具 11 个：矩形选框工具；椭圆形选框工具；单行选框工具；单列选框工具；套索工具；多边形套索工具；磁性套索工具；魔棒工具；裁切工具；切片工具；切片选取。

②绘图类工具 7 个，用来产生绘图的笔触。使用绘图类工具时，必须搭配选项栏上的画笔选项使用。包括：画笔工具；铅笔工具；历史纪录画笔；历史纪录艺术画笔；橡皮擦；背景色橡皮擦；魔术橡皮擦。

③修图类工具 10 个，是图像合成时不可缺少的工具，必须搭配选项栏使用。包括：复原画笔；修补工具（Photoshop 7.0 新增工具）；仿制图章工具；图案图章工具；模糊工具；锐化工具；涂抹工具；减淡工具；加深工具；海绵工具。

④路径类工具 13 个，这些工具用来描绘图像去除背景所需要的路径（path）或矢量图形物件。使用时，需要搭配 Path 与 Layer 控制面板一起使用。包括：路径选择工具；直接选择工具；钢笔工具；自由钢笔工具；添加锚点工具；删除锚点工具；转换点工具；矩形工具；圆角矩形工具；椭圆形工具；多边形工具；直线工具；自定形状工具。

⑤文字类工具4个。你可以在图像上自由地加上文字，更可以自由地编辑文字特效。包括：水平文字工具；垂直文字工具；水平文字蒙版；垂直文字蒙版。

⑥填充类工具4个，利用它们可以制作不同效果的填充。包括：渐变工具；油漆桶工具；吸管工具；颜色取样器。

⑦辅助类工具6个，主要包括用于预览和辅助编辑的工具：移动工具；注释工具；语音注释工具；缩放工具；抓手工具；度量工具。

5）控制面板（Control Palette）。Photoshop 7.0中有14块各式各样的控制面板，其功能得到了进一步的改进与完善。控制面板的显示与隐藏，可以利用Windows菜单中的有关命令得以实现。为了便于操作，也可以将这些控制面板拖到屏幕上的任意位置上。

①导航器控制面板（Navigator）。导航器控制面板可以帮助我们方便而快速地预览图形。

②信息控制面板（Info）。在信息控制面板中，显示目前工具所在的位置、对象、大小，以及RGB和CMYK的颜色系数等有关的精确数值，可以让你在操作中掌握第一手信息。

信息控制面板可以配合颜色取样器工具和度量工具使用。

③字符控制面板（Character）。字符控制面板能够对文字加以格式化，包括设置字体、字号、字符间距、行缩放及字符基线微调等。

④段落控制面板（Paragraph）。段落控制面板能够对文字段落加以格式化，包括设置段落对齐、段落缩排、段落间距和定位点等。

⑤颜色控制面板（Color）。用来调配需要的用到的颜色。

⑥色板控制面板（Swatches）。色板控制面板可以很迅速地点取前景色与背景色，或者将常用的颜色存储到色板内，以便日后使用。

⑦样式控制面板（Styles）。样式控制面板可以用来快速定义图形的格式属性，它的功能与文字的样式有些类似，而且非常适合于使用在网页设计的情形下。

⑧历史纪录控制面板（History）。历史纪录控制面板会纪录每一次所执行的动作。

⑨动作控制面板（Actions）。动作控制面板可以录制一连串的编辑动作，以便重复运用这些步骤，节省操作时间，提高工作效率。

⑩图层控制面板（Layers）。使用图层可以轻而易举地修改、编辑每一个图层上的对象。

⑪通道控制面板（Channel）。通道控制面板可以用来切换图像的颜色通道，以进行通道的编辑。也可以将蒙版存储在通道中，从而形成Alpha Channel。

⑫路径控制面板（Paths）。路径控制面板可以存储矢量路径类工具所描绘的曲线路径，并可以对路径应用填充、描边和取出背景等不同的用途。

6）控制面板的使用方法

①组合控制面板。只需要将一个控制面板的标签拖到另一个控制面板上，就可以实现

控制面板的组合。

②链接控制面板。只需使用鼠标将一个控制面板拖到另一个控制面板的下方，当控制面板的下方出现一条黑线时，再释放鼠标，就可以实现控制面板的链接。

③控制面板的最小化。最小化控制面板的方法与组合、链接控制面板的方法相结合，可以最大限度地发挥各种方式的优点，从而大大地提高工作效率。

④设定控制面板。Photoshop 7.0 提供的所有的控制面板都有其独到的用途，可以分别设置控制面板的各项属性。单击控制面板右上角的三角形按钮，就可以弹出相应的菜单，在其中不仅可以执行相关的命令，还可以对控制面板的属性进行设置。

⑤使用工具箱。点按工具箱内的工具图标可选择工具。

选择"窗口"＞"工具"。选中标记表明该项目已被选择。包括：使用工具指针；设置工具指针的外观；使用工具选项栏；现实工具选项栏；使一个工具或所有的工具返回默认设置；移动选项栏。

⑥使用调板窗。Photoshop 7.0 的选项栏包括一个调板窗，可以实现：在调板窗中存储控制面板；使用调板窗中的控制面板。

2. 亮度的调整

亮度的控制是摄影中最重要的概念和手段。数字摄影的拍摄和传统摄影时的曝光技术是一致的。数字摄影的正确曝光同样是十分重要的。但是，数字摄影给补救前期曝光的失误提供了十分便利的手段。一般的图像编辑软件都支持 24 位颜色，所以每个点的亮度都在 0~255 之间。从理论上讲要将某个点变亮，只要将这个点的像素数值提高就行了；反之，如果要将这个点变暗，只要将这个点的像素数值减小就行了。

Photoshop 7.0 提供了多种方法来控制和调节图像的亮度，包括：亮度/对比度调节；色阶调节；自动色阶调节；亮度直方图；曲线调整。

(1) 亮度/对比度调节。亮度/对比度调节是 Photoshop 7.0 最基本的亮度调节方法。只要拖动滑块就能调节亮度与反差，它的调整度是等比例的。如果只要调整某个部位的亮度，这种方法就不适用了，此时应采用色阶调节方法。

(2) 色阶调节。色阶调节是把图像分成高光区、中等亮度区和低光区，三个区可以独立调节，不会太大地影响其他区域。

在色阶调整界面上，有三个三角，左边的一个是黑三角，代表了暗部；右边的一个是白三角，代表了亮部；中间的一个是灰三角，代表了中间亮度区。输入色阶上的数字就会有变化。输入色阶上的数字："0" 表示全黑，"255" 表示全白。

输入色阶边上的三个数字，左边的数字表示低光部的数值，如果这个数字是 10，表示 10 以下的像素在调整以后都变为 0 了；右边的数字表示高光部的数值，如果这个数字是 200，则表示 200 以上的像素在调整以后都变成 255 了。

移动黑和白的两个三角，就意味着将黑和白固定在所移到的亮度值上。中间的一个数字表示中等亮度区的数值。它是表示图像的 Gamma 值。它的数值是在 0.10~9.99 之间变化。这个值在打开时总是显示"1.00"。向左移动中灰三角时，Gamma 值增大，除了 0 和 255 外的其他部位的亮度都在增加，看上去图像上的效果是画面的整体亮度提高了；向右移动中灰三角时，Gamma 值减小，效果是画面的整体亮度降低。

左右移动中灰三角，对最低和最高光部都不产生影响。

在预览的上面有一排滴管。滴管的功能与三个三角的功能相类似。左边的黑滴管能将所点的区域变成最低光区（全黑）；右边的白滴管能将所点的区域变成最高光区（全白）。黑白两个滴管能够为图像定黑场或白场。

黑白两个滴管在改变 RGB 三色亮度值的时候会考虑原来三色通道的比例，所以调整后的色调不会产生大的改变。色阶也可以用来调节色彩。即通过调节各个色彩通道的亮度来调节色彩。输出色阶也可以用来调节亮度。将黑三角向右移动，图像暗部亮度提高，反差减小；将白三角向左移动，图像亮部亮度降低，反差减小。黑白三角一起向中间移动，图像整体亮度降低，反差减小。

（3）自动色阶。自动色阶命令是将图像分析一遍，如果没有发现全黑或全白的部位，就自动将其他亮度值的像素改变，使整个画面变成有全黑、有全白，并且让中等亮度区占主要比例。

自动色阶的优点是能让低反差、色调暗淡的照片的黑白色阶拉宽，色彩更明朗。一般没有特别色偏的照片经过自动色阶处理后，其亮度、反差和色彩都会有所改善。

自动色阶命令对于色调正常，色阶应该涵盖整个黑到白的图像比较适宜，但是对于处理高调或低调照片来讲就不适宜了。

（4）亮度直方图。色阶界面里的山形图像叫亮度直方图。直方图是各个亮度值的像素数量的统计图。每一个直立方块的高度代表着像素的数量，方块越高表示像素的数量越多。直方图的横坐标表示亮度值（0~255 个色阶）。

直方图是检查图像色彩和亮度的帮手。一张曝光正常、色彩不正常的照片，其亮度通道和各色彩通道的直方图应该是从 0~255 之间的各亮度值都有所代表（都有像素），山形曲线呈"钟形分布"。若山形的高峰接近右边的全白区，则表示图像呈高调；若山形的高峰接近左边的全黑区，则表示图像呈低调。照片如果偏色，偏哪个颜色的那个色彩通道的直方图的高峰就偏向全白区。

（5）曲线调整。曲线调整可以更改综合通道或者 RGB 单独通道的亮度，实现影像的反差加大、反差减小、淡化图像以及图像的翻转等。

S 形曲线的作用是提高反差，它会将低光部位压暗而将高光部位变亮，中间亮度部分的反差大有提高。但是高光部位与低光部位的层次会有所损失。与之相反，反 S 形曲线降低反差。

M 形曲线的作用是不等比例地提高整体图像的反差。它会提高低光部位的亮度，提高高光部位的亮度。但中等亮度区保持不变。这个曲线特别适合调整在低光条件下用数码相机拍摄的图像，能使暗淡的低光部位细节得到更好的表现，并使高光部位和画面的整体反差加强,色彩更靓丽。

3. 制作和修改选区

(1) 使用选择工具。使用工具箱中的选择工具:矩形工具、套索工具、魔棒工具;使用选择菜单中的一系列选择命令建立或编辑选区;以快速蒙版模式建立选区;将路径转换为选区;使用 Alpha Channel 制作选区;将图层或是图层蒙版转换成选区。使用选择工具和选择命令是最基本和最常用的方法,也这是我们在深入学习之前首先必须掌握的方法。

1) 使用选框工具。矩形/椭圆形选框工具的使用方法:

用左键按住选框工具组的图标,然后从弹出的工具列表中选择矩形选框工具。

在选项栏中的样式(Style)下拉列表中选择一种操作样式。

正常(Normal):拖拉鼠标决定选区的大小与比例。

约束长宽比(Fixed Aspect Ratio):在鼠标拖拉时产生固定的长宽比的矩形选区。

固定大小(Fixed Size):在宽度和高度文本框中输入的数值决定选区的大小。

如果要羽化选区的边缘,可以在羽化选项中输入像素值。如果使用椭圆形选框工具,则可以选中消除锯齿复选框。最后,拖拉鼠标就可以制作出你所需要的选区。

在使用矩形/椭圆形选框工具制作选区时,按住 shift 键就可以制作正方形或者正圆形的选区。按住 Alt 键就可以以第一个选择点为中心点建立选区。

2) 使用套索工具组。套索工具组包括了套索工具、多边形套索工具、磁性套索工具。

①套索工具是以徒手的方式制作选区,它的用法并不复杂,但要花一番工夫。

第一步,选择套索工具,在选项栏上的羽化栏中输入像素值,设置选区的羽化边缘程度。

第二步,使用消除锯齿功能,以防止呈现锯齿状。

②多边形套索工具用于选取直线段组成的多边形。当使用套索工具或多边形套索工具时,如果按住 Alt 键可以在两种工具之间进行切换。

③磁性套索工具是一个相当实用的工具,在使用之前最好要将工具设置一下。

3) 选项栏的各种设置

①羽化:设置选区的羽化边缘程度值。

②消除锯齿复选框:防止选区产生锯齿。

③宽度:设置套索的宽度值,范围从 1~40 像素。

④边缘对比度(Edge Contrast):边缘对比度从 1‰~100‰,较低的对比度数值具有较敏锐的颜色判断能力。

⑤频率(Frequency):套索频率从 1~100,数值越高则拖拉磁性套索工具时,套索链接的链接速度越快。

4) 光笔压力复选框。其作用是启用光笔压力。具体步骤是:

第一步,确定第一个链接点。

第二步,沿着图像边缘拖拉光标,选区的连接线会沿着颜色边缘而产生。

第三步，如果自动产生的选区不符合要求的话，可以将光标往回拖拉复位链接点之间的选区，或者是按下键盘上的 Delete 键将上一点删除。

第四步，最后将链接点链接成一条封闭的曲线，或是双击鼠标就可以将链接点转换成选区。

5）使用魔棒工具。魔棒工具可以选中图像中连续的且颜色接近的部分图像。在工具箱中选择魔棒工具后，可以在选项栏中做如下选择：

在选项栏上的容差（Tolerance）文本框中输入容差的数值，范围从 0～255。容差值将决定选区内的颜色接近程度。如果容差值比较小，则选区内的像素都将是非常接近的颜色；如果容差值比较大，则选区内的像素将允许有较大的差别。

选中选项栏中的消除锯齿复选框，将防止选区出现锯齿状。选中选项栏中的连续（Contiquous）复选框，则只能选择连续的像素，否则不连续的像素也可以一并选择。

选中选项栏中的用于所有图层（Use All Layers）复选框，则选区将跨越所有可见的图层。否则，魔棒工具只能在当前操作的图层中发挥作用。

在图像上单击所要选择的颜色，则在容差范围内的所有像素都会被选择，从而形成选区。

（2）选区运算。在某些选区比较复杂的情况下，一次操作显然无法完成理想的选区，通常需要进行第二次甚至第三次的选择。此时我们可以使用选区的运算功能。这种功能被预设为选择功能的一部分，在使用选择工具时，在选项栏中可以很容易地对选区的运算方法进行设置：独立运算；并集运算；差集运算；交集运算。

（3）使用选择菜单。简单选择命令包括：全选；取消选择；重新选择；反选等。

（4）使用颜色范围（Color Range）。使用颜色范围命令的效果与使用魔棒工具的效果极为类似。

（5）羽化选区。执行羽化选区命令，可以使选区的边缘产生渐变柔和的效果。所产生的效果与使用选择工具时，在选项栏上设置羽化所产生的效果相同。建立一个选区后执行[选择＞羽化]命令，会弹出一个对话框，在其中设置羽化半径就行了。

（6）修改选区。"修改"子菜单下的命令用于编辑修改已经制作好的选区。包括扩边、平滑、扩展和收缩 4 个命令。

（7）扩大选区。扩大选区命令可以将现有的选区扩大。

（8）选取相似（Similar）。选取相似命令也可以增加选区。

（9）变换选区。制作好选区后，还可以利用变换选区命令来进行修正。在已有选区的状态下，执行选择命令中的变换选区命令，就可以任意地缩放、旋转和修改选区的形状。

4. 画图与修图

（1）画图工具。画图工具有画笔工具、铅笔工具、橡皮擦工具、背景橡皮擦工具、魔术橡皮擦工具、历史纪录画笔工具和历史纪录艺术画笔工具等。

1）画笔。画笔是 Photoshop 7.0 中一个非常重要的概念。在绘图和修图的过程中，画笔的使用几乎无处不在。不同的画笔会决定绘图和修图工具绘制出来的笔触的大小及形状，所有的画笔形状都会出现在相应工具选项栏的画笔下拉列表中。在画笔下拉列表中又提供多种大小、各种形状的画笔可供选用。可以进行以下操作：

①预览画笔。

②新建画笔。

③自定义画笔。如果在画笔下拉列表中没有需要的画笔形状，可以根据自己选择的图像范围自定义画笔。

④管理画笔。对于众多的画笔，可以在画笔下拉列表的弹出菜单中选择重命名画笔、删除画笔、复位画笔、载入、存储和替换画笔等管理方案，还可以使用画笔库。

2）画笔控制面板。画笔控制面板是 Photoshop 7.0 所新增加的一块控制面板。执行 [Window > Brushes（画笔）] 命令，就可以调出画笔控制面板。如果在画笔控制面板的左上角选中了"画笔预置"选项，将会显示画笔预置界面；如果选中了"笔触形状"选项，将会显示笔触形状调整界面。在默认的情况下，显示的是椭圆形笔触的参数调整界面，各调整参数的意义如下：

直径：画笔的直径。

角度：用来设定画笔的长轴与水平线之间的偏移角度。

长宽比例：设置椭圆形画笔的长轴与短轴的比例。

硬度：用来设置笔触的柔化程度，数字越小笔触越柔软。

间距：用来设置笔触的间距，数字越大则表示笔触间距越大。

在使用绘图工具时，应打开工具箱、颜色控制面板和色板控制面板，以便随时调用。

3）画笔工具。主要用于诸如使用水彩笔或者毛笔写字等徒手绘制线条笔触的情形。在选项栏中可以设置画笔的各种属性：画笔样式、模式（混合模式）、不透明度、流速（设置颜色流出画笔的相对速率）。

①喷枪功能。在 Photoshop 7.0 的画笔工具选项栏右端，有一个启用画笔工具喷枪功能的按钮，单击它就可以启用喷枪功能。喷枪功能可以产生类似于传统喷枪的效果。由于它的笔触具有颜色重叠的特性，所以你可以利用它来表现富有层次的颜色。并且它的画笔边缘较未启用喷枪工具的画笔工具更具有柔和的效果。

②铅笔工具。铅笔工具可以用于建立像真实铅笔一般的硬边徒手画线条的笔触。

③橡皮擦工具。橡皮擦工具可以擦掉图像中的颜色，并且填入背景色。橡皮擦工具可以理解为在图像上画上背景色。如果是使用在图层上，擦掉的透明图层上的颜色将会变成透明。

如果在选项栏上选中"擦回至历史图像"复选框，则可以利用历史控制面板，将改变过的图像画面再擦回至原先的图像。

④背景色橡皮擦工具。背景色橡皮擦工具可以以橡皮擦工具的使用方法将颜色擦掉而变成没有颜色的透明状态。与橡皮擦工具的最大区别，就是在于背景色橡皮擦工具可以将

背景色一起擦去，从而形成透明的图像。

⑤魔术橡皮擦工具。魔术橡皮擦工具也可以让你以颜色判断方式快速将图像的背景擦成透明，而且它去除背景的效果较好。在容差文本框中输入容差值，表示当你点选一处的颜色后，系统自动选择颜色的接近程度值。输入的数字越大，则表示可以擦去的颜色范围越广泛。应选择消除锯齿复选框。选中连续复选框则只能擦去连续的图像范围。另外，有（使用全部图层）复选框和不透明度的选项。

（2）修图工具。修图工具有复原画笔工具、修补工具、仿制图章工具、图案图章工具、模糊工具、锐化工具、涂抹工具、减淡工具、加深工具和海绵工具。可以用这些工具来修正图像，特别是处理局部的图像，从而使图像看上去更具有吸引力。

1）复原画笔工具。复原画笔工具可以清除图片上常见的尘迹、划痕、污渍和折纹，而且经常与修补工具结合使用。它的特别就是在同一幅照片中会自动地保留图像的明暗和纹理的属性。

2）修补工具。有以下工具可以选用：

①仿制图章工具。可以将局部的图像复制到其他的位置，从而可以制作许多特殊的效果。

②图案图章工具。通过定义图案后，再使用画笔进行图案填充的方法进行工作的。

③模糊工具。

④锐化工具。

⑤涂抹工具。

⑥减淡工具。

⑦加深工具。

⑧海绵工具。海绵工具可以改变局部颜色的饱和度，模式设置有去色或加色两种。

5. Photoshop 7.0 中的图层

图层功能是 Photoshop 的核心，也是图像处理的核心。

（1）图层的概念及图层操作。在使用 Photoshop 7.0 处理图像时，除了图像最底层的背景外，还可以在它的上面添加若干个图层。图层就好像是一层一层叠在一起的透明片，在每一层透明片上有图像，透过没有图像的透明部分可以看到下面一层的图像。你可以在特定的图像上绘图、编辑与使用蒙版，而不会影响到图像上的其他图层。同一个文件内的所有图层，它们的像素数都是一样的，而且采用同样的颜色模式。

1）显示图层控制面板。执行［窗口（Window）＞图层（Layers）］命令，就可以显示图层控制面板。图层控制面板中汇集了关于图层的大量操作。图层控制面板里列出了图像中的所有图层的名称，在图层名称的左边是预览图。预览图会随着你对图层的编辑而随时更新。

2）图层的显示与隐藏。当图层名称栏最左边的眼睛图标显示时，就表示这个图层是可以看见的，眼睛图标隐藏时表示这个图层看不见。要显示或隐藏图层，只要在控制面板内单击图层边上的眼睛图标。在图层控制面板的眼睛图标栏内拖动鼠标,可以一次显示或者隐藏多个图层。(按住 Alt 键并单击眼睛图标,只显示那个图层)。

3) 指定当前操作图层。当要在某个图层中操作时,必须选择当前操作图层。被选取的图层名称将会以蓝底高亮字的形式出现,这就表示了该图层是当前的操作图层。

4) 新建空白图层。单击图层控制面板底部的"创建新图层"按钮;单击图层控制面板右上角的小三角按钮,在弹出的面板菜单中执行"新图层"命令。

5) 复制图层

①执行[图层(Layer)> Duplicate Layer(复制图层)]命令,弹出对话框,在对话框中填上图层的名称。

②在控制面板中直接拖动要复制的图层到控制面板底部的"创建新的图层"(Create New Layer)按钮。此时复制出来的图层与原来的图层完全重叠,但是在复制的图层的图层名称后面会加上"Copy"字样。

③使用移动工具。按住 Alt 键,使用光标直接在操作窗口上拖拉需要复制的图层,就可以复制图层了。

④复制局部图像到新图层。如果要复制局部图像时,首先必须选择图层中的图像局部,再执行[Layer > New > Layer via Copy(通过拷贝的图层)]命令,或者执行[Layer > New > Layer via Cut(通过剪切的图层)]命令。

6) 删除图层。先选择需要删除的图层,然后执行[Layer > Delete > Layer]命令。或者在图层控制面板中,直接将要删除的图层拖到面板底部的垃圾桶按钮中。

7) 改变图层的顺序。图层的前后顺序会影响到图像的外观,因为在上面的图层图像会遮住下面图层的图像。可以利用图层命令或者图层控制面板来改变图像中图层的顺序。选中需要改变的图层,然后执行[Layer > Arrange(排列)]命令,在弹出的子菜单中(置于顶层、置于底层、向上移动一层、向下移动一层)选择一个就可以了。利用图层控制面板,直接在上面将目标图层拖拉到需要的位置。

8) 图层的属性。选择图层并执行[Layer > Layer Properties(图层属性)]命令;或者按住 Alt 键再单击需要改变属性的图层,就会出现一个图层属性对话框,在对话框中可以改变图层名称或者图层的标志色。

9) 图层的链接。有时候必须同时调整图像中多个图层的位置、大小或角度,这就需要将多个图层链接起来再进行编辑。如果要链接多个图层,首先必须选择其中的一个图层作为当前的操作图层,然后单击其他图层的状态栏(眼睛图标左边的方框),将会出现已链接图标。这就表示已经把这些图层链接起来了。如要解除链接,只要再次单击就可以了。

10) 背景图层。背景图层只有一个,它有如下特点:

①背景图层永远位于图像的最下方,除非你把它转换为一般图层。

②背景图层是可以有底色的,当你删除背景图像时出现的颜色就是你所设置的背景

色。而一般图层则是无色透明的。

③Photoshop 7.0 的图层必须合并成背景图层后才能被其他的软件使用。

④图层与背景图层可以进行转化。

11）将背景图层转换为一般图层。当我们要改变背景图层的混合模式的时候，或者是设置不透明度的时候，就需要将背景图层转换成一般图层。双击图层控制面板上名称为背景的图层。可以调出新图层（图层样式）对话框，在其中可以更改名称、不透明度以及混合模式，最后单击"OK"按钮，就完成了转换的操作。

12）将一般图层转换为背景图层。如果在图像中没有背景图层，你可以选择任意图层并执行［Layer＞New＞Background From Layer（背景图层）］命令。这时图层原本透明的部分会被填上工具箱中指定背景色。

13）图层的拼合。另一个将图层转化为背景图层的方法，就是使用拼合图像的命令［Layer＞Flatten Image］，则所有的图层将会被合并为单一背景图层，并且文件会大为减小。

14）图层的对齐。当图层上的对象需要对齐时，你除了使用参考线来协助对齐外，还可以使用"对齐"（Align）命令来设置图层的对齐排列。首先将要对齐的图形链接起来，执行［Layer＞Align Linked（对齐链接图层）］命令，在弹出的子菜单上选择对齐命令，则图层上的图形将会对齐在目前选择的操作图层上。

15）图层分布。当需要设置图层上的间距时，可以使用（Distribute）命令来设置图层的间距。先将要对齐的图层链接起来，然后执行［Layer＞Distribute Linked（分布链接）］命令，在弹出的子菜单上选择分布命令，则图层上的图形将会均匀设置彼此的间距。

16）锁定图层

①锁定透明图层。在图层控制面板上选择特定图层后，单击图层控制面板上部的 Lock Transparency Pixels（锁定透明像素）按钮，则可以锁住所选图层上透明的像素部分，该部分不允许被填色或编辑。

②锁定图像像素。在图层控制面板上选择特定图层后，单击图层控制面板上部的 Lock Image Pixels（锁定图像像素）按钮，可以将图像的可编辑性锁定。

③锁定位置。在图层控制面板上选择特定图层后，单击图层控制面板上部的 Lock Position（锁定位置）按钮，则图层的位置会被锁住，图层上的图像不允许被移动或者进行各种变换编辑。

④锁定全部。在图层控制面板上选择特定图层后，单击图层控制面板上部的 Lock All（锁定全部）按钮，则图层的所有可编辑性将会全部锁住。

⑤锁定链接图层。在多个图层被链接的情况下，你可以快速地将所有链接图层的各项编辑功能一次锁定。在图层控制面板上选定已经进行链接的图层后，执行［Layer＞Lock All Linked Layers（锁定所有链接图层）］命令，这时会出现对话框，在对话框中设置你的选择。

(2) 图层组及其操作。图层组是 Photoshop 中一项非常重要的图层管理功能。当图层非常复杂，特别是具有上百个各式各样的图层时，如果没有图层组来进行管理的话，将会造成混乱。

1) 新建空白图层组。在弹出图层控制面板的下部单击 Create New Set（创建新组）按钮，或执行 [Layer > New > Layer Set] 命令，就可以在图层控制面板上增加一个空白图层组。

2) 转换链接图层为图层组。在图层控制面板上选择多个链接图层中的任意一个，然后执行 [Layer > New > Layer Set From Linked（图层组来自链接）] 命令，将会弹出 New Set From Linked（新组来自链接的）对话框，在其中进行适当的设置后，单击"OK"按钮，就可以将原来链接在一起的多个图层转换为图层组。

3) 编辑图层组属性。选择图层组并执行 [Layer > Layer Set Properties（图层组属性）] 命令，可以改变图层组的名称、图层组的标志或显示出来的通道。

此外，还可以进行显示与隐藏图层组、复制与删除图层组、预览图层组、合并图层（向下合并、合并链接图层、合并可见图层、合并编组）等操作。

(3) 图层的不透明度。使用图层编辑图像的最大特点，就是可以快速地使图层变成半透明状态，这在图像合成时是不可缺少的重要功能。设置图层的不透明度的方法是在图层的控制面板上找到不透明度选项，利用不透明度滑块来改变图层的不透明度。0％是使图层完全透明，50％是半透明状态，而 100％则是完全不透明的图像。

(4) 修边（Matting）。当你在 Photoshop 的画布上粘贴其他来源的图像时，有些图像的边缘会产生不平滑的锯齿，或是保留原来图像的黑色或白色的边缘，结果会造成图像周围产生晕光或是崎岖不平。为此，Photoshop 7.0 专门提供了修边的功能，你可以通过处理这些边缘像素，从而使合成的图像看起来更加平滑和自然。

(5) 图层的混合模式。Photoshop 7.0 一共提供了 17 种混合的模式。

使用图层的混合模式的一个重要的观念，就是需要不断地尝试才能得到最佳的结果。为了能够适当地运用混合模式，以达到最佳的效果，我们应该认识不同混合模式的基本运算法则。

(6) 图层的变换。为了让图像的制作变得更有弹性，通常在使用图层时，针对图像可以实施多种变换操作，例如缩放、旋转、斜切、扭曲、透视等。这些操作可以使图像编辑更加灵活，变化自然。

缩放、旋转、自由变换等操作，除了使用鼠标进行拖拉外，还可以使用输入具体的数值的方式进行变换，这种方式主要应用在需要对图像进行精确的定位的场合。

图层的翻转变换也是经常进行的变换之一，可以进行图像的水平翻转与垂直翻转。

数字图像处理的工作是摄影师必须要了解的内容之一，也是将摄影师从传统的暗房工作转移到数字暗房从而能够实行"所见即所得"的基础。熟悉 Photoshop 的界面，掌握使用选取图像的技巧，学会运用图层，掌握数字图像常规处理的方法，能够调整图像的亮度、反差与色彩，能够修整图像是本单元的重点，学员应该掌握并熟练地应用。关于数字图像的特效处理在高级摄影师教材中会有更详细的介绍。

单元测试题

一、多项选择题（下列每题的选项中，至少有2个是正确的，请将其代号填在横线空白处）

1. Photoshop 软件中，调整图像色彩与色调的命令有_____等。
    A. 亮度/对比度　　　B. 色阶　　　C. 自动对比度
    D. 曲线　　　　　　E. 色相与饱和度

2. 修正数字图像常见缺陷的主要工作包括调整图像角度、修剪图像、改善图像的_____、改变图像的_____和_____、色彩增强、删除红眼、去除划痕与斑点等。
    A. 亮度/对比度　　　B. 色阶　　　C. 色彩
    D. 饱和度　　　　　E. 图像的拼接

二、判断题（下列判断正确的请打"√"，错误的打"×"）

1. 在进行图像调整之前，确保显示器的正确显示是非常重要的。　　　　（　　）

2. 显示器的调整主要调整显示器的 Gamma 值。一般情况下，在显示器出厂前就已经调整好，不需要自己调。　　　　（　　）

3. 要进行显示器的调整，只要在计算机的控制面板窗口内，单击 Adobe Gamma 图标，然后按照系统提示来进行就可以了。　　　　（　　）

4. 在调整图像之前，常通过观察图像的直方图来评价图像是否有足够的细节来产生高质量的图像输出。　　　　（　　）

5. 直方图显示了图像阴影、中间色调与高光部位的全局分布情况，它能帮助人们选择应该使用的色调调整命令。　　　　（　　）

6. 在 Photoshop 7.0 的"直方图"对话框中，"平均值"参数是指色阶变化的范围。
（　　）

7. 在 Photoshop 7.0 的"直方图"对话框中"标准偏差"参数是指图像的平均色阶。
（　　）

8. 在 Photoshop 7.0 的"直方图"对话框中"中间值"参数是指色阶范围的平均值。
（　　）

9. 在 Photoshop 7.0 的"直方图"对话框中"像素"参数是指用于计算直方图像素的总数。　　　　（　　）

10. 在 Photoshop 7.0 的"直方图"对话框中"色阶"参数意义是表示光标所在位置或选定位置的色阶或色阶范围。　　　　（　　）

11. 在 Photoshop 7.0 的"直方图"对话框中，"像素"参数是指光标所在位置或选定范围的像素数。   (   )

12. 通过在直方图上调整图像中最亮或最暗像素值来进行色调校正，实际上就是设置图像的整体色调范围。   (   )

13. 对图像进行色调的调整主要是调整图像的色别。   (   )

14. 对图像进行色调的调整主要是调整图像的明暗程度。   (   )

15. 在 Photoshop 中，可以通过色阶、自动色阶和曲线命令来调整图像的色调。
                                                                    (   )

16. 在色阶命令中有输入色阶编辑框，只要输入三个编辑框中的数字就能设置图像的暗部色调、亮部色调和中间色调。   (   )

17. 在色阶命令中，可通过在直方图下面拖动小三角符号来调整色调。   (   )

18. 在色阶命令对话框中，有三个滴管工具，用来调整图像的亮度色彩。   (   )

19. 利用 Photoshop 软件作图像处理，利用自动色阶命令可以自动调整图像的色相。
                                                                    (   )

20. 利用 Photoshop 软件作图像处理，利用自动对比度命令可以自动调整图像的清晰度。   (   )

21. 利用 Photoshop 软件作图像处理，"曲线"命令可以综合调整图像的亮度、反差和色彩。   (   )

22. 利用 Photoshop 软件作图像处理时，进行图像的色彩调整主要包括色调和饱和度的调整、去除图像的颜色和替换图像的颜色。   (   )

23. 利用 Photoshop 软件作图像处理时，利用色相/饱和度命令可以调整色相和饱和度。   (   )

24. 利用 Photoshop 软件作图像处理时，利用去色命令可以去除图像的色彩。   (   )

25. 利用 Photoshop 软件作图像处理时，利用替换颜色命令可以调整所选区域的色相、饱和度和明度。   (   )

26. 利用 Photoshop 软件作图像处理时，利用"可选颜色"命令可以有针对性地对红色、绿色、蓝色和中灰色等颜色进行调整。   (   )

27. "可选颜色"命令可帮助我们对每一种颜色进行校正。   (   )

28. "可选颜色"命令是对图像中的每一种原色或补色的成分中，加入或减少印刷颜色的量。   (   )

29. 利用 Photoshop 软件作图像处理时，"变化"命令是调整效果最直观、使用也是最方便的命令。   (   )

30. 利用 Photoshop 软件作图像处理时，利用"变化"命令，可以方便地调整图像的色彩平衡、反差和饱和度。   (   )

单元测试题答案

一、多项选择题
1. ABCDE   2. ACD

二、判断题
1. √   2. ×   3. √   4. √   5. √   6. ×   7. ×   8. √   9. √
10. √   11. √   12. √   13. ×   14. √   15. √   16. √   17. √   18. ×
19. ×   20. ×   21. √   22. √   23. √   24. √   25. √   26. √   27. ×
28. √   29. √   30. √

第三单元　艺术人像摄影

美化和真实是一对矛盾。真实在某种意义上会有不完美之处，如果都完美的话，则就会"千人一面"。

真实既有艺术范畴、美学范畴的"真"，又有生活现实意义的真实。前者指的是"符合规律""反映生活本质"或"更本质地反映生活"；后者即是指酷似原型。应当看到，不同的人像摄影，在美与真的尺度的把握上是有所不同的。如证件照，就以真实为主，美化为辅，甚至可少提、不提美化；商业人像、纪念人像，可真实与美化并重或有所侧重；至于艺术人像，尤其是用于展览或抒发作者对社会、对生活、对人生的认识、感受和体验的，是否肖于原型就已不再是考虑的重点了，而艺术地反映生活或更本质地反映生活，则上升至首要地位。所以，很可能是以美化为主。

既然是"美化"，就要比原型漂亮，这也就意味着"失真"，只是这种失真，不包含技术失误造成的失真，而是受到控制的、有目的、有方向的失真。对于这类失真，摄影师必须从透视、光影等造型手段方面进行深入、细致的探求。

第一节　人像摄影的造型技巧

一、人像摄影的姿势造型

由于人们的生活环境、经历、阅历等的差异，使每个人的个性都不相同，言行举止也明显不同。这种"举止"和"行为"，体现在人像摄影的画面中，称为姿势、姿势造型，与神态表情合在一起（姿势应当有助于神态表情），称为姿态。人在外形上的差异很大，各具特点。在拍摄人像时，要求摄影师根据各人不同的特点，尽可能地运用各种造型艺术手段，来美化被摄对象，使最终的摄影作品美于原型，趋于"理想"。

姿势造型是"全方位"的，既包含面向、仰俯、倾侧，以及手势、肩态、腰姿、身架和腿式等形体因素，又包含体裁、方向、角（高）度、距离、透视等拍摄因素。这些因素都是可变的，这使得姿势造型具有多样性。在具体拍摄时，只要对其中的某一个或几个因素稍做变动，便可使姿势造型产生迥然不同的效果。摄影师应注意经验的积累，观察生活中各个阶层、各类人的言行举止，从中汲取典型的、优美的姿势造型。要充分利用人的形体因素，如人身上各部位有很多关节，都可以活动，因而头姿、面向、肩态、身架、腰肢、手势、腿势等都可有动作，且不可俯仰、侧倾、转动变化。要正确结合拍摄因素，如拍摄的体裁、方向、高度、距离、透视等，以达到多样化的姿势造型的目的。

由于人像摄影是以人的面部为表现中心的，所以，姿势造型在形式上也要首先服从面部表现需要。在组织和安排人像摄影的姿势造型时，要求摄影师首先要分析人物脸形，要从扬美避丑的角度来选择脸形方向、角度（面向角度），然后根据被摄对象的具体情况安排身姿和肢体形态。

姿势造型要活泼生动，富有时代感，避免老一套和固定模式。要力求多样化、自然化，要富有生活气息，避免生硬做作，应结合年龄、性别、职业、身份，具有个性。同时，被摄者的姿势，应是他自己习惯而又不"吃力"的，在取景范围内让拍摄者认可的造型优美的形态。为此，摄影师应根据取景范围内所看到的进行"微调"，也就是进行引导、导布。

1. 分析人物脸形

人的脸形中最常见的有圆脸、长脸、瘦长脸、方脸（四方脸）、阔脸等。在现实生活中，对于脸形的审美标准男女有别，如男子四方脸就会被认为英俊；而女子四方脸就会被认为不够妩媚。但无论男女，也不论中外，标准脸形的长宽比例却是一致的，这就是通常所说的"三停五眼"。其中"三停"是指脸的长度比例，即把脸的长度分成3个等份，从前额发际线至眉骨，从眉骨至鼻底，从鼻底至下颏，各占脸长的1/3。"五眼"是指脸的宽度比例，即脸的宽度正好是5只眼睛的宽度。左眼的左面至耳朵与面庞交界处，从正面看，是一只眼睛的宽度，右面也是一样，两眼的间距也是一只眼睛的宽度。"三停五眼"加上左右对称，这是人脸形美的规律之一。如果被摄者的外形与之不符甚至差距较大，那么，在摄影时，就应充分利用各种造型手段，使原形尽可能地向标准脸形贴近。因此，在拍摄胖圆、瘦长或过方、尖的脸形时就要有所改善。如女性，就可考虑美化为"鹅蛋脸"或"瓜子脸"。

五官是人像摄影的表现中心之一，在塑造形象时，重点在双目（含眉）、嘴和鼻子的表现。尽管人的五官形状各种各样，但在拍摄作品时，对于五官的构图则有着共同的最基本的要求：

(1) 符合整齐律的形式美要求，即左右对称；若是非对称式构图，则改为符合均衡的形式美要求。

(2) 匀称和谐，即不大不小，不高不低，横平竖直，比例协调。

2. 合理运用线条透视

摄影所用的透视，最主要的是线条透视和影调透视。

(1) 线条透视的基本规律。照相机镜头中的景物与人眼视物都有着"近大远小"的透视规律，这也是线条透视的最基本的规律。而且，照相机镜头靠得越近，其大小变化程度，也与人眼所见一样，被夸张地显示出来。当然，随着拍摄距离拉远，原本景物之间的距离远近的比值就变小，甚至接近，于是近大远小的差异就减弱，直至可忽略不计。如从人的额正中顶部的发际线至下巴底端，一般将近 20 cm，如果在距面部 1 m 处有一镜头，且光轴与发际线相平，那么镜头至下巴尖就在近 102.5 cm 处，而当其他条件相同，只是将镜头移至 1.5 m 处，则镜头距离下巴尖将近 151 cm。也就是两者差距缩小至不足 1 cm。对应前者的 2.5 cm，差距明显缩短。正因如此，近大远小的透视规律，在摄距越近时越明显。

(2) 平行透视。当摄轴处于被摄平面的中垂线（或摄轴与中垂线重合）时，镜头与各对应点之间的距离相等，无远近之分，当然也没有变形现象。这就是拍人像时，平角正面拍摄，获得"平行透视"的效果：画面里的线条都能保持横平和竖直；仅从线条透视反映立体空间的效果来看，平行透视有能使立体形状表现得不明显些的作用，也就是起到淡化前后凹凸的作用。利用这个功能，可将脸面高低不匀称的部分表现得向匀称的方向发展，也就是说，将高低不匀称之处不明显化。所以，对高颧骨、凸鼻梁、翘嘴、泡眼、冲额、翘下巴等某些部位过于高凸的被摄者，以及瘪嘴、塌鼻梁、深眼窝、缩下巴等某些部位过于低凹的被摄者，宜采用平角正面拍摄，运用平行透视，可望获得美化。

(3) 横角透视。照相机横移，或被摄者面向水平横转，侧面、半侧面拍摄时产生横角透视。横角透视会使平行的水平线向深处汇集，等长的竖直线条近长远短。尽管人的脸形、五官，甚至躯干和四肢都应是左右对称的，但现实生活中，人的脸形和五官等常有左右不对称的缺陷，有的甚至还很明显。如果出现两边不很对称的缺陷，就可利用横角透视进行弥补。一般情况下，对左边稍大的，应选择拍摄右边的半侧面；右边稍大时，则选左边的半侧面。这样拍摄可以改善这些缺陷的显示，甚至可以"隐没"这些缺陷。而且，这种半侧面的拍摄，也就是横角透视，比较适用于横短形的脸形，如：方形、圆形、扁阔形等。而对于"苹果脸"则应具体分析，如儿童的"苹果脸"，就不需要改变。在利用横角透视矫正人物外形前，应先行观察、比较，再作确定；至于侧多侧少，也得根据被摄者的容貌、体形、年龄、性别等具体情况的不同再作相应决定。其基本规律是缺陷越明显，面向宜越侧，直至拍摄全侧面像。因为侧面像的左右本来就不可能对称，没有"参照物"，只看到一面，另一面就利用观赏者的生活经验、生活积累，令其产生参与意识而自行想象、揣摩，进行修饰、完善。于是，在感觉上形象是完善的，左右是对称的。

全侧面像显示的是额、眉、鼻、嘴和下巴等部位的侧面轮廓线。因而全侧面像只适用于这些部位起伏正常、优美的人。否则，反而突出、强调了被摄对象的"不美之处"。

（4）纵角透视。俯摄、仰摄将会产生纵向（上下方）的线条透视，即纵角透视。俯摄即自上而下的拍摄方向，脸面上方离镜头近而下方远，"近大远小"造成上宽下窄；仰摄即自下而上的拍摄，脸面下方离镜头近而上方远，"近大远小"造成下宽上窄。正因为纵角透视可产生上述改变，就可被用来改善脸形上下不够匀称的缺陷。

对上半部过小而下半部过大的脸形，应选择俯摄的造型方法。俯摄的适用对象有：窄额、宽颌、圆脸、阔脸、大腮骨等。此外，由于本体的显示一定会挡去其后面的部分，自上而下的俯摄，使大鼻孔的不美之处得到掩隐；同样的原因，下颌体可挡去部分头颈，长头颈可采用俯摄。拍摄时，被摄者如为长头颈者，则不要抬头仰摄，否则头颈会显得更长。

对上半部过大而下半部过小的脸形，如小下巴、尖下巴、尖窄脸、阔额、瘦长脸等，仰摄就是较好的选择，这些不美之处均可望得到改善。此外，小眼睛也宜选择仰摄。因仰摄可使紧挨上眼睑处的虹膜完全暴露，而俯摄则因眼睑挡去一部分虹膜而使近下眼睑处的眼球得以完全暴露。近下眼睑处的虹膜往往是圆形虹膜的下半部，且越往下眼黑越少，所以不会使眼睛变大。而近上眼睑处的虹膜，往往靠近圆形虹膜、瞳孔的水平方向的直径，只要上"抬"一点儿，多暴露的眼黑就会很明显，视觉上眼睛就大很多。所以，小眼睛也是仰摄的适宜范围。

纵角透视运用的一般规律是"胖俯瘦仰"。即对胖者（或希望拍摄效果显瘦）采用俯摄，可使其显得略清秀些；对瘦者（或希望拍摄效果显胖）采用仰摄，可使其显得略丰满些。其中原因首先是在纵角透视作用下所取得的效果，但同时也运用了"投影法"。

投影法是指在垂直地面的平行光照射下，与地面平行的线段在地面上的投影可以得到最大值——其长度充分展示；与地面垂直的线段在地面上的投影只能呈现最小值——缩小成点；处于倾斜状态的线段在地面上的投影长度，介乎两者之间，越近垂直状态，此线段的投影越短，越接近平行状态，此线段的投影越接近线段本身的实际长度。无论人眼观看景物还是镜头拍摄景物，效果都与"投影法"相一致。也就是光轴、视线与线条垂直时可充分展现长度，光轴、视线与线条方向一致时只能得到最小值。

从人体解剖学角度来看人脸，整个人脸只有一对关节，那就是颌关节；整个头部，只有一块骨骼可以活动，那就是颌骨。颌骨俗称下巴骨，呈马蹄状。近颌关节的骨体为下颌枝，近下巴处为下颌体。下颌枝与下颌体的连接处为下颌角，左右对称。即使对同一个人来说，不同的年龄段，下颌角也会有所不同。婴幼儿时期，因尚未长出牙齿，咀嚼全赖上下牙龈，所以面庞显得短，下颌骨就比较接近90°。随着年龄的增长，下颌角也逐渐增大，到30岁左右，牙齿的生长（与骨骼生成基本同步）到了最大值，所以这下颌角也呈现最大角度。到了老年，牙齿逐渐脱落，下颌角又逐渐靠向90°。

当镜头角度自上而下进行俯摄时，下颌枝的长度，因投影的关系会缩短，但下颌枝本身就很短，所以影响不大。迎着镜头时下颌体本身是向下倾斜的，若是俯摄，光轴与下颌体的角度就趋向垂直，按照投影法原理，下颌体的长度就能得以展现，到光轴与下颌体成90°时，下颌体最长；同时下巴相应也显得尖。于是，脸在"拉长"的同时，阔度不变，下巴尖化，呈现出"瘦"的特征。反之，当镜头下降，下颌体渐渐接近光轴、逐渐变短；同时，下巴的轮廓线也由 U 字形慢慢钝化，至镜头光轴与下颌体的方向一致时，下巴呈现一字形。于是下颌体长度缩短，脸的阔度不变，脸形变得短阔，同时下巴圆化，呈现出"胖"的特征。同理，在"三停"上有不美之处时，镜头的光轴与该"停"的中垂线重合，即可"拉长"该"停"，镜头的光轴与该"停"的中垂线有一定角度时则缩短该"停"长度。

所以，对胖者俯拍，可以使胖者显瘦；对瘦者采用仰拍，可使瘦者在照片上看起来感觉胖一些。

在拍摄全身像时，对于身材较矮的被摄者，可使镜头靠近地面或被摄者膝部，这样可使腿的长度被夸张，从而使被摄者显得高一些；相反的，对身材过高者，则宜俯摄。此外，在横度上的反映，胖的人体宽，瘦的人横度相对较小。所以对胖者的拍摄，宜拍侧身，使身体的宽度缩小；对形体偏瘦削者，宜用正摄，充分展示身体的宽度，而且正摄也会使立体形状显得不明显，有利于产生"胖"感。

（5）斜角透视。对于形象有些缺陷的被摄者，如嘴缝线不平，嘴角有高低，鼻翼高低不一，眉毛一高一低，鼻梁不正、不直等缺陷，仍然可以利用"近大远小"的线条透视规律来进行校正或美化。如让本该水平但却高低不平的线条的高端靠近镜头，并置于另一端的下方，那么就会抬高远端。也就使本来低的一端会"升高"。还可以将本来低的一端靠近镜头，并置在画面的上方，而将另一端置在相对较低的位置。那么，近端被扩大，就上升，原来低的被抬高了；远端尽管本来较高，但"远小"造成线条向画面深处"汇聚"而缩小，于是原来较高的一端被拉下来一些，视觉上就觉得不平的线条水平了。这是镜头的拍摄角度倾斜所造成的斜角透视效果。

关于斜角透视，既可用上述的横角透视和纵角透视合在一起，又可让被摄者头倾向一侧，两者均可获得斜角透视；而且这两者叠加后，还可加强或减弱透视效果。在具体运用时，应明确的是：必须对歪斜线作反方向的斜角拍摄，才能在视觉上达到矫正歪斜的效果。

在人像摄影中，由于拍摄角度的不同，线条透视近大远小的透视变化可衍生出平行透视、横角透视、纵角透视和斜角透视。通过对这些透视的合理运用，可以起到矫正人物外形上的某些缺陷，美化形象的作用。但是这种矫正应当适度，要防止"矫枉过正"，那样反而会歪曲形象，损及形象的真实性。

3. 镜头位置的确定

在人像摄影中，镜头位置由三个要素组成，即镜头相对被摄者而言的方向、高度（角度）和距离。这三个要素确定了一个空间点，而且具有相对明确的"唯一性"。镜头位置的确定是技术因素，但也反映了摄影师的审美观及其对器材性能的了解程度。所以说，镜头位置的确定,既反映了摄影师的技术水平,也可反映出其艺术水准。

确定拍摄位置的最基本原则是美化被摄者形象。当被摄对象外形很完美或基本完美时,应力求真实反映被摄对象外形;当被摄对象的外形不那么完美时,应利用透视变形来美化被摄者。两者在拍摄位置上的要求是截然不同的。

(1) 方向

1) 正面像。镜头正对被摄对象正面面部,拍到的是正面像。正面胸像又称"标准像",基本要求是:必须出现两耳轮廓(对人体朝向并无特别明确的要求)。正面像显示的是整个头面的前面,作品一般纵深感、立体感相对均较弱些。由于正面构图对称均衡,变化较少,双眼也只能正视前方,所以正面像的形象不易生动活跃,较易端庄严肃,可显示安详、平静、正直、平和、淡泊、庄严等;但处理得不好,会使人像有呆板、拘谨甚至僵硬强直的感觉。

2) 半侧面像。被摄者面部半侧向镜头,从在镜头中只看到被摄者一只耳朵,另一只耳朵刚好看不见始,至鼻尖正"戳"及面庞轮廓线为止(鼻尖正好与面颊轮廓线相重合的拍摄方向是人像摄影的忌讳,应当避免),是半侧面像。半侧面像既显示了被摄者面孔的正面,又显示了侧面,反映了纵深度,立体感较强。由于打破了对称,可产生疏密和起伏等变化,视线可正可侧,方向灵动,还可结合人物姿势和内容灵活运用,对丰富形式、活跃气氛都有积极作用,有利于显示各种性格人物。而且,半侧面(全侧面)有左右两个侧面可供造型选择,为剔除、隐掩不美部分和强调、突出、显现优美部分提供了便利,更可根据需要运用横角透视,进一步美化人物形象。正因为如此,半侧面方向是艺术人像最常采用的拍摄方向。

3) 全侧面像。从被摄者的鼻尖超出面庞轮廓线起,至充分显示鼻梁脊线,且鼻后的眼睛全部隐去,为全侧面像。全侧面像完全消除了左右对比互相参照的条件,因而即使对于左右两边不对称的被摄者来说,也是极为相宜的拍摄方向。由于全侧面像显示的是被摄者侧面的轮廓线,所以,如果被摄者的全侧面轮廓不美,且无法使之美化时,只能舍弃此拍摄方向。对于全侧面轮廓比较优美的被摄者,选择此拍摄方向,可突出其优美的线条结构;如果再辅以倾斜角度来调动、组合线形,可使画面形式更别致而富有情趣。至于左右不对称的被摄者,在用此方向拍摄时,如只出现一只眼睛,就可不必考虑横角透视的作用,可直接选择更美的一侧进行拍摄。全侧面的拍摄方向,由于只显示朝向镜头的这一侧面,正面极少顾及,所以纵深感、立体感也不强。这一点对于瘦者来说,也就有了使其丰满起来的视觉效果。

除了正面、半侧面和全侧面三个方向外,还有后侧面和脑后这两个方向,但这两个方向因不能显示被摄者的面容,也不利于显示被摄者的神态表情,故而一般的人像摄影轻易不从这两个方向进行拍摄。

(2) 高度。镜头的高度可分为俯、平、仰三种。每种高度并无绝对数值标准,而是因体裁的不同、拍摄主体中心的不同而有变化。对于人像摄影来说,人总是主体,但主体中心随体裁不同而不同：全身像的主体中心一般是头面；但在反映身手矫健、动作灵敏或强调体态体形的全身像或大半身像中，主体中心可以是整个人体；半身像的主体中心是面部；特写可以眼和嘴为中心，也可以双眼甚至一只眼睛为中心。主体中心不同，镜头的高度也应有所不同。

1）平摄。"平摄时应当将镜头安置在整个拍摄范围的中垂线上，且光轴应与被摄主体所在平面相垂直。"这是平摄的定义，但这一定义对人像摄影并不适用。因为按此规律，镜头高度应在耻骨联合处，但这样做是主次不分，将主体中心等同于其他任何部位了，也就是将面容五官与脚腿等身体各部分等同起来了，忽视了摄影的主体中心。正确的做法是先找出整个拍摄范围的中点，然后再找出主体中心的中点，最后是这两点连线的中点。只有这最后一个中点的高度，才是平摄时的镜头高度。因为只有这个高度，才能既顾全面，又顾重点。当然，在某些情况下，镜头高度处在与主体中心等高时也是平摄，如强调眼睛眼神时的特写、大特写。

一般情况下，镜头高度的确定就应先找"两点"，再定"中点"，也就是要根据体裁和具体情况而定。至于俯摄或是仰摄，除了引起纵角透视外，还有另外的功效。平摄带来的是平行透视，可以认为基本上不变形或变形最少，最能真实地再现被摄对象的本来面貌，也较有利于反映平和、端庄、亲切自然的气氛。

2）俯摄。运用得当可对沉思、文静、含情脉脉、谦逊等神情有所帮助，也可烘托这类气氛，但运用过度则易产生卑琐、虚伪等感觉。

3）仰摄。可以强调性格昂扬、奋发向上等性格或精神状态，也能增强高大魁梧感。但运用过度也会产生傲慢、狂妄之感。正因为俯摄和仰摄有这样的功效，以及俯摄和仰摄带来的透视变形，因而对俯摄和仰摄的把握应注意恰如其分，千万要控制适度。

（3）距离。距离是指拍摄距离。距离既与体裁有关，又与镜头焦距有关。在只有标准镜头的时代，体裁就决定了所需的拍摄距离，或者说拍摄距离与体裁存在着对应关系。但现在，随着广角镜头、超广角镜头到长焦、中长焦镜头及变焦镜头的普遍使用，拍摄距离与体裁的关系已经让位给造型艺术的需要了。因为同一体裁在距离与镜头焦距的关系上可有很多的组合，而造型需要则相对固定。

拍摄人像时，拍摄距离宜远不宜近。太近了就要变形，如拍头像，就会将脸形拍得中间大，两端小；拍站立的全身像则腹臀大，头脚小，呈现啤酒桶形、橄榄形。但是，如果距离过远，也会造成操作不便。如果拍摄单人半身像，摄距远到二三十米以外，那么，无论调整细节、引导表情都极为不便。因此，拍摄头像宜选用中长焦距镜头，拍摄距离不小于2 m。拍摄大半身像可选用标准段镜头，摄距不小于3 m。拍摄全身像应在3～4 m以外。拍摄人数众多的合影相时，为避免出现中间大、两边小和前排大、后排小的透视变形，常规的做法是采用镜头焦距不小于2倍的底片对角线长度（场地条件限制则另议）。上述这些距离上的"限制"，其目的只有一个，即设法将近大远小的透视变形影响降到可以忽略不计的程度，避免失真。至于长焦镜头因压缩空间作用而造成人像变形的说法乃是误区。其实，在平面上反映立体空间的手段有明暗、大小和虚实、色彩四种手法。用好明暗、虚实等造型手法，完全可以再现立体感。认为长焦镜头会造成人像丧失立体感乃是只知其一不知其二。

不同焦距的镜头，如果在底片上所成影像的大小一样（相应透视关系必定不一样），则拍摄距离必定不一样。广角超广角镜头最近；标准镜头次之；中焦、长焦镜头的拍摄距离最远。对于同一个人来说，脸形、五官位置都是定值，至少在拍摄的这段时间内，抛开表情神态因素，脸形、五官的位置和距离都处于相对固定状态。尽管面庞轮廓和五官之间间距的具体数值不大，远距离拍摄时间距与拍摄距离的比值也不会大，但当拍摄距离近时，这一间距就起作用了，而且摄距越近，间距与拍摄距离的比值也越大，当然作用也就越大。所以，当需要以透视变形来美化形象时，就需要根据具体情况选择相应的镜头焦距（拍摄距离）。变形程度越大，所选用的镜头焦距相应越短，拍摄距离也就越近。

应当明确的是只有在近距离拍摄时才会发生明显的变形；拍摄距离越远，越不容易发生变形，即使发生，作用也是微乎其微的，甚至可以认为根本不可能产生透视变形。

此外，在运用纵角透视时，拍摄距离的远近对俯仰的程度也起到相当大的作用。如镜头处于头顶高度拍摄头像，在 1 m 处就是较俯；如果拍摄距离为 2 m 时，就只是稍俯、略俯；倘若拍摄距离为 4 m 时则根本谈不上俯仰，其透视效果与平摄并无明显差异。

上述关于拍摄位置与线条透视规律，除特别标明的以外，主要是针对单人像的。

至于两人以上的合影，考虑原则是，能两者兼顾最好，如不能兼顾则一是解决最主要者的问题，二是"真实"。

对于出现在一位被摄者身上诸多互相矛盾的方面，则应先分析一下，有的缺陷只能用透视解决，有的却可用其他手段隐掩。如果矛盾实在太多或无法兼顾，那么只能考虑解决最主要的矛盾。那就需要先行观察，仔细比较后再作确定。

4. 合理利用形体因素

形体因素直接影响姿势造型的效果。对一幅人像摄影作品而言，形体造型是决定作品成败的重要因素之一。

就每一位具体的拍摄对象来看，形体造型首先要从美化形象、隐掩缺陷的角度出发。

(1) 脸形显得过于圆、胖、方的宜采用低头或俯摄的姿势造型。

(2) 脸形显得过于消瘦、瘦长和尖削的，以抬头或仰摄的姿势造型尤为适宜。

(3) 嘴形、眉毛不横平及鼻梁歪斜者，头向反方向倾倒的姿势造型更为妥当。

(4) 脸形和五官端正者，则无论头姿正、侧、俯、仰、倾、倒均相宜。

其次，形体造型应生动自然又多变、反映生活气息。这是因为在现实生活中，每个人在工作、学习、生活和社会活动中，包括角色的转换，是丰富多彩的，而且结合每个人的经历、阅历和接受的教育、生活环境等因素，呈现出每个人的个性特征。因此，无论是一举手、一投足，言行举止、音容笑貌等也无不打上个性的烙印。然而，每一个人对各种事物的反应并不是都能进入摄影画面成为人像摄影作品的。这就要求摄影师要处处留心，仔细观察。

5. 引导被摄对象充分表达感情

从字面上看,表情就是表达感情。人像摄影表达感情既不靠文字说明,又不靠旁白讲解,靠的就是形象,让形象直接"说话"。也就是形象外露的直接表达。人的外形,往往是内心世界、感情和情绪的外露。发自内心的情,不仅面部五官会"动容",连四肢和身体的各部分都会有动作。不过,在表情这一领域,其他任何器官都没有面部五官来得微妙、直接。如再进一步细化,五官中,在表情中起主要作用的是眼和嘴,耳与鼻并不具备表情作用;眉在表情的作用中只能是配角,尽管"眉开"才能"眼笑",皱眉也许是心头不快。嘴在表情的直觉感上往往强于眼,人们常说的"笑得甜",指的也就是嘴的形态。"眼睛是心灵之窗",一个人的心理活动,可以通过观察他的眼睛得到了解。比如,视线向上,可以表现高昂、奋进的情绪或仰慕、向往的感情,当然也可能是神气、威武甚至高傲的;视线向下,可表现思索、沉吟、关注、含蓄,当然也可再现羞涩、惭愧、内疚,甚至没精打采等情绪。另外,视线向下还可用来掩饰眼睛过小的缺陷。视向与面向一致,可显示正直、庄重、严肃的情绪,但也易使人感到呆板。视线偏斜,既可显示活泼开朗,有利于表达思考和计谋,还可反映出轻浮、轻飘、轻蔑、鄙视以及妩媚等感情。此外,眼睛瞪大往往与愤怒联系在一起,睁大与惊恐有关,等等。

(1) 注意安排"视距"。视距指的是眼睛到注视的目标物之间的距离。最常规的情况是视距等于摄距,此时摄得的形象真切、自然、生动、有神。如果让被摄者直接观看镜头,较易得到"对你传情""与你说话"的表情效果;而且观赏者无论在什么位置,照片上的人总是与观赏者对视、交流感情或始终注视着观赏者。视距短于摄距,易显示全神贯注或亲切等感情。视距长于摄距,宜显示向往或远眺。但对视距过长过短的控制失当,会出现"目无定物",显现"出神"甚至"失神"。尽管这也是一种表情,但这类表情只能偶尔用于特定的题材、场景和特定的对象。

(2) 眉的形态应男女有别。男子的眉可粗、浓,眉弓的轮廓鲜明,折角有力,尤以中青年男性更为适宜,如眉毛斜向后上方,又称剑眉,更显英俊。30岁左右的女性眉毛应以淡、细、弯为美。眉毛的形态可以在一定程度上反映出人的表情。如眉开是喜悦的标志;眉毛上扬往往在惊奇或恐惧时出现;在遇到麻烦冥思苦想时,眉毛就会皱起来;生气时则眉头蹙紧;眉梢向下俗称"倒挂眉毛",往往是悲哀哭泣时的状态。人像摄影中很少见到眉毛一高一低的表情(不是生理缺陷的那种),这是具有暗示意味深长或特种含义时的表情。

(3) 嘴的宽度,也就是两嘴角应在瞳孔的正下方。小于这个长度并向前努起,乃是撅嘴——不高兴时嘴的形态(婴幼儿有时可以例外);人笑起来既可能是嘴张开,也可能是抿嘴而笑,但笑时嘴角应上翘;嘴角下沉则是悲哀或哭泣时的形态。故意瘪嘴往往显得不以为然、蔑视等,且此时嘴角也同时向下。摄影时要注意观察被摄者的嘴的形态,尤其是当咧嘴或张嘴时,要观察露出的牙齿是否整齐洁白,是否有残缺或泛黄。如牙齿缺损,看起来不美,就可安排其抿嘴、闭嘴;但若是八九十岁的老人,缺一颗牙,就不是什么缺憾了,反而可体现出其特点,不必隐掩。又如,有的人一笑,鼻唇沟特别深,反而显出"苦相""哭相",在安排他的表情时,就不应当让他笑。

(4) 表情的引导。摄影师一定要抓住人们的真实表情,才会使摄影作品生动感人。有时,被摄者处于紧张状态中,如果摄影师不想方设法消除他的紧张心理,而是一味地让对方笑,或用"一、二、三""茄子""要拍啦!笑一笑""准备"等这类语言的引导方法,使得被摄者只能硬"挤"出笑容,充其量得到的只是苦笑、皮笑肉不笑或是哭笑不得的表情。被摄者明明没有"情",没有真情,这样的照片,当然不可能会以情动人的了。

表情是要引导的。引导表情的工作应贯穿于摄影师的整个职业活动中,使被摄者不会感到紧张、没有精神负担,甚至不觉得是在被拍照,充分放松,无拘无束。摄影师应通过友好的谈话来影响对方的情绪,便于让对方流露真情。通过启发,宛如导演对演员"说戏",使拍摄对象能尽快"进入角色",流露出所期望的表情。此外,还可以通过引逗、说笑话、讲故事来调节情绪,让拍摄对象(特别是儿童)的表情自然流露;通过声东击西、避正就侧的迂回手法,调动被摄对象的注意力。通过引导视线,使拍摄对象流露表情。在安排视线时应当注意,当视线长度与拍摄距离相等时,被摄者的表情显得最为真切自然。

引导表情应当注意的是:

1) 人像摄影中的人物情绪,可有多种,不可一味的只是让被摄者"笑"。自然的笑,照片的情绪、气氛都活跃了,而且面颊高隆,面颊也鼓起来,看起来会胖些,面部的明暗面积和位置也都会发生变化,层次也会丰富得多。但在被摄对象心中并不想笑而摄影师硬要他笑时,得到的只可能是硬笑、假笑,反而不如不笑。所以要求摄影师有丰富的生活积累、广博的知识,与各种职业、各个阶层、各个知识层面、各种兴趣爱好和各个地方的人都有共同语言,唯此才能让每位被摄者都能向摄影师敞开心扉、产生共鸣、流露真情。

2) 密切注意表情的变化对面容的影响。因为静态时的面容和表达感情、流露感情时的状态是不同的。后者更富于动态,而且变化可能是多向的,有时甚至会"突发性"地变化。如有的人平时面部左右两边是对称的,但一笑嘴就歪,或眼睛有大有小,或眉毛有高有低,不笑时倒很正常(也许正好相反,或不笑时左大右小,笑起来反倒成了左小右大)。那就要根据具体情况并结合拍摄时的需要,采取针对性的措施。

3) 手在表达感情方面的作用有时并不逊于眼和嘴。手势和手语既可有助于讲话、演讲,也可与别人交流感情甚至直接交谈,至少在"哑语"中的手就有这么一个功能。单纯的手本身的外形也会引发美感:婴幼儿胖嘟嘟的小手是美的;老人饱经风霜布满皱纹的手也是美的;少女的纤纤十指是美的;男性粗隆有力、老茧块垒的手也是美的。

手进入人像摄影的画面中时,既可双手都进入,也可单手进入;既可整只手甚至部分手臂乃至全臂都进入,也可部分手甚至只有几根手指进入画面。手可互握,也可一手抓着另一手的手指或手腕;在互握中既可掌心相对地互握,又可十指交叉地互握;还可以双手手指互钩,拱手、拱拳、抱拳,一手掌背贴另一手的手心,半握拳或空心拳。手指可微弯或多弯曲些,拈花指或兰花指,后者尤适用于女性。此外,手还可与道具或其他物体搭配,既有形的变化,又烘托气氛,还可参与构图。如单手或双手持杯、捧壶、握笔、持夹香烟、持花捧花，手或臂搁、靠、扶或撑于椅、桌、栏杆、柱、几等物，也可做出持帽、持包、叉腰、插袋等其他动作，产生姿势上的变化。

手势对应于表情，应与面部相呼应。如一手持尺撑于图纸上，另一手握笔，身体前倾在图纸上，眼睛注视着此图的形象，就塑造出了一个全神贯注地进行工作的工程技术人员的形象。在画面构图中，手可以起均衡画面的作用，而且手势及手的动作还可遮掩不美的部位，甚至可以使画面色块分布产生变化，丰富画面的表现形式。如对于过于肥胖者，其腹部总是较肥大的，可用花或包、篮、草帽等物挡去不美之处。对过于胖凸的腮，也可用手挡去，使脸形轮廓得到美化。

手进入画面时，应注意以下几点：

①手心手背不宜直接朝向镜头，以手掌的半侧或全侧面朝向镜头相对较美。

②手的大小、长度不宜与面部等大、等长。

③尽可能让手与手臂呈现圆弧形，力避横平竖直和锐角、直角。

④手、手臂不应与身体"脱离"而出现"断手"现象。画面上独立出现的一只手或手臂，究竟是谁的没有直接显示，这就是交代不清。

⑤手或手臂与画面边框的交角尽可能处理成钝角，不要相交成锐角。

4）躯干的姿势造型与表达感情之间，也有紧密关系。上体向对方倾侧，在某种程度上可表示倾情，既可表示友情，又可表达爱情。"头总是朝肩头方向转过去的"这条流传了千百年的绘画和雕塑的名言，同样也适用于人像摄影。头只要不是完全正面向前，只要转动，那么，不是转向左肩就是转向右肩，两者必居其一。头面与身体保持完全相同的方向，就有点"正襟危坐"的味道了，无论从完全正面、半侧还是全侧面拍摄，都反映出端庄、严肃、正直甚至自信的神情，也可显示稳重，甚至有时还用来表现老成，倘若这样的姿势又显示出太用力，则又会造成拘谨、呆板和僵硬等表情。头向肩转，首先是产生了"动势"，使气氛活跃，配合头颈的用力程度和胸部的动作，既可显示清新活泼，也可反映沉稳。身体前倾，可以显示关注，如再配合稍放松一些的"弓背"，会使观赏者感到亲切；而且这个姿势还可以使出现"双下巴"甚至"三下巴"的肥胖者颈部的赘肉"消失"，可隐掩胖者的不美之处。此外又可用于隐掩脖子过长者（往往也是瘦者）的长头颈。当然，隐掩长头颈时得从正面拍摄或从背后侧方向拍摄，尽管面向可是半侧或全侧，这样，气氛可以更活跃。如果从肩后方向拍摄的半侧面、全侧面人像，这类姿势也称为"反身（后）侧面"，男女均宜，有时用于女性时，还可取得"回眸一笑百媚生"的效果。

5）腰的动作。腰的动作既可挺，造成后仰，又可弯，造成收腹、前曲，还可旋，使胯和胸分别朝向不同的方向，更可左右倾侧。而且腰的动作还可复合起来，配合头面和视线，就可表达关注、回顾、顾盼生情等。

6）脚的动作。只有在拍摄全身时脚才会出现，而且这类全身不包括"美国式全身"，因后者只需拍到小腿中段或膝以下即可。脚的姿势大致有以下几种："虚实式""丁字式""交叉式"和"前后式""高低式"等。"虚实式"是指重心落在一只脚上，承重脚是实，另一只脚是虚。"虚实式"应伴随"送胯",即承重侧的髋关节应向外"送"出,唯此才能使重心落实在单脚上。此时若头也向同侧倾倒,则整个人体呈"S"形或"反S"形;若头向反方向倾倒,整个人体则是"C字"形或"反C字"形。这种脚的姿势一般适用于表现处在休闲状态的对象。"丁字式"指的是两脚站立方式是"一竖一横"构成一个"丁"字形。相对而言,两腿两脚并拢的丁字式宜于表现较隆重、郑重的气氛,其严肃程度仅次于"立正式"。"丁字式"两脚若相差约半只脚的距离,其表达的感情就是略宽松一些的情绪,且此时双脚的方向为"不丁不八",即既不是丁字形,又不是八字形。"丁字式"侧面拍摄安排时,应让靠近镜头的脚尖指向镜头,以免只看见一只脚尖甚至只出现一条腿、一只脚。"交叉式"指两腿交叉而立,坐姿时也可两脚交叉。这是一种表达心不在焉、不耐烦或很随意放松的肢体语言,而且交叉式往往是靠、倚在某些倚托物才能得以站立。"前后式"和"高低式"是一种动态造型,尽管实际上被摄者并不在行动,但却显示在行进或攀登时的体态,这两种脚的姿势或与体态相配合,或与道具相配合,否则可能会不太自然。上述分类是粗线条的基本分类,实际运用时还可两种以上进行组合。如"交叉式"和"虚实式"组合的站姿,有时也用来表示疲劳、不耐烦;前伸的"虚实式"的"不丁不八式",可产生优雅感,也是"作秀"者常用的姿势。

在设计和安排脚的姿势时,除了上述"丁字式"两脚的前后应能表现清楚外,尚有几点也应引起注意:

①避免鞋底朝向镜头。宛如足球守门员跃在空中,翻起鞋底让对方球员看,具有威胁性,很不礼貌。

②注意有些地域的习惯,如在新加坡认为架二郎腿具有轻视对方之意。

③注意"投影效果"。镜头的摄轴与腿的朝向的关系,相垂直可充分显示长度,如相顺或相对,则腿的长度就会短得使人觉得别扭。

④在安排坐姿时,尽可能不要使用短焦距镜头(多人合影例外),更不宜采用两腿朝向镜头前伸且坐地的姿势,否则,按照线条透视规律,这双脚会"变"得特别巨大。镜头焦距越短、拍摄距离越近,这种变形程度就会被夸张得越厉害。

⑤在安排穿着裙装的女士尤其是穿一步裙之类短裙的女士时,坐姿和下蹲时双膝绝对不宜朝向镜头,以免不雅;一般情况下不要让被摄者采用张开双腿的坐姿,因为也显得不雅,并且女性此姿势还具挑逗性,故不宜用在人像摄影上。

在实际生活中的姿势与表情,都是手、脚、身体和五官一起有动作、相互配合的,远比单独讨论复杂得多。如努嘴,似乎是不高兴甚至生气的样子,但是加上一根竖起的食指,就会使人似乎听到了"嘘"声一样,再加上眼和眉的动作,可以是让人噤声,可以是意味深长的得意。所以要求摄影师多观察,多体会。生活是艺术取之不尽用之不竭的创作源泉,摄影也不例外。只有不断地观察比较,才能去芜存菁。确定何种年龄、何种性格、哪个阶层、什么类型、何等脸形的人,在什么样的具体情况下会有什么样的反应,而且哪种姿势既得体又优美。唯有这样,才能在摄影室内再现具有浓厚的生活气息和时代特征,既生动活泼、丰富多彩而又有美感（含美化形象）的姿势表情来。

二、人像摄影的光线造型（人造光）

摄影尽管仅仅只有160多年的历史，但摄影记录事物的能力确实是此前其他手段所望尘莫及的。

摄影的英文名为Photography，这个单词其实是由两个词根Photo和graphy组成的复合词，前者意为"光的"，后者表示描绘、书写、记录、图形；原意若按"硬译""直译"，就是"用光来作画"或"用光描述的图形"。光对于摄影的重要性可见一斑。摄影用光是技术和艺术的结合，用光造型是摄影艺术的重要手段，既体现了摄影师的技术水平，也反映了摄影师的艺术素养和审美水准。

1. 光与光的反射

（1）光。摄影所研究的"光"，最主要的就是反射光。摄影师只有掌握了反射定律，才能随心所欲地运用光线造型。摄影师要什么部位亮，只要让这个部位的反射光尽可能多地进入镜头，就一定会亮；反之，摄影师要哪个部位暗，只要让这个部位的反射光远离镜头，那么这个部位就一定暗。让反射光线与镜头"对接"——反射光线全部直接进入镜头，影像上这个部分就一定最亮；让反射光线与拍摄方向一致——反射光线完全向背景而去，影像上这个部分就一定最暗。其他各部分的亮度视反射光线与镜头、背景的角度关系而对应，而且被照明物体的表面越光洁，越是"两极分化"：亮的极亮，暗的极暗，甚至除了光斑极亮，其他部分全黑，而物体表面越粗糙，这种明暗差异就越小。

（2）光的反射。不同物体表面的反射情况是不一样的。在极光洁的物面（镜面）上产生定向反射；在粗糙的物面上产生漫反射；在光滑的物面上产生的是既有漫反射，又有定向反射的混合反射。混合反射视物体表面的光洁程度不同，可更偏向于定向反射或漫反射。

1）球形面的反射。光线照到表面极光洁的球面上，反射光只出现一个高光点。直径越小的球面镜面，其高光点就越小。其他地方均因反射线离开镜头而呈现黑色（在平行光线照射下和现场只此光源，周围环境空旷的条件下）。球的直径越大，"高光点"也会变大；但直径无限大时就成了平面镜面，"高光点"的大小就会扩大到同光源等大。

当一束平行光线照射在粗糙球面、毛面球面上时，在受光范围的某一区域因反射光主要趋向镜头方向而出现相对明亮些的块面。这一高光块面，随球面粗糙程度的不同而有变化，越毛糙则高光块面越大；但若过于毛糙，也许这高光区域就不明显了。高光块的面积也与球形直径有关，球形的直径越小，高光块面的绝对面积也会随之越小。在只有一束平行光照射到的光滑的球面上时，还是由于这种混合反射的关系，使得原先在镜面、球面出现高光点的区域及其附近也出现了高光，但这高光斑的区域肯定大于高光点而小于高光块。高光斑的大小随着光滑面的光滑程度而变化，即表面越光洁，高光斑越小，表面越粗糙，高光斑越大。同时，高光斑的大小也随着球的直径的大小发生变化。在同等光照的条件下，高光点的亮度最高，高光斑次之，高光块的亮度相对最低。此外，高光点、高光斑和高光块的大小，与光源的发光面积也有关系。

2) 圆柱、圆管形面的反射。可以把圆柱或圆管看成是无数个相同的球形的极薄的同一"截面"叠加在一起。可以看到高光部分和阴暗部分，而在光滑面的圆柱形和粗糙面的圆柱形上，可以看到亮度处于高光和自身阴影之间的过渡区域。过渡区域的亮度，越近高光部分越亮，越近暗影部分就越暗。这就是明暗层次的逐级过渡。在球形的不同物面的反射也是如此，也会有明亮区域、自身阴影和介乎两者之间的过渡区域。但在镜面的圆柱形，高光部分细成线条，其余部分均为暗影区域。

无论是人还是物，不外乎圆形、管柱形和平面；其表面的结构不外乎镜面、光滑面和粗糙面。对于多棱角的物体，可以看成是若干个平面组成的立方体；对于葫芦，可以看成是两个球体组合在一起的物体。毛料、布料做成的服装，是粗糙面；皮装、绸缎等可以看成光滑面；一些亚光物体及石灰粉墙等可视为粗糙面。

2. 人造光的特点

光源包括自然光和人造光。所谓的自然光基本都源自太阳光。当然，自然光还应包括透过云层泻下的阴天的光、蓝天的反射光、地面物体反射的环境光、月光等。目前摄影用的光源中，人造光主要用的是"长亮光"和"脉冲光"。长亮光指的是电灯、石英灯、新闻灯、日光灯等。而脉冲光主要指闪光灯，包括影室闪光灯。

(1) 亮度。亮度包含两个方面的意义，其一是发光体的发光强度；其二是被摄体表面反射光能的强弱程度。

对于日光来说，从日出前开始到夕阳西下，太阳的亮度始终在变化；对长亮光来说，常规情况下，只要是有稳压电源，同一盏灯的亮度是稳定的；对闪光灯而言，现在的不少闪光灯，包括 AUTO、AF，以及带有全光、半光、1/4 光的闪光灯，还有无级调光的闪光灯，其输出功率均可变，它的发光强度也是可变的。但若是用 M 挡或影闪灯的输出功率固定不变时，它的亮度相对是稳定的。

在使用人造光造型时，应记住被摄体表面亮度的公式是：$E=\rho\cos\alpha I/\gamma^2$。式中的 E 表示亮度；ρ 是反射系数；α 是入射角；I 是光源的发光强度；γ 是照射距离。这个公式说明：被摄体表面（包括任何一个局部）亮度，与被摄体表面的反射系数（ρ 恒小于 1）成正比，与入射角的余弦成正比（余弦定律），与发光体（点光源）的发光强度成正比，与照射距离的平方成反比（平方反比定律）。

要确定正确的曝光，目前都是用测光表测一下，然后根据具体情况决定是否需要曝光补偿及补偿幅度。但若是在测得亮度、测得反差后再进行调整，那么这个公式就可提供调整的方向和幅度了。其中的平方反比定律是最经常用到的。亮度不仅与照度有关，而且与物面的反射有着更密切的关系。

人造光源属于点光源范畴。对于人造光来说，如果并排有几个人，灯光从一侧照来，近侧与远侧人的亮度就会有很明显的差别；倘若照射距离足够近，那么即使只有两个人，两者之间的明度差别也会很明显。人造光源是"照近不照远"。如果照大场面，长亮光也许可以通过长曝光来解决，闪光灯则几乎不起作用，这在某种程度上也可以认为闪光灯的照近不照远表现得更充分些。

(2) 光质。光质指的是光的质地、性质，所以有时也被称作光性。光质主要分为硬光、软光和散光几种。

硬光光源的发光面积小，照射距离远。在硬光照射下，物体的明暗界面尖锐、清晰、分明，投影浓黑。软光光源的发光面积大，照射距离近。在软光照射下，物体的明暗界面柔化，过渡和缓，甚至消失。投影淡化甚至消失。应当强调的是，此处的"光源的发光面积的大小"和"照射距离的远近"都是相对概念。

日光照射下的物体，投影很浓，被阳光照明处与投影的交界处明暗界面鲜明、锐利，完全符合硬光的特征。"傻瓜相机"上的内置闪光灯以及 35 mm 照相机机顶上的外接闪光灯，它们直接射向被摄对象，在无现场光或现场光不强时，所产生的投影是极浓黑的，明暗界面也是极锐利、极分明的。这就是典型的硬光照明效果的例子。阴天的光，地下几乎没有投影，即使有投影也是极淡极模糊的。此时的光是以太阳光照射到云层，通过云层散射到地面。所以阴天的光是散射光。散射光也是一种软光。

硬光和软光在一定条件下可以互相转化。只要改变光源的发光面积与照射距离的比值，就可以按摄影师的意愿来改变光质。如"赤膊"的影闪灯，加了标准灯罩的影闪灯，所发出的光都是硬光。但是加了柔光箱以后，发光面积就扩大了，光质也就变为软光了。柔光罩面积越大，光质越柔软。家用的 35 mm 相机的机顶外接闪光灯，直射时是硬光，但是采用"间接闪光"——让闪光灯对着天花板或墙面等，利用反射光照射被摄对象，则直射光转化为散射光，光质也就由硬光转化为软光了。若是认为用柔光箱的光源光质太软，或者将这只影室灯的柔光箱整个儿拿掉，或者将这只灯拉到相当远的地方，都能使光质变硬。只是要求后者的功率要足够大。此外，将大的柔光箱换成小的柔光箱，光质也会相对变硬些。

直射日光太硬时，也可在太阳和被摄者之间、镜头视野范围之外，张挂白纱、白布或乳白色的薄膜。于是布或薄膜就临时成了"光源"；也可将太硬的直射日光软化成为符合需要的"人造光"了。

(3) 色温。色温是光源的色光成分，是用来表示光源光谱成分的物理量。

1) 光与色的关系。"有光便有色，无光便无色，光变色也变，色随光变"。

2) 色温对于彩色胶片的影响。当光源色温高于胶片平衡色温时，所摄得的照片将会偏冷，也就是偏蓝青；当光源色温低于胶片平衡色温时，所摄得的照片必将偏暖，也就是偏红黄或偏橙；只有使用与胶片平衡色温相一致的光源照明被摄体时，才能真实地还原被摄体本身的"固有色彩"。

因此，要想真实再现、客观反映被摄体的色彩，应严格按胶片的平衡色温选择光源。但是，由于色彩也是"摄影语言"，色彩可以表达感情。色彩的象征意义具有不确定性，如红色，既可表热烈、奔放，也可表恐怖、血腥……。所以，在要强调某一特定时刻、环境、气氛、情绪、感情时，可选择相应色温的光源，用"故意偏色"传达、抒发作者的思想感情和拍摄意图。

亮度、光质和色温也被称为"光的三要素"。但是，这三个要素之间并没有必然的内在联系。

3. 运用人造光的规律

影室人工布光应当遵循两条规律，一是用光的自然规律，二是造型的艺术规律。

(1) 用光造型的自然规律。在地球上，太阳就是主光源，太阳每天从东方升起，阳光平射；太阳冉冉升起后二三小时，阳光斜射；中午的阳光顶射；午后的二三小时，阳光又是斜射；至傍晚又是平射。太阳高度的不同，造成了照射角度的不同。太阳从东方升起，西方落下，这是方向的不同。太阳的高度、照射角度的不同组合成"光位"的不同。自然环境、社会生活环境中的蓝天、白云、地面、树丛、墙壁、草地、水面，包括大气、水气、雾气都能反射光线，众多反射光线成为"辅光"。直射阳光明暗对比强烈，薄云遮日光线方向明确同时偏柔，阴雨天气光线柔和平淡，这是"光质"的变化；晨昏日光偏暖，中午日光色彩明艳，这是"色温"的变化。综合起来，自然光存在着"一个主光，多种辅光，一个投影，光位、光比、光质和色温有变"的自然规律。

(2) 用光造型的艺术规律。

对于摄影师而言，影室人像摄影布光的艺术规律是要求既不违背自然规律，表现适应人们视觉习惯的形象，又要讲究光线造型的作用，明确光线造型的目的，还要能预见光线造型的效果，掌握布光的技术技法，以增强画面中人物形象的艺术表现力。

影室人像的用光造型，应符合自然规律。否则就会有明显的"人造"痕迹，让人感到不真切，不合逻辑。

自然光有人造光无法比拟的优点，但人造光也有自然光不可逾越的长处。人造光宛如摄影师手中的太阳，人造光的光位、光质等，都可以让摄影师随心所欲地进行调整，可以按摄影师的意愿用光造型。日光则不同，太阳是无时无刻不在"移动"着，而且它的移动是按它的规律，绝对不以人的意志为转移的。要利用日光，只能是摄影师和被摄者去"凑"，或者是"等"。用光单是符合自然规律并不一定能照出好的照片。在用光造型时，必须遵循艺术规律，才有可能以艺术形式吸引人们的视线，以艺术形式深化作品主题。为此，有必要研究摄影用光造型的艺术规律。

4. 光的作用

正确运用灯光，能赋予被摄对象以明暗块面，从而形成三个光影区。它们分别是：明亮区、暗影区和过渡区。

(1) 明亮区。明亮区指的是被主光直接照明的区域。主光相当于自然光中的太阳光。因而被主光直接照明的区域也称阳面，有时也被称作明面、阳光面。明亮区应当有不同等级亮度的点线块面。不同的亮度依次为最强级的高光（可有高光点、高光斑、耀斑及高光块等）、次强级的亮光、再次级的中光。在面部高隆的部位且又迎向主光的相应位置上会反射出最强级的高光，高光会因皮脂分泌的多寡而分外明亮，成为较小的耀斑或比较明亮的、稍大些的光斑；眼睛上出现的将是"高光点"，但若是在近距离用方形的大型柔光箱作主光时，眼睛上出现的是近方形的高光。除眼球外，面部其他的紧邻高光区的部位以及面部的较平坦部分反射出亮光。高隆部位的边缘和低陷部位中与主光照射相顺的部位就会因光线反射方向关系而出现中光甚至弱光。上述划分只是粗线条的，事实上明亮区范围内的亮度等级变化是十分细腻丰富的。人眼能分辨的明暗等级达到数十万级，但胶片所记录的等级却是很有限的：最好的黑白胶片能记录200多级，较好的黑白胶片能记录128级，彩色负片能记录32级。所以，尽管明暗等级所形成的层次极多，摄影师也只能根据拍摄意图确定重点，在确保重点的基础上取舍。如高调，则可以允许损失一部分阳面层次，而比较强调轮廓。明亮区的面积形状和高光的位置，都是随被摄者的面向、主光光位以及镜头位置和面部形状的不同而改变的。

(2) 暗影区。暗影区指的是未被主光照到，但又被摄进画面的部位。暗影区也被称作阴面、暗面。绝大部分的人像用光时，倘若只用主光会感到暗影区太黑，于是用副光照明，以显示暗部细节。暗影区的亮度是通过调节副光来控制的而其面积则取决于主光的光位。暗影区既包括头部的自身阴影，也包括人体表面隆起部位所造成的自身阴影。前者如面庞的"转角"所造成的暗影，下巴下面的颈部等出现的下巴影、头影等；后者如鼻子本体在面部的隆起，致使受光后产生的鼻影等。暗影区的形状与遮光部分的形状有关。暗影区的存在对于表达立体形状、丰富画面形式、显示层次，以及反衬明亮区域、突出主体中心、参与确定画面基调等造型艺术手段，都能起到积极作用。

(3) 过渡区。过渡区指的是处于明亮区与暗影区的衔接过渡部位。这个区域的作用是连接阴阳过渡，使明亮区到暗影区的过渡和缓、流畅，所以它的亮度应介于明亮区和暗影区之间。过渡区的存在可以再现头像圆度、调节反差、淡化层次。

在用"小光"造型时，过渡区是专由阳辅光照明的，阳辅光同时还兼作"吊眼神光"。目前大量采用加柔光箱的影闪灯来用光造型，由于柔光箱的作用，使光质柔和，阴阳过渡比较和缓，阳辅灯可以省略，吊眼神光的功能就由阴副光来兼任了。

5. 人工布光的目的

人工布光的所有光源的运用，包括亮度、光位、光比和色温，都应有明确的目的和具体的要求。归结下来，就是为主题、为形式、为主体。

(1) 为主题。以表现人物头像为主的艺术人像，实际上是以被摄对象形态的恰当再现来展现形象的神态。真正的艺术作品是作者以被摄对象特定的形和神来抒发、倾诉自己对社会、对人生、对生活的认识、感受和体会。对被摄对象的形和神、被摄环境的再现，均包含了作者（摄影者）的审美追求及对技术技巧的把握。若要恰当再现被摄者的形态和环境，离开正确布光是绝对不可能的。因此，布光必须结合主题，包括描绘人物形象、刻画人物个性、渲染环境气氛、反映立体空间、确定画面基调，以丰富的形式来提高照片的观赏魅力，反映作品的社会意义。

(2) 为形式。艺术人像作为艺术的一个分支，本应以丰富多彩的形式给人以美的享受。如果是千篇一律的，以不变应万变的形式，岂不成了固定模式？这种形式呆板的人像，离开平凡乏味能有多大距离，更别提什么表现力、艺术感染力和审美价值了。

艺术人像用光造型的形式，有着较多方面的内容。通过用光，可以获得光影、光型、光斑、光线、光调、影调、色调、光色等多种可变形式。

光型主要有正光、三角光和阴阳光等几种；表面光洁程度较高的隆起部位，受光照射后会产生光斑；在人和物的边缘轮廓，既可用光勾勒产生明亮的"白轮廓线光"，又可通过布光使这些边缘轮廓深暗产生"黑轮廓线光"；影调有高调、中调和低调的变化；色调可有暖调、冷调、中性调的不同；光色可有正色、偏色、局部偏色的差异；光影可以巧妙组合明暗块面，投影的大小、浓淡和形状既可反映立体空间，又可渲染气氛，还可均衡画面。

摄影艺术就是光影艺术，有光就有影。在影室布光时，有这么多的用光造型的因素，而且这些因素非但各自都有各种变化，而且还可互相渗透、排列组合，产生无穷无尽的形态。布光得法，必定画面美轮美奂，美不胜收。摄影师自身也会从中获得无穷的乐趣。

（3）为主体。艺术人像的主体就是人。用光造型，就必须将被摄对象的外形完美地展示出来，尤其是被摄对象外形上的"亮点"和神采之关键部位。所以，用光造型不是仅仅只需要提供光照，能使底片感光以记录形象。这是职业特点对每位摄影师所提出的要求。为此，应当从以下方面进行重点把握：

1）用明暗，分清主次，突出重点。尽管在人像摄影中，整个人都是主体，但主体与主体中心相比较，当然主体中心为主、为重，其他部分为次、为轻。

不同体裁的人像摄影，主体中心也不同。全身像的主体中心是头面。头像、胸像的主体中心是面部五官的眼、眉和嘴，及其周围能反映人物表情和精神的部位。特写的主体中心是眼、眉和嘴甚至只有眼睛，强调突出情绪和神韵。

布光时要注意：光源较少，色级较多；一个（主）光源，一个投影。人眼往往对明亮部分比较敏感，对阴暗部分反应和感觉都较迟钝。所以，对主要部位要重点刻画，要加强照明，提高其亮度；而对次要部位就应相对减弱照明，降低其亮度。不分主次地照明就会分散和干扰视线，主次颠倒的光影结构更是喧宾夺主，本末倒置，根本无法谈及用光造型及塑造形象。

2）显出层次，表达质感。照片是一个平面、一张"纸"，要在平面上再现人的立体形状，用光造型使之产生明暗是最有效的手段。否则，素描就不能在纸上再现物体或人的形状。有的人像面色苍白平淡，甚至毫无血色，有的则显得晦涩无力，这些都是用光造型时没能注意正确再现丰富的层次和质感之故；有些甚至不是用光造型，仅仅只是照亮被摄对象而已。这无非是光位——照射角度和方向、光比——明暗对比及过渡不当所造成的。光照射在被摄主体上产生的明亮区、过渡区和暗影区，实际上是三个大层次。每一块大层次中，又因明暗差别而显现分层次，而且分层次中又存在着明暗差别，又可分为若干个小层次；小层次中再有明暗差别，再可细分……。比较好的黑白类全色胶片可记录128个亮度等级，彩色负片可记录32个明度等级。质感往往与投影的长度和深浅有关。人的肌肤纹理就是皮肤质感,只有当光线照射方向与皮肤纹络相垂直时,肤纹才能得以充分显现。老人的肤纹深刻、皱褶明晰,显现出岁月的痕迹。饱经风霜的皮肤质感就是美的,所显示的是老人的苍老之美。婴幼儿和青少年女性滋润细腻、嫩滑光洁的皮肤是美的,所显示的是洁白柔嫩之美。不同的肤纹,必须用不同的光线造型,才能让观赏者感觉、知觉到这栩栩如生的质感,进而获得美感。

3)扬长避短,美化形象。从"艺术"这点出发,人像摄影中的人物形象,应当要比原型漂亮。而且,对每位具体的被摄对象而言,不同的光线条件照射下,同一对象的外形会有差异,有时这种差异甚至很大。在用光造型时,就应当充分运用光影层次、光影对比、光影投向、光影分布、光影位置和光影结构等技术处理,用以突出被摄者脸形五官上美的部分,隐藏和弱化外形上不美的部分。所以,用光造型的总的原则是对优美部位用光予以强调,不美的部位和有缺陷的部分应藏在阴影部分或暗影区域,使其得以掩隐。其他一些具体措施如:鼻梁上拉出高光、强光可使鼻子高隆;鼻脊两边的鼻坡与鼻梁分出明暗,也可使鼻梁高度得以显现;嘴角高低不对称者的处理是应在高的一角垂下一个鼻影,可减少口缝不平的歪斜感;自上而下的光线(纵向)会拉长脸形而使脸形显得瘦长些,水平方向横射的光线会拉阔脸形而使面庞显得饱满些;脸面左右不对称、一边大另一边小的对象,可将小的一边用光照明,另一边用阴影予以掩隐,就会减少不对称感;脸面上下不太匀称的,可以采用对下半部配光较暗以减少脸部肥胖感;对下半部加光且降低反差,就可减少脸部消瘦感等。布光本应随着不同的容貌采用不同的用光造型方法,以美化形象。

4)表达立体空间。用光造型既要真实反映被摄对象的空间位置,又要真实而又艺术地再现被摄对象自身的立体形状,这是用光造型的最终目标(后者更是高层次的追求目标)。

光影基调是画面表现的艺术形式之一,具体涉及基础条件、基础光位、主体中心和趣味中心及曝光控制等。

6. 光线效果

光线效果简称作光效,指的是光型、层次和基调。室外自然光人像中,若是拍摄半身人像,光型占到很重要的位置。

(1)光型。光型是由被摄对象的脸面朝向(即鼻向)和主光的光位调动之下取得的主要光线效果。光型对形象的外貌特征和内在特征的反映有着十分重要的作用。对被摄者经正确调动主光后,面部出现的明暗块面,按其走向、形状或面积等,可分为正光、三角光和阴阳光三种常见的基本光型。

1)正光。正光又名平光、正面光、蝴蝶光、小鼻影光。它是主光迎面照向被摄者时所形成的。对黄种人而言,"迎面"是指主光与被摄者的面向(即鼻向)在约左、右45°的范围内形成的;对白种人,则应限制在约左、右30°的范围内可以成"型"。从正面看,正光使整个面庞受光面积大,阴影极少,仅在鼻下有一个很小的鼻影,"小鼻影光"之名即由此而来。光位高时为高正光,但以鼻影不到嘴唇为限;光位横向调动,鼻影侧移,以到鼻唇沟为限。采用正光造型的形象,面容光洁清秀,线条正直,层次丰富。由于光影垂直投向，会"拉长"脸形而使脸形显得瘦长些，故对胖圆脸、四方脸、双下巴、深"法令"（鼻唇沟）的被摄对象使用时，特别能取得较好的光线造型效果。

2）三角光。这种光型是因为在被摄者阴面面颊的眼下鼻旁有一块明亮的倒三角形的光斑而被命名为三角光的。因荷兰画家伦勃朗画人物肖像时特别喜爱采用此光型而又名"伦勃朗光"。对黄种人，它是主光与面向成约60°～70°时形成的；对白种人则是当主光与面向约成45°左右时即可形成三角光。主光光位的调动可视三角光斑的成型而定，以鼻影与阴面暗影相连接而消除"小鼻影"为准。三角光斑的大小还可与控制脸形相联系。大三角光接近正光，可使脸形显得略瘦，但使脸形"变瘦"的作用不如正光大。小三角光则接近阴阳光，可使脸形显得略胖，但小三角光即使追加一定的辅助手段，变胖程度都还是没有阴阳光作用大。总的来说，三角光相对最能真实地再现被摄对象的本来面貌。而且三角光的光影为斜侧走向，对横向、直向的肌肤纹理都能有明暗表现，脸形显得饱满，富有层次感和立体感，一般脸形用三角光都能取得良好的造型效果。

3）阴阳光。它是以鼻梁为分界线，将面部分为明暗两部分，即阴面和阳面，故被俗称为阴阳光。阴阳光系主光低位侧向而成型，它是主光与被摄者的面向约成85°左右而得。光影横平走向，横向层次明显，宜拍低鼻梁者、瘦长脸形，不宜用于胖圆脸。由于鼻影与面庞的自身阴影相连，故整个脸面尽管明暗分面清晰，但无明显投影，立体感强；若欲改善瘦长脸形的形象，布光时还应缩小光比，可使被摄对象略显丰满些。

上述三种光型乃是基本光型，并非绝对。若是光效极佳，但此鼻影既不是三角光，又不是正光，而又像三角光同时又像正光，那就不用去管他是什么光，就用这个光。这三种基本光型可以正、正侧、半侧，也可以全侧；而且可以左侧，也可右侧，既可以顺侧，也可以逆侧。如三角光，既可以是顺三角光，也可以是逆三角光；阴阳光也可以有顺阴阳光，也可以有逆阴阳光。顺三角光和顺阴阳光可以在轮廓上产生深色线条，因而全侧面的顺三角光也称"黑线条光"，全侧面的顺阴阳光也被称作"黑一线光"。而全侧面逆三角光因会在靠主光一侧的轮廓呈现光亮的高光轮廓线而被称为"白线条光"，由于阴面的三角光斑在镜头方向看来是一段明亮的高光条；全侧面的逆阴阳光因从额头起，经鼻梁、人中、嘴唇至下巴等处出现一条由高光勾勒的轮廓线条，因而也被称作"白一线光"。至于线条光和一线光，在强调主体中心时，应注意运用明度对比、色彩对比及色度对比等造型艺术手法和用光造型手法予以强调、突出。至于顺三角光、顺阴阳光和顺正光，由于"大阳小阴"，层次相对较少，一般情况下应慎用。

（2）层次。被摄对象受光照射后，总有受光照明的部分和未被照明的部分，而且由于形象本身的表面形状、结构，会呈现出由明至暗或明暗相间的阶调。这有明有暗的阶调即是层次。层次是光影的明暗和被摄对象的形状与质地共同作用下的"产物"，是用光造型的结果。立体感和质感的表现形式就是层次，离开了层次，立体感和质感就没有了生存的载体。同时，层次因反映了立体感和质感而使其表现具有了一定的内涵。所以，立体感和质感是层次表达的方向、内容和目标。它们之间是内容和形式的关系，是相互依存的关系。也正因为如此，用光造型就要从追求层次着手，反映被摄对象的立体形态和质感。

整体的层次表现如整个人体和头像的立体即圆度、球感度。这是由光的造型作用所形成的明亮区、过渡区和暗影区三个大块面的层次来显示的。相对而言，全身像中对过渡区的要求可略简约些，而头像、特写则对各细部的要求细腻得多。在人像中，最能集中、概括而又典型地反映人的外形和内心情感的，同时刻画也最细致的，当数特写和头像。头部各部位的立体形状可分为发、额、颞、眉棱、眼、颧、耳、颊、腮、鼻、口和颌十二个部位。人像摄影的表现中心是脸形和五官，脸形和五官的表现都有肌肤。

头像和特写中，面部肌肤占了相当大的比重。而且面部五官随着情绪的变化、感情的流露，无不影响肌肤的形状，或者说是由肌肤的动作来显示内心动态的。因此，肌肤的质感直接影响了照片中形象的表现力、感染力。人像摄影的用光造型，要求细节层次达到毛孔感、肌肤纹理感都能纤毫毕露，以致观看照片时犹如身临其境。娇嫩者的肌肤，水灵灵的，真所谓"吹弹可破"。苍老者的肌肤，刀刻般的，苍劲老结。看到照片，就像用手抚摸到这些肌肤时的联感、联觉油然而生。所以，照片上人物形象的皮肤纹理起伏明暗凹凸所产生的"真实感"既吸引了人的视线，又增加了美感，还加强了照片的艺术表现力，是成为好作品的重要因素之一。

表现层次是很不容易的，不能指望只要用灯朝被摄对象一照，层次就会纤毫毕露了，而是要学会科学地用光造型，并且还要注意以下关系。

首先，是与反射定律的关系。当反射线能完全直接进入镜头，就能形成高光；当反射线直接且完全地指向背景，就能造成黑或浅黑——低光；当反射光线主要射向镜头，就形成明亮的块面；当反射光线主要靠向背景、仅有微量射进镜头，就造成深浓的层面。最亮与最黑之间的明暗相差越大，明暗过渡越和缓，层次也越多越丰富。

其次，是光照方向与纹理走向的关系。光照方向与纹理走向相顺（相逆），纹理就越不明晰；光照方向与纹理方向越接近垂直，纹理的再现就越明显。所以，需要再现粗糙的肌肤纹理时，对直向纹理用横向光，对横向纹理用直向光（包括顶垂光照）。要表现细嫩肌肤，就用顺肌肤纹理的光。

再次，是光源多少与层次的关系。只要有光照射，就会有投影；一只光源，一个投影，这是相对应的。要不产生投影，就要光线绕过被照明物体，这与"光在均匀媒质中沿直线传播"的规律不符。而且光源越少（最少不能为零），明暗色级越多，也就是层次越多；光源都会产生明亮部分、投影和明暗交界部分或过渡区域。不同的光源位置所造成的明亮部分、投影部分、明暗交界部分或过渡部分都不同。相互作用的结果是亮度等级差减弱甚至消除，那就是冲淡层次、减弱层次。就如阴天的光似乎是没有投影的，而实际上阴天的光是有投影的，只是因为光是从四面八方来的，每个方向来的光所产生的投影都被其他方向来的光照明、冲淡；同时，这个方向的光也照亮和冲淡了其他方向来光所造成的投影——全部都是投影就等于没有投影。充其量就是在可能产生投影的区域亮度略降低一些。在目前的情况下，像阴天所造成的这样的亮度略降低，无论是肉眼还是胶片都没法观察到、记录下来。除非薄云蔽日，地下会有一个或隐隐约约或略清晰的投影，这与"投影区域"是不同的类型。

第四，是光质与层次关系。相对而言，光质越硬，层次越多；光质越软，层次越少。因为软光的光源发光面积大，照射距离近。在近距离内以大面积的光源照射被摄体，已经无法具体区分入射线、入射角和反射线、反射角，也就是任何一点上都有一定量的反射光线直接进入镜头，也有一定量的反射光线离开镜头。这就宛如有若干只光源靠在一起、并列在一起，且每一只光源都会造成一定量的反射光进入镜头，产生相对应的亮度。这些紧靠着、并列着的光源造成的相对应亮度的区域也对应地紧靠着排列在一起，造成亮度相等的区域连成一片，就没有明暗差别或明暗差别不大，也就无层次或层次淡化。而且发光面积大而照射距离近，造成光照的方向性与皮肤纹理方向的关系不明，又淡化了层次。可见，不同质感的表达，与光质的"配伍"是不同的：粗犷，苍砺的皮肤，宜用硬光表现；幼嫩细滑的肌肤，宜用软光表现。

最后，还应注意层次与其他因素的关系。因为影响层次的因素并不仅仅只是用光造型，除了被摄物体本身的因素以外（本身平整平坦无起伏），还有如镜头、附件和感光材料的性能，曝光控制与冲洗等目标调控因素的影响。

7. 立体光效的影调透视

在平面上再现立体空间的手法，应该有大小、虚实、明暗和色彩四种。其中效果最强烈的是明暗。大小法指的是"近大远小"透视规律。虚实法指的是虚实对比，可以是近实远虚，但也可能是近虚远实。色彩法指的是由不同的色彩造成的空间感，可有"前冲色"和"后退色"之分。影调透视就是用影调变化——明暗、黑白关系来反映立体空间。影调透视是摄影中表现空间深度的方法之一。在现实生活中，人们对空间深度的感受是与空间透视密切相关的。当光线通过大气层时，由于空气介质对于光线的折射作用，近处的景物明暗反差、轮廓清晰度、色彩的饱和度看起来比远处的景物都大，越近越强，越远越弱。这种现象反映在照片上就形成影调透视效果，借以表现空间深度和物体所处的空间位置。概括起来，空间透视有"远亮近暗；远，淡、蓝、晦；近，鲜艳、浓郁"这样的规律。尽管这条影调透视规律用来表现空间位置而被称为空间透视规律，但是由于空间透视主要是反映空气层的"厚薄"，因而以上规律也被称作"空气透视规律"。这是影调透视的一般规律。

对于人像摄影来说，利用影调来反映立体空间并非像空气透视那样简单。由于影调可有多个含义，既可指："被摄体或影像上，可按照其明亮程度加以区分的部分，犹如一个灰色级谱，阴影区属暗影调，强光区属亮影调。"又可指："强光区具有高相对亮度，阴影区具有低相对亮度。"当然，影调还有另外多种含义。照片上的明暗等级就是影调。而人面部各部位及每个部位的各部分的亮度都是不同的。相对而言，隆凸部分总是高光所在区域，总是亮的；低凹部分基本是暗的；所以，概括起来是"高亮低暗"。这面部五官和部位的高低，对镜头来说，就是远近，于是"高亮低暗"就成了"近亮远暗"的影调透视规律了。这条影调透视规律与空气透视规律是完全相反的。为有所区别，将"远亮近暗"的空气透视规律称为影调透视的一般规律，而将"近视远暗"的透视规律称为影调透视的特殊规律。尽管这两条影调透视规律是互相矛盾，完全相反的，但往往对立统一在同一画面中。两者是相反相成、相辅相成的关系。

应当指出，反映立体空间，主要就是通过近大远小的线条透视法、影调透视的光调描绘法、虚实对比的光学描绘法以及利用色彩关系法。当然可以是其中某个因素为最主要的因素、其他因素为辅的相互作用结果，也可以是其中两个以上的因素综合起来、相互交织渗透的结果。如果只强调一个因素而忽视其他因素的作用，那就会失之偏颇。如有些摄影者提出：用（35 mm相机）200 mm以上的长焦镜头拍摄人像，会因长焦镜头的"压缩空间"的作用，将人脸"压平"，丧失立体感。所以200 mm以上的长焦镜头不能拍摄人像。但实际上职业的人像摄影师早就提出用300 mm和360 mm的镜头拍1英寸证件照，容易"起肉头"——立体感强。需知用300 mm或360 mm镜头拍摄，且光圈都开到最大，约F4.5左右；长焦距加大光圈再加上拍头像——拍摄距离相对短，景深必定很短。于是，眼睛、鼻孔、牙齿是清晰的，鼻尖和耳朵都有些虚。这就是在用虚实对比的光学描绘法来反映立体空间了。这样的描绘要比什么都清晰的反而更有韵味。同时再加上用明暗来反映人头部的圆度、各部位的高低，有高光点、高光条，也有低光区，还有明暗过渡的各亮度等级，即有丰富的层次，俗称"起肉头"了。上述实例中，使用光学描绘（虚实对比）已经将鼻尖至眼与齿，及齿与眼至耳之间的立体空间用摄影语言表达出来了；而光调描绘用明暗立体层次，则能更进一步强化表现被摄对象的空间立体层次。这些技能，要求每一位职业摄影师都将其列为必须牢固掌握的职业技能。"立体光效和影调透视"，既表明在平面上再现立体的主要手段就是靠用光，又反映了用光造型应服从影调透视规律。

8. 用光造型技法

使用人造光源拍摄人像，在用光线造型时，有运用光种、选择光质、调整光比和安排光位四种技法。

（1）运用光种。由于拍摄人像时的用光造型必须满足多方面的需要，同时又有一定的规律，因而往往要配备多只光源，让它们各司其职，分工合作，共同完成任务。一般分为主光、副光、阳辅光、背景光、脚光、发光和轮廓光（装饰光）七种光源。光源种类简称光种。在拍摄时应按被摄对象的数量、外形、特征、体裁、影调和基调、内容和环境及气氛，决定运用哪些光种和具体的数量。

1）主光。主光是照明形象并起主要造型作用的最主要的光种，作为主光的照明灯具也称主灯。主光对再现形象的形体、容貌、层次、质感和刻画人物的性格、感情，以及形成画面的光型、影调、色泽等起主导作用。主光一般只用一只光源。在拍双人像、多人像和团体合影像时，主光的光源会增至两只以上，但要求每只光源与其对应的被摄对象的照射角度一致，务必只留下一个投影并表现出统一的光效。也就是说，强调的是"只有一个主光"的原则。主光光位的变化范围很大，无论对被摄对象还是相对拍摄方向，几乎水平方向都有360°和纵高方向超过180°的活动空间。且用光造型的目的、作用和效果等，主要由主光来完成，主光的作用是不可替代的。因而必须重视主光的运用。

主光与光型的关系应当从纵和横两方面来认识。主光的横位与光型的成型条件直接有关，尤其是与被摄者的面向所成角度，关系到鼻影大小、投向。确定主光的高度（倾斜、俯射程度）的方法如下：

面部五官本是人像的主体中心所在。五官中鼻子的位置在面部正中，且单体面积在眼、嘴、眉之上。一般的表情变化，鼻子并不参与，也不动作。但由于位置和面积的关系，鼻子与面孔、五官清秀与否的作用甚大。所以要在用光造型时，将鼻子端正与否的作用考虑进去。鼻子位于面部正中，且凸出在前面；下端凸得更前面一些，呈倾斜状；鼻梁鼻脊犹如圆柱"覆"在鼻体上表。在用主光时，应将这圆柱"拉"出一条明亮的高光，而且应使高光不扭不歪而又连贯。人像摄影时，主光的位置如图3—1所示。

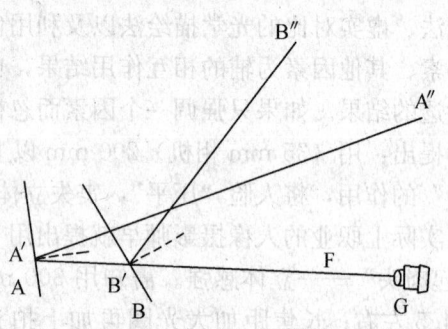

图3—1 主光的位置示意图

图3—1中G代表镜头；A和B分别代表"两只鼻子"。可以看出A鼻比较低垂，B鼻相对高翘。$A'A''$乃是对A鼻的入射线；$A'F$是A鼻的反射线，可直接进入镜头，形成高光。所以只要在$A'A''$及其延长线上任何一点上设置上主光，使其向A鼻照射，就能在鼻梁上"打"出鼻梁光。$B'B''$乃是照向B鼻的入射线；$B'F$是它的反射线，也是直接射向镜头，也可形成高光条。所以，只要主灯处在$B'B''$及其延长线上的任何位置，都能在鼻上产生高光条，"拉挺"鼻梁。

由图中可看到A鼻低垂$A''A'$相对低平；B鼻高翘$B''B'$相对高俯，所以可以得出如下规律："凡遇鼻梁高翘时，主光灯宜高；凡遇鼻梁低垂时，主光灯宜低。"这是确定主光高度（即俯射程度）的规律。当光型（由主光横位变化引起）确定后，主光高度又该如何调整呢？通过在镜头及其周围仔细观察，可以看到因高度不当而在镜头上方或下方出现"高光条"，根据反射定律，得调整主灯的入射角度，使反射线进入镜头，从而得出："凡在镜头上方发现高光条时，主光灯向上调整；凡在镜头下方发现高光条时，主光灯向下调整。"上述定律是主灯调整规律，与主灯高度基本规律合在一起。主灯高度及调整规律，应成为"口诀"，为便于记忆，可浓缩成2个"凡"和"高高低低、上上下下"。

前一段时期以来，多次有国外的职业摄影家评价上海的人像摄影、"婚纱摄影"，说是"上海的新娘要寻找自我"。指的就是用光造型平淡，整张脸上就只几条黑色横线（口、眉和眼睑）四点黑（眼珠、鼻孔）。在"显出层次，表达质感"中已经提及分出明暗就有了层次；强光区域内的高光会产生"亮中有亮"的效果，层次也就产生了或得以丰富；在"扬长避短，美化形象"中提出：鼻梁上拉出高光、强光，可使得鼻子显得高隆。这也反映了主光高度该如何来确定。

2）副光

①副光及其作用。应当说，除了主光以外，其他光种均是辅助光，但副光是最主要的辅助光。副光的作用是弥补主光不足，使阴面有适当的亮度，主要是照暗部、细部，平衡阳面与阴面之明暗，使之不脱节（不是拉平）。副灯一般均使用软光，且光位大多居于主光与镜头的对侧，其运用原则是不能产生投影，不宜冲淡主光效果。运用规律是：一般不离镜头左右（含高度）。

②运用副光的常见错误。运用副灯不当，会产生"反鼻影""羊胡子光""多高光条"和阴面"平"或"肿"。

"反鼻影"是指除了主灯产生的鼻影外，副灯也产生了一个鼻影，这个鼻影与主灯产生的鼻影分居鼻本体的两侧，左右相反。消除反鼻影的方法是：将副灯沿水平方向移动，至镜头位置看不出反鼻影；常规情况是紧靠镜头光轴。但在必要时，可根据阴面实际亮度（暗影区的暗度）需要，离开镜头光轴而移至接近被摄者的正前方处。

"羊胡子光"是指在被摄对象的下巴之下产生了一个黑色的倒三角形的暗影，其下面对顶着一个亮的正立的三角形的光斑，它们中间的两旁又各有一灰级的三角，宛如下巴下面长着深色的山羊胡子，故得名。产生"羊胡子光"的原因在于副光太偏、太高。只要将副光高度降下来，被摄者的颈下就可被副光照明，降至接近镜头高度，则黑色的倒三角可消除。"副光一般不离镜头左右"。当副光靠向光轴后，两边灰三角区会消除，整个颈下呈现出由明亮区至过渡区再至暗影区的明暗过渡，圆柱般的立体感跃然纸上。

"多光条"指的是鼻梁上出现两条或两条以上的高光条。"多高光条"也被称作"开花鼻子"。因为很狭小的鼻梁这个空间范围内，若有一条高光，则至少它的两侧相对就暗；若看得出两条高光，则是暗、亮、暗、亮、暗共五条明暗相间的"条纹"垂直分布在鼻梁、鼻脊及鼻坡上；倘若有三条高光条，则明暗条纹就有七条……这一亮一暗的条纹，给人的视觉感受宛如一道道沟，所以被称作"开花鼻子"。产生的原因在于除了主光外，副灯也产生了高光条，甚至其他灯还产生高光条，于是一条一条的高光就在鼻子上"犁"出一道道的沟。解决办法：降低其他副灯的高度，只允许主光在鼻梁上产生高光，这唯一的一条高光还应力求拉直、拉挺、连贯，不宜断断续续，也不宜歪歪扭扭。唯此，才能显得俊美秀挺。

阴面的"平""肿"等问题，主要在于副光的照射角度和亮度控制。关于副光的亮度控制，可从两个方面进行调控。一是光源的发光强度，对闪光灯在可输出功率上进行调光，对一般照明灯则应选择相匹配的功率，如 200 W 的强光泡等；二是改变照射距离，这将在以后章节中再作具体分析。

③副光照射角度的调整原则。人的脸部，双眼下方、鼻子两旁以及嘴的周围，粗看似乎是个平面，实际上颧骨结节高耸，脸颊因胖瘦不同而有异，胖者较丰满而圆鼓，瘦者则瘪甚至内收；至于耳前至眼角下方的一大块面孔，粗看很平坦，其实是带有一定的圆度

的，而且随胖瘦等因素而不同：颧弓横凸程度造成此区域的垂直或倾斜的差异，胖者圆滑，瘦者肌络毕现，年龄的差异在肤纹上会得以体现。但无论如何，这两大部分都各有一个"基本朝向"，那就是眼下部分的主要朝向为面部（鼻向）的正前方，耳前的主要朝向为与鼻向接近90°方向。这样，就能对这两大块的亮度进行控制了。

人的皮肤，可以认为属于"光滑面"，这对于油性皮肤和中性皮肤是完全适用的，干性皮肤则视其"干"的程度而有些差异，但总的来说是基本适用。光滑面的反射就是混合反射，但人皮肤的混合反射带有明显的方向性。这是皮脂的作用。摄影师只需将副灯的照射角度进行调整，使耳前的面孔这块区域受光后的反射光主要射向背景，就能使这块区域深暗；反射方向与拍摄方向接近90°时，就可以暗些。若同时加大阳面亮度，拉大光比，则阴面暗黑程度加大。目前由于影闪灯大多采用大型柔光箱，以柔化光质，所以副光还兼有阳辅光的作用，于是副灯位置还要在原来的阴面灯位的基础上再略靠阳辅光灯位一些，以求得兼顾两者的职能。

在拍全侧面像时，副灯的位置就不能按"一般不离镜头左右"的基本规律进行布光了。倘若还是靠在镜头光轴附近，则阴面耳前颧弓下的这片区域受副光照射后的反射光线主要射向镜头，阴面就会亮而显得"肿"而且平。此时的副光就不再"一般"了，而是"特殊"。所以就不能"不离镜头左右"，相反，是要离开镜头光轴左右，向鼻向的正前方的方向靠。采用此法布光，阴面侧面的面颊之反射光线的方向，就不可能再主要朝向镜头，而是与拍摄方向接近90°。

目前部分机构所拍摄的"标准照"，所采用的照明方法是不分主副光，左右各一只灯，45°角方向平射。这样的照明必定造成面颊两侧特别胖鼓，"肿"得非常明显，整个脸部出现横阔现象，非但失真，而且存在"反鼻影"，缺乏立体感。

3) 阳辅光。也称过渡光、过桥光，一般位于接近被摄者面向正前方并稍靠主光处，作用是连接阴阳过渡、吊眼神。阳辅光可视需要而定，有时可以省略，如用正光可基本不用阳辅光。现在的影闪灯也基本上不用阳辅光。但用正光时的阳辅光有时可从比主光方向更侧处照向被摄者，以增加阳面侧边的亮度等级，丰富阳面层次和变化阳面光效。

副光和阳辅光均不应产生投影，至少在镜头视野内不能看到这两个光种所产生的投影。

4) 发光。顾名思义，发光是主要用来照明头发所用的光源。黄种人的头发以黑色为主，与面部的亮度级差较大，极易并级，造成一片死黑。要专门对头发加光，以增加影纹层次，从而让头发一丝一丝的质感得以体现。发光在照明头发的同时，也照明被摄者的肩部，可加强被摄者与背景之间的空间感。光位一般应在被摄者的脑后上方。发光不宜照到被摄者的面部和五官。发光有时也可用轮廓光来取代。

5) 背景光。这是用来照明背景、环境的光种；有时也称"隔离光"，意思是将被摄者和背景之间的空间"拉开"，造成"隔离"的效果。背景的亮度可有多种变化：亮度（色度）一致，明暗均匀；中间亮，四周（角）暗；下亮而上暗；阳面后面的背景暗，阴面后面的背景亮，以造成"对比"效果。

高低调的背景有专门要求，以后将在介绍影调控制时再专门分析。

6）脚光。拍摄全身时专门照射地面、脚、腿和腰部所用的光种。有些类似装饰光。由于站立时，头与脚的距离有时会接近2 m，主灯照在头部尚有力，但到了腰腿以下就会无力了。所以要再加脚光以接力，使上下亮度均匀一致。脚光可视需要增加，必要时也可用2只以上进行分段接力照明。但光位的方向要与主光方向一致；如果投影无法避免，则一定要造成看上去就是主光所产生的投影效果。也就是投影的方向、长度等方面，都要与主光光位相对应、一致。

7）轮廓光。有时也被称为装饰光。轮廓光是主要用来勾勒被摄者的头、发、肩、臂等人体周围轮廓的光种。当然也可用于"物"。如果用作装饰光，则是用于勾勒或强调某一局部细部。轮廓光一般采用集束光，光质硬且有力。在用轮廓光时，既要避免"冲光"，又要注意不要将灯、架及其投影摄入画面，更应注意轮廓光勾勒出来的光带、光条是否优美、流畅，千万不要造成颧弓和眼眶与颞额交界处以及面颊和腮帮子等处产生明亮的光斑。控制光条的阔狭，可以关注以下两个方面：垂直的轮廓线，轮廓光与主轴越近180°，光条越细；轮廓光与摄轴越接近90°，光带越阔。水平方向的轮廓线，轮廓光位越高（低），光带越阔；轮廓光位越近镜头主轴与被摄目标连线，光条越细。

摄影室内还应备有大大小小的反光板与吸光板、各种透光的色纸、薄膜，用以改变光比、光质和光色。

（2）选择光质。光质主要分为软光、硬光；而且光质的软硬是由发光面积与照射距离决定的。而且，不同光质的光源，在使用和造型效果等方面是有很大差异的。

硬光往往对比强烈明显，造型有力，光效鲜明，比较宜于表现性格鲜明，也利于塑造性格刚强的形象。影室中的硬光，既可由小口碗灯不加柔光伞、罩获得，也可加蜂巢罩、束光筒使之更趋"硬"化。

软光往往明暗反差柔弱，造型温婉，光效柔顺，比较宜于表现性格婉约，也利于塑造性格平和惠中的形象。软光既可由柔光箱、柔光伞造成，也可由大反光板获得。

一般人像要求反差适中，宜用软光作光源；但在拍摄低调人像时，应以硬光作主光；高调的主光应以软光为宜；辅光一般全由软光担任。至于为突出对象特征、强化个性渲染感情和烘托画面环境气氛等情况时，就应选择相应光质的光源。

（3）调整光比。光比，既可由两个光源（种）所造成的照度上的比例，也可以是两个被照明区域的亮度的比例。主光和副光的亮度之比就是前者，对应的阳面（明亮区）和阴面（暗影区）就是后者了。当然，还可包括主光与背景光、主光与轮廓光等的光比，后者还可包括面部与背景、面部与轮廓的亮度之比。

光源光种之间的光比，并不仅仅只是输出功率之比，往往牵涉到灯泡的新旧、灯罩的式样和内层涂漆的色泽及新旧，甚至柔光箱中的柔光布的新旧和遮光程度等，都会成为影响发光强度的因素。被摄对象，如每个人的肤色、服装、背景和环境的色泽和反射光线的能力的不同，也都会影响具体的各个区域、部位的亮度。对于摄影师来说，了解光源光种的光比虽说是必要的，但最主要的还是要落实到具体亮度的光比。摄影时，真正起作用的而且是被记录在胶片上的影像上的，就是具体的各部位、各区域的亮度。所以在用光造型时，应仔细观察亮度的光比。为避免观察到的与实际拍摄发生偏差，应注意以下两点：一是观察时，眼睛必须处在镜头的同一位置，也就是眼睛与摄轴保持同一高度与方位，以保证观察到的光斑形态、光影效果与负片所记录的能够一致；二是造型光与闪光灯的输出功率要相匹配，以免观察到的亮度之比与实际拍摄的效果发生偏差。

　　光比也是用光造型的艺术手段之一。不同的对象以及不同的情况，对光比都有不同的具体要求。在对具体的人物进行用光造型时，儿童和少女宜用小光比，老人和男性宜用中光比和大光比；性格刚强者宜用大光比，性格温顺者以小光比比较适宜；肥胖者宜用大光比，脸形瘦削者用小光比将会使面颊丰满些……强调轮廓时，宜用大光比；在表现层次、质感和立体感时，应该根据具体的肌肤特征来决定光比的大小。不同影调对于光比也有具体的需求。一般情况下的高调光比宜小不宜大，即使用平光比也未尝不可；中间调宜用中光比；低调宜用大光比。当然，进一步细分时，还可有硬高调软高调、硬低调软低调，甚至高调偏中、中间调偏低等，于是光比相应也进一步细分。控制各部分的光比，应注意突出人物形象，尤其是突出主体中心。主体中心与陪衬，即面部与背景、面部与服装等，光比太小，不能衬托出主体；光比太大，则显得过于生涩而影响主体与背景的立体空间的再现和圆度的表达；光比适中，尤其是主体与背景的光比适中，即背景比主体稍亮或稍暗，就能起衬托作用，而且还有立体纵深的表现，主体比较明显。对于背景的亮度控制，应该引起必要的重视。背景过亮，非但会"冲光""吃反光"，造成主体轮廓模糊，而且在彩色摄影时，背景的色彩也会明显地影响到主体，就如用背景色的色光从背景方向射向主体。背景过暗，则人物就如"贴"在背景上似的，没有什么纵深的空间。

　　调整光比的方法，主要采用改变光源与被摄者之间的距离来实施。轻易不要采用改变输出功率的方法来解决。因为改变输出功率虽然可以不必变动光位，但会对以后的操作和调控带来麻烦，造成失误。

　　（4）安排光位。除了背景光是专门照射背景的，它的光位指的是它与背景的关系。其他所有的光位，都是对应于被摄对象的光源的空间位置。这个空间位置由三个量组成，即横向、纵向和距离。当这三个向量确定了，这个光源的空间位置就具有唯一性，绝对不可能再有第二个空间位置了。

　　1）光位的表示方法。光位的表示方法有多种，这里介绍一种"钟面标位法"，以便将来同行交流时能方便地介绍各灯的具体位置。

　　钟面标位法只用时针的指向来表达光源所在的横向和纵向位置。它们分别被称为横位（横度）和纵位（纵度）。

　　横位是设想将一只钟平放在地上，从上向下俯视。被摄对象固定位于整个钟面的中心。照相机固定在 6 点钟位置。从 0 点钟到 12 点钟，共 360°分为 12 小时，即每小时 30°。

以黄种人的完全正面人像为例,若是正光,主灯可在与被摄对象面向成约左右45°范围内照向被摄者。即从4:30至7:30的任何位置均可获得正光的光型;"副灯一般不离镜头",和"在常规情况下,副灯位于镜头的主灯所在的另一侧",所以此时副灯位于6:15(5:45)左右。如果是黄种人的完全正面人像的三角光,按主灯横位与被摄者面向成60°~70°左右的位置:由于被摄者面向朝着相机,这60°~70°就是4:00~3:40或8:00~8:20的位置。

纵位是表示光源所在位置的具体的纵高方向。设想将一只钟垂直地面立起来,被摄者固定在钟面的中心位置;照相机固定在3:00位置。那么,12:00左右是顶射;1:00~2:00是俯射;3:00是平射;4:00~6:00是仰射;至于6:00~12:00之间,且是照向被摄者的光源,则在相应照射种类前置"逆"字,成为逆俯射、逆平射、逆仰射。

有了横位、纵位,再标明距离——灯与人之间的距离,这个光源位置就精确地反映出来了。如果再标明光源的光质和输出功率,则称为"光源全标"。各光种都用"光源全标",则各光种的光位、光质和发光强度就都一目了然了。所以,钟面标位法是一种通俗、准确而又全面的标位方法。

2)光位控制。光位控制主要是通过调整光位来实施。先看一下照射距离的作用。缩短照距,对于同一光源来说,就是缩小照射范围和提高照度。因为摄影灯都是有灯罩的,灯罩会造成一个照明的"锥角",同一灯罩的锥角如是固定的话,那么随着距离增大,光照覆盖面也就越大,当然,照距缩短,光照的覆盖面也随之缩小。至于改变照射距离对照度的影响,回忆一下照度公式:$E=\rho \cos\alpha I/R^2$,其中的"平方反比定律"的作用,照度是与"距离的平方"成反比的。

调整光比除了改变输出功率外(最好不采用此法,因易导致以后的操作失误),主要可通过安排光位——改变照射距离来解决。如主光无力,既可缩短主灯的照射距离,也可拉远副光。因为主光靠近后由于"平方反比定律"的作用,大大加强了主光照射的力度,于是主光就显得有力了。拉远副光(如有阳辅光,则需相应拉远阳辅光),就是减弱了副(辅)光的作用,也就是加大了主光的力度了。

9. 目前的"流行光效"

自从港台的"婚纱摄影"进入中国内地市场,"大平光"逐渐风靡全国。不少人比较偏爱这种看似面容光洁粉嫩的照片。尽管当年业内行家对此嗤之以鼻,也尽管欧美摄影界人士认为"中国的结婚照缺乏个性",即使到了现在,不少外籍人士和业内专家也都对此颇有微词,多次在报刊上发表"新娘要寻找自我"等看法,但百姓对这种类型的光型却有一定的需要,有时还认为唯此才是唯一正确的光线效果。

现代摄影术源自欧洲。欧洲人的传统欣赏习惯在人像摄影技艺的体现为重明暗、质感。这从西洋画的素描中也可以得到体现,素描就是用明暗块面来表达立体空间的。而中国的传统欣赏习惯是重色彩、线条。这从颐和园长廊上数以千计的人物画像中就可看出:色彩艳丽、线条明朗,但无明暗反差。欧美人欣赏古铜色的皮肤,不惜在烈日下暴晒,为的是晒黑皮肤。中国人更喜欢皮肤白嫩。所以西方人的人像偏爱暖黄色，称金黄色调；而中国内地的人像照片往往皮肤发白。关于这一点，台湾人士也有一个说法认为这其实是一种快速布光法，可以满足每小时拍几十张甚至上百张照片的需要，尽管看上去比较单调，而且也稍嫌粗糙，但用此法再加上"光量修片法"——曝光大量过度，后期加工的工作量可减少很多，底片几乎不必整修，面部的皱纹和花斑都被"光"整修掉了。

这类光型基本上无主副光。其最基本光位是左右各一只柔光箱，分居镜头两旁。所以照片几乎没有反差，也几乎没有投影。以至于到了现在，成了左右各45°有一只柔光箱，面孔仍无反差，但鼻子两侧各有一只鼻影（尽管鼻影不深），而且耳前的面颊和腮帮子都被照亮得鼓出来了，面庞显得特别阔。

基本光位的变体之一是左上、左下和右上、右下各一只柔光箱。如果是以面部和五官为表现中心的话，则整个面部均无投影、鼻影，面庞也显得特别阔。原因在于左上方光源所产生投影，分别被左下、右上和右下的光源所照明、冲淡；左下方光源所产生的投影，又分别被左上、右上和右下方光源照明、冲淡……而且面部上下亮度接近。

基本光位的变体之二是左、右、上、下各一只柔光箱。其光效与变体之一相仿。

基本光位的变体之三是"倒品字"布光。也就是左上、右上和正下方各一个柔光箱，正下方光源被称为底光，其光效也与变体之一相仿。底光有时也可用反光板放在被摄者正前方胸前或腰部附近，以反光板取代光源。

上述"流行光效"往往造成被摄对象的面孔上眉毛、嘴和上眼睑五条线，鼻孔和眼珠四个黑点的优化，以及面部丰满、脸形横阔的造型效果；再在扩印或制作照片时，做得"淡"些，又白又嫩的皮肤效果就"出来"了。

基本光位的变体之四是一上一下两只柔光箱，这种"上下光"有时也被称为"鳄鱼光"。此光效可以淡化"法令"、眼瞳；如果是正面人像，则耳前部分面颊受光后，光线的反射方向主要是射向背景，所以面颊不会横阔；上灯的高度控制得当，也可以拉挺鼻梁光。

"台湾派"用光在于一般并不讲究鼻梁光。由于不强调高光，又强调"面孔要白"，也就是不要阴影或淡化阴影，所以既没有特别白亮，也没有暗黑，面部就显得比较平淡，透视作用基本消失殆尽，立体感也少，甚至可以认为没有立体感。但由于面孔白，而且"干净"（术语："龌龊"少，即瘪塘、凹坑和雀斑、肤纹都未能在照片上反映出来），再加上姿势造型比较直露，所以，尽管欧、美、日的摄影业人士颇有微词，但目前在中国内地仍有一定的市场。

三、艺术人像的影调构成

1. 影调和基调

影调，按《辞海》中的解释，是指"黑白照片上所表现的明暗层次。""影调又指整个画面的调子……"而在《现代英汉摄影词典》中，影调、亮度、色调、调色、基调和油墨覆盖率都是"tone"。也就是说，不限于黑白、彩色，也不限于用光、用纸，还包含化学和印刷等。不过，与摄影师关系密切的应当是：亮度级谱、所带色调和基调这三个方面。

有光就有影。影可以是自身阴影，也可以是平整或平坦表面上耸立起来的其他阻光物所造成的投影。"鼻影"属于后者。光与影所造成的明和暗的色块如何分布，就属色块构图；如果这些色块不仅仅是黑白影级，还带有具体色彩，那就牵涉到色彩构成，如果从整幅画面来分析光与影所造成的明暗总趋向，那就是调子——影调。

测光表原理就是假定将被测物体一律看作反射率为18%的中灰亮度的物体；测光表给出的数据或确定的曝光组合，能准确再现反射率为18%的中灰亮度（有些则是25%～30%的反射率，下同）；TTL测光中的"平均测光"，也就是机位平均测光，用的是反射式测光，所测的乃是亮度。按其测光所得提供的数据而确定的曝光组合（不加调整和曝光补偿），也是正确再现平均亮度为反射率是18%的中灰色亮度。其原因在于绝大多数情况下，人眼视野、镜头视野范围内的平均亮度为中灰，于是就将能准确再现中灰定为标准。如果平均亮度是中灰的话，整个视野范围内的明亮色块和深浓色块也会有适当的表现，兼顾范围广泛。否则，覆盖面就会比较狭小。

因为中灰的亮度级别既是平均亮度，又是最经常接触到的亮度，而且还是一般人的皮肤的平均亮度区域。所以从视觉效果看，以中灰为主要倾向的画面，其明暗层次最丰富，也最容易被大众所接受。于是这类照片也就被称作中间调或中调。

整个画面的调子即基调的划分是有一定标准的。如果将色块分成三个较大的区域：明色块、灰色块和深色块。淡色块和亮色块、白都归入明色块；浓色块、暗色块和黑均归属深色块。那么，在整幅画面中，50%以上的面积（不论是分散的还是整块的，此处只论"总和"）是某色块，余下部分是其他色块约占各半的，就称这幅照片为某调照片。

例如，有幅照片，其整幅画面约60%都是明色块，其余部分中，灰色块和深浓基本上对分。那么，这幅作品就是以明色块为基调了，也就是明色调的照片。借用音乐术语，将明亮对应高音区，就是"高调"照片。如果另一幅照片的整幅画面内，深浓色块、黑色、铁灰等色块的总和超过画面面积的50%以上，其余的部分大约是明色块和灰色块各占一半。这样的照片总的基调就是深浓色调。借用音乐术语称后一幅照片为"低调"照片。所以中调、中间调照片的画面中，灰色块就占50%以上的画面，余下部分明色块和深色块约占各半。

2. 各种基调的照片的拍摄方法

(1) 高调。高调的整幅画面的50%以上是明色块。那么，最基本的做法就是用白背景、白衣，这在胸像和特写时尤为强调，所谓"凭衣服定调子"。由于明色块的范围既包括白亮，也包括极浅极淡的色块，因而诸如淡粉红、淡天蓝和淡湖绿、奶黄、淡黄等，也可列入"明色块"的范围（当然还要结合光照、曝光等条件）。这是高调成调的基础条件。

1) 高调照片的用光。对于高调照片的用光，首先应考虑到"整幅画面的50%以上是明色块"。所以，主、辅光以顺光位为宜，而且光位不宜高，其原因很简单：尽可能不出现投影或投影极少。主光采用顺光位，所得光型无论正光、顺三角光还是顺阴阳光，都是高调人像最合适的光型。只是为了减少投影区域、淡化投影的浓黑程度，就得降低主灯高度和选择软光为主光。选择软光为主光，就可使投影淡化甚至消失，且明暗界面柔化甚至消失。也就是说，即使无法使投影消失，至少这投影极淡，甚至到了似有似无的地步。主光光位降低，可使脖子上的投影面积缩小甚至消失，但为拉出鼻梁高光条，主光光位又不可过低。对于全侧面高调人像，鼻梁光可以不必考虑，否则会损及面部轮廓。

2) 黑区域的处理。高调画面中的"黑"色区域，应力求少、尽可能淡，但要保留一些最深的色级。画面的视觉中心和趣味中心，往往就安排在这"黑色区域"。这一重墨着笔之处必须精心安排。

黑色区域少是高调的成调条件之一。同时，黑色区域中的黑色要尽可能的浅淡，这都是使调子升高的措施。否则，深色块面积大，且暗黑浓重，又怎能成为高调呢？为此，要对一些特别暗黑的区域、部位辅以装饰光，用来提亮局部区域，如对头发，就可予以专门的装饰光，全面提高头发的亮度等级。

相对背景、衣服和面部这些明色块甚至亮色块，眼、嘴、眉等就显得深，在画面中就列入浅黑区域了。尤其是眼珠，有时还扩大到眉，不"黑透"就会感到照片无力（这个问题需后期加工配合）。无论是身体或衣服与背景的交界——体形轮廓，还是侧面的面庞轮廓，在画面上都是以深色调——浅黑色调的形式出现的。而五官或面部往往是人像摄影的主体中心。正因为高调照片的表现中心往往在"暗区"，如同一张白纸上的墨点，一下子就会将人的视线抓住，成为视觉中心的道理一样，表现中心也就是视觉中心，如不精心打造，则稍有破绽就会很醒目、突出。故而高调照片中的深色区域，必须慎重对待，尤其是各轮廓线和五官。

高调人像的面部光比，总的原则是宜小不宜大，一般控制在 $1:1.5$ 至 $1:1$ 范围内；属于小光比、平光比。

3) 高调照片的背景处理。胸像和特写的背景照明，最好与人分开，分别照明，而且人和背景距离宜远不宜近，人与背景的空间距离应在 2 m 以上，以免背景亮度高时，背景光的反射光在主体边缘、轮廓发生再反射而影响轮廓的表现。因为如果背景的亮度过高，简直可将背景当作"光源"了，于是在"平方反比"定律的作用下，"照距"越远影响越小；"照距"太近甚至还可能发生"冲光""吃反光"的不良效果。背景光的亮度，应控制在"白"，但并非越亮越好。如果用反射式测光，应比面部高光高，但是不能高出两级以上。如果用入射式测光，则与面部相比较，应持平或高出一级，以保持"白背景"的再现。原因在于白背景与人的肤色至少相差一级左右。背景的亮度也有个低限，那就是用反射式测光时，与面部高光相同。如果能保持与面部高光等亮，再加上曝光补偿，也同样能达到背景洁白的效果。

一般控制高调的亮度是面部比衣服低一级；衣服比背景低一级，实际上背景比面部亮两级。以衣服的亮度为曝光基准的做法，既可兼顾面部，又可照应背景。但是另一种更常用的方法是以反射式测光测人物面部的暗部，并以此为测光曝光基准，确定曝光组合。这样的做法是将暗部"放"在特性曲线的直线部分的中点附近，明亮区和高光部分必然会丢失一部分层次。但高调照片本就允许丢失一部分阳面层次而更讲究线条。

4）轮廓线。由于高调照片的背景和衣服都是浅色、明色和淡色，所以衣服和背景的分界线、轮廓线就应有所选择。此时的轮廓宜选用深色调，也就是要用浅黑或灰色的轮廓线。产生这样的轮廓线、交界线，主要靠掌握背景亮度和控制光照方向。

控制光照方向首先是对被摄对象的光线造型的用光，必须在坚持"顺"光的同时，讲究光位的低平。只有顺光才能使身体、服装各部位的轮廓部分在受光照反射后，反射光主要朝向背景，这部分的反射光线远离镜头而去，那么因漫反射而进入镜头的光能就极其有限了，当然不可能形成什么明亮的区域，充其量只能产生浅黑或灰的效果。而这正是我们的理想要求。光位如果高，则朝下的轮廓部分因受光少而暗影区域会扩大、变深，但是向上的各部位的轮廓就会变细、变淡；反之，光位过低，各部位下部轮廓线变细、变淡，但向上的各部位的轮廓线会加阔、加深。这些情况对高调照片的轮廓的显现必定带来一定的影响。如果影响了轮廓的表现，那是应当加以避免的；倘若是由内容所决定、体现拍摄意图和要求的，就应慎重，力求不引起歧义，既一目了然，又能让绝大多数人接受。

（2）低调。低调照片整幅画面中50％以上的面积是由深浓色块所组成；余下部分中，明色块和灰色块约占各半。满足了这个基本条件的，就是低调。当然，深浓色块所占面积的百分比越大，调子就越低沉。

按"凭衣服定调子"的精神，低调照片的被摄者应该身穿全黑或铁灰之类的深浓服装，背景也应该是浓黑之类的色彩系列，这就是低调照片成调的基础条件。如果有办法将其他条件的衣服或背景的亮度降下来，使它们的亮度大大低于肤色的亮度，譬如光比大于1∶8，那也未尝不可，但难度太高，容易"吃力不讨好"。深浓衣服和黑背景，置备起来并不费事，应当不成问题，且又容易出效果，何乐而不为呢？

1）低调照片的用光。低调照片的用光，既要考虑具体对象的造型要求，又要结合低调的"50％以上的画面由深色块组成"，所以主光以逆光、逆侧光为主。结合光型，则是以逆阴阳光、逆三角光为主。也由于要求整幅画面的50％以上由深色块组成，逆阴阳光、逆三角光的阳面面积要小，阴面面积要大；而且投影宜大宜深，以使调子趋于低沉。于是，主光应选择光质硬的光源，以造成投影浓黑；主光在兼顾拉挺鼻梁光的同时，光位的高度还应兼顾到使投影面积尽可能大，使得处在投影中的被摄对象、被摄物的明度等级更加深沉、更浓黑，进一步降低调子。

低调照片中的明亮区，往往由于处在深浓色块的包围中，因而对比显得格外明亮、突出，吸引观赏者的视线而成为视觉中心。所以，主体中心，即这幅作品的表现中心也就应该处于该处。

2）暗黑背景的处理。对于处在暗黑背景前身穿深浓衣服的人的身体，以及黑色的头发，如何将它们区分呢？如果不加措施，很可能会因都是暗黑而"并级"，造成背景和身体不分、背景与头发不分，照片的表现力当然大打折扣。因而应采取下述措施：

加用轮廓光、装饰光。轮廓光的大致方位是在被摄者的身后以逆光方向照向被摄者，可在主光的另一侧。灯升得越高，被摄者的头顶、肩部等向上部位的轮廓光形成的光带越阔；灯的位置与头顶相平，头顶的轮廓线越细；与肩相平，肩的轮廓线越细，头顶部分的轮廓线甚至可能消失。如果灯位再下降，则鼻尖的下方、下巴与颈连接的部分，以及手、臂等向下部位处就会产生轮廓光，灯位越低，这些部位的轮廓光带越阔。轮廓光的横向移动，对形成竖直方向的各部位轮廓的光线、光条或光带所起的影响有如下规律：光位越接近于全逆光位，被摄者垂直方位的轮廓光线越细；光位处于侧逆光位，轮廓光就比"线"阔，成为轮廓光条；光位处于逆侧光位时，轮廓光就由"条"向"带"过渡，成为轮廓光带，也就更阔。所以，光位与摄轴夹角越接近180°，轮廓光越细。反之，照射方向与摄轴夹角越接近90°，轮廓光就越阔。轮廓光既可以是左右上下均有的全轮廓光，也可以在侧面、全侧面时只勾勒脑后，身后的轮廓，或者强调某一局部而只勾勒这部分的轮廓。

低调的轮廓光，虽说要"明亮"，但这明亮是个相对概念，是与其所在的"周围环境"相比较而言的，如果轮廓光的亮度超过了阳面亮度，甚至大大超过了阳面的亮度，则就应该考虑主体中心是什么，表现什么问题了。所以应注意不要喧宾夺主。此外，在勾勒阴面轮廓时，应注意不要将轮廓光"打到"阴面的面颊，从而造成阴面不阴、调子不低。比较稳妥的做法是打轮廓光时先关闭副灯，轮廓光效可以观察得很清楚，稍有偏差就能被发觉。而在用副光时，先将轮廓光关闭，副光的光位准确与否及光效也可以观察得清晰、准确。待都定位后再同时开启副光和轮廓光以供拍摄。

低调的背景，虽说多用黑色，但也可以加用背景光，以形成空间纵深效果，使人物与背景"隔离"。如果用较深浓的背景，拉开人与背景的距离，且控制用于对人物进行光线造型的灯光不到达背景（阻挡隔断或仅极微量光到达背景），也可使背景"不感光"。比较稳妥的做法是使面部明亮区域与背景亮度相差三级以上，即8：1以上，以保证"黑透"。

3）主、副光的光比上。低调照片的主副光比，相对应"大"。在黑白类摄影中，由于胶片能记录的明暗等级达128级以上，故宜控制在1：6以上（有些胶片偏"软"，应在1：9以上），但彩色胶片由于只能记录32级的明暗等级，故应控制在不低于1：4的光比上。当然，这只是低限。若是硬低调，低低调，则可以更大些。为此，在拍摄半侧面和全侧面的低调人像时，就应考虑将副灯向被摄者的"正前方处"靠，使阴面的面颊部分，尤其是耳前的部分处在浓重的自身阴影中。

4）曝光控制。拍摄低调时的曝光控制，如果用反射式测光，则是以明亮区为测光曝光基准，确定曝光组合。也就是把明亮区"放"在特性曲线的直线部分BC段的中点附近，与中间调相比，似乎有点儿曝光不足，但这是调子所需。只有这样才能产生大面积的深浓色块，才能使调子低下来。因为低调照片中，深色块本身就占了50%以上乃至绝大部分的面积，再加上曝光略"欠"，暗黑乃是必然，"黑透"也是必然，低调的基调也就形成了。当然，也可用入射式测光，直接以阳面测得读数确定曝光组合，也可获得同样效果。

(3) 中调（中间调）。中调照片指的是画面中的灰色块或相当于灰色块亮度的色块占整幅画面面积的50%以上，余下部分明色块和深色块约占各半，这样的明暗分布形成的摄影画面称为中调。中调也称中间调、灰调。

中调的画面明暗跨度大，影级丰富细腻，反差适中，立体感强，是最常见的画面形式，也是常用的画面形式。中调画面，全色胶片反差可控制在1∶3左右；彩色照片的反差一般可控制在1∶2左右。

中调的曝光组合控制：用反射式测光时，过渡区亮度为测光曝光基准，无论明亮区、过渡区还是暗影区，都可以有很好的表现。

3. 画面基调须知

制作各基调需各工种协调配合，并非摄影一个工种就能"打天下"的。当然，为基调定调，是摄影的事（也得结合内容）。但如果后道工序不配合，或者未能"看懂"底片，或理解错误，就会发生该高不高或该低不低的现象。

影调的基调还涉及到色彩，可以分为暖调、冷调等。

画面基调，或者说影调，本来仅仅只是画面形式的处理手段之一而已，应当是为表现作品内容服务的，也就是为渲染环境气氛、突出主体中心和深化主题服务的，是摄影的技术手段，"摄影语言"中的一部分。不是全部，更不是摄影的目的。所以，在拍摄人像时，以突出主体、美化人物形象、恰当表现主体为前提，不要刻意讲究影调，才能实现创作目的，展现人像摄影特有的艺术魅力。

四、人像摄影的背景处理

1. 背景的作用

从人像摄影史来看，最早的人像虽然并不一定都是在室内拍摄的，但是确实更注重室内拍摄。据《上海摄影史》介绍，19世纪50年代上海已出现照相馆了。

室外拍摄人像，被摄者置身于自然环境中，可有山有水，有花草树木、庭院假山、楼台庭阁……反映了被摄者所处的环境。但是室内人像就受到一定的限制，墙面隔绝了被摄者与自然环境的联系，即使开窗甚至破墙，画面所能记录的也是极有限的。

针对这样的局限，在单纯的墙面上画些景或张挂实景的画布，将自然环境在摄影室内"仿现"，以改变单一背景。于是就出现了具象与抽象背景并存的局面。摄影室内既有花式背景，又有素底。这样，即使实地并未到过，也可获得几乎可以乱真的在实地的留影，着实可以让人"过把瘾"。布景多少也就成了招徕生意的手段之一了。但同时也应该承认，用布景的人像对于烘托气氛、"显示"环境确实可以起些作用，有时是抽象背景、素底所无法比拟的。而且具象布景还可选择、置换。

具象布景作为背景，让摄影画面上出现的景物有色彩和明暗上的变化，当然丰富了画面的形式；但是抽象的素底是否也具有丰富画面形式的功效呢？答案应当是完全肯定的。姑且不提单色渐变背景，因为其由上而下、由深到淡的单色明度渐变，在画面上看来就是越近肩处（包括肩以下的背景部分）越淡，画面的上方，越往上色彩就越浓郁。目前市售的单色渐变背景（哈夫通）源出于早先的素底背景。那时的素底背景就是从肩处最亮到头顶最暗，至少在人像摄影画面中就是如此。这在黑白人像中确实是比较强调的。因为明暗是表达立体空间的手段之一。如果被摄者的肩后可以到地平线，而被摄者的头上当然没有地平线那么远。按照影调透视的一般规律：远亮近暗。这明暗关系不就对应成立体空间的远近关系了吗？那么，在画面中出现明暗，既是表达立体空间的需要，同时又丰富了画面的表现形式，乃是两全其美之法也。

同样，抽象背景还可以安排成"中亮周暗"、明暗均匀，或阳面后面暗、阴面后面亮等多种形式。尽管其中不少是由于背景等的运用所造成，但也应看到，背景的不同变化也丰富了画面形式。

人像的背景应当反映立体空间层次。在素底背景的运用中已经介绍了明暗变化是在平面上再现立体空间的一个手段，而另一个手段是虚实对比。拍摄人像时，人物煞实而背景松虚，就将背景"推远"了——表现了立体空间效果。要使背景显得松虚，至少可以采用以下几种方法：拉大被摄者与背景之间的距离；利用"景深法"让背景略显松虚；画制的背景本身就显朦胧、松虚。

被摄者离背景远一些，可满足让被摄者清晰而背景模糊些、处在景深范围之外的需要；还可以使照背景的灯光不至于照到人的身上；照人的造型光不易在背景上产生投影或影响背景；背景亮度不易对被摄者产生"冲光"。当然，利用景深法需要较大的光圈。但是，拍摄人像并不需要有很高的线条分辨率，而且以往的室内婚纱仅收一至二级光圈、有的甚至开足光圈，效果也很好。所以，F5.6或F8的光圈，对于保证婚纱摄影中的被摄者的清晰度是完全足够了。除非是叠面式双人特写需要用小光圈来解决前后景深问题。

至于朦胧、松虚的具象背景，当选无明显光线照射方向的一类。否则，很可能会造成人物受光方向与背景中景物受光方向不一致而露出破绽；或者是人物造型用光受背景中景物受光方向的限制而影响效果。

背景还有参与构筑基调和均衡画面的作用。摄影画面的基调应当有高、中、低、冷、暖等调子。高调以白色或浅色调为主，背景的色调当然也应是黑色或深浓色块为主。中调的基调为中灰，故背景也相对适中，以灰色为宜。冷调照片以冷色块为特征，背景色彩当然以冷色为宜。暖调照片是以暖色为趋向，当然背景色彩以暖色最为相宜了。至于均衡画面，如很多的婚纱人像，其背景往往在浓重的大块面中出现一小块稍亮的色块。虽然可以认为大面积浓黑太沉闷，缀以小块亮色可以"通气"，但大面积的浓黑背景也会使人感到较重，尤其是这大黑块偏在一侧或左右两侧有多有少时，更会显得失重、失衡。当出现明色块后，就可使画面获得均衡。

综上所述，人像的背景具有显示人物所处环境、烘托渲染气氛、丰富画面形式、显示主体空间层次、参与构筑画面基调和均衡画面等作用。

2. 背景的选择

首先，要根据作品的主题、内容，结合背景的作用来选择背景。如果拍摄儿童，背景是楼台亭阁或高楼厅堂与儿童乐园相比较，肯定是后者切题。再如，拍摄婚纱时，究竟是摩肩接踵的人群为背景，还是幽静而返朴归真的自然环境为背景更好呢？婚礼上的一对新人也许希望更多亲朋好友的祝贺，但在拍摄结婚照时，还是"二人世界"私密些可以更自在，神态表情及姿势也更放得开些。

其次，要根据作品中形象的情绪，结合内容、背景作用，并结合人物性格、形象个性来选择背景。一般情况下多采取相辅相成的方法，但并不绝对排斥相反相成的手法。如表现温馨、热烈、欢快、奔放之类的情绪和个性以暖调为主。但并不绝对排斥婚纱全身照中以冷色块为主调。此时处在冷色块包围中的暖色块——人的肤色就必定成为视觉中心。

此外，在拍摄时还应根据姿势、构图中的空间，注意画面的整体均衡和疏密关系。也就是实景中的线条、色块的大小、明暗、形状、数量等，既要与主体中心保持一段距离，以免干扰、分散视线，又要让画面产生变化，从而解决均衡问题。

3. 背景的调节

背景的调节既有明度上的，又有色相和纯度上的，还有图像上的和其他方面的。这里主要介绍背景明度的调节。

背景明度调节主要是灯具的运用和调控。由于背景有诸多变化，如：明暗均匀、中亮周暗、下亮上暗、阴面后面亮、阳面后面暗和影调、色调等。因而背景光的具体运用有很大不同，而且随着画面中背景所占的面积和实际拍摄范围的不同，在具体操控上又有变异，值得逐一分析，以利掌握和具体运用。

常规情况下背景与被摄者间距不小于 2 m。因为拍摄时将会有不少造型光是处于逆光位的。倘若被摄者与背景之间缺乏一定的空间距离，则非但装饰光、轮廓光的运用将会受到极大限制，连白一线光、白线条光等多种饶有兴味的光型都会根本无法得以成型。背景与被摄之者应保持一定距离的第二个原因还在于距离过近，从顺光位照射的光线会在背景上产生投影；距离越近，投影就越不易避让。背景距离应适当拉远的第三个原因是在于加强控制，降低和减少相互影响的"串光"的作用。因为顺光、顺侧光（无论是主光还是各种副光）在照明被摄者的同时，也有光投射到背景上。根据"平方反比定律"：照度与照射距离的平方成反比。所以，背景距离稍开一些，受其他光源余光的影响会明显下降。即使是侧光，只要背景距离足够，则其余光也只是照到背景的边缘部分，甚至在镜头视野以外；即使带进范围，同样因平方反比定律而由于照距大，致使影响甚微。背景距离应当适当拉远防止"串光"，是由于拍摄高调作品时，往往要对背景专门布光，这在大半身及全身人像（不仅限于高调）中尤为重要。背景光在照亮白底时，往往采用"交叉换位"式的照射方法，也就是左边的背景灯主要照明右半边背景，而右边的背景灯主要照明左半边的背景。中间部分的背景因受两灯余光的叠加而与两边亮度相等，于是整幅背景亮度就较均匀了。由于"交叉换位"照明法中，背景灯并不是灯口朝向正前方的，而是偏斜的，因此就要离开背景一段距离；如果背景距离不够的话，背景灯在照亮背景的同时也会照到被摄者。于是，被摄者将有一条亮的轮廓光。但是在白背景前的这条轮廓光并不能使人与背景分离，相反，因白轮廓与白背景的"靠级""并级"，只能使被摄者被缩小一圈或缩小一层，导致严重失真、破坏形象。当然，背景距离宜稍远对于高低调人像来说，还有另一层作用，就是可使高调背景不易"冲光"，低调背景易黑"透"。对于高调背景亮度的控制，应该是从"'与面部高光相等'到'不超过面部高光二级（光圈）以上'"。然而，当背景距离过近时，高于面部高光近二级的背景宛如一个光源，会在人物轮廓上造成"再反射"，从而也使轮廓向内收缩一圈，造成失真、破坏形象。而当背景距离远时，则按照平方反比定律，背景反射光的强度将大幅度减弱，从而消除了"再反射"的条件和"冲光"可能。在拍摄低调时，当背景距离远时，副光投射到背景上的余光大幅度减弱，低调的黑背景也会因此而降低照度，从而让背景黑得更"透"。

背景距离较大，是否会降低背景亮度呢？不用担心。背景距离大，背景灯就有充分进退腾挪的空间。太亮，将灯拉远些，太暗，将灯向背景移近些；还不够亮，一只灯不够可再加一只，何况现在的闪光灯之输出功率还是可调的。不过，照射距离远，照射的面积和范围均会扩大；照射距离近，由于照射锥角关系，照射面积和范围相应就会缩小。

中亮周暗的背景或下亮上暗的背景，以摊口灯为宜，而且亮暗范围的控制与摊口程度、照射距离远近有关。相对而言，灯罩距背景越近，照射范围越小。如果灯口距背景10～12 cm，灯口向上，且从镜头处望去正好处在肩以下高度，就会达到下亮上暗的背景效果。

阴面后面亮、阳面后面暗的背景，是一种运用对比手法来突出主体的形式。以前，达·芬奇就曾说过：应当把主体的明亮部分放在阴暗的背景上；把主体的阴影部分放在明亮的背景上（大意）。在具体的操控上，可以仍将背景灯置于镜头与被摄者的延长线上，只需将灯头向被摄者阴面的背景偏一些即可。背景灯的这个位置也可以避免"穿帮"。

背景的局部亮斑，可充分利用蜂窝罩、束光筒等附件，从正面照射将会得到圆斑，从侧面侧照，可以得到蛋形亮斑，如果背景有皱褶，则会呈现较不规则形状的亮斑，且明暗交替。

在背景灯上蒙彩色薄膜可以改变背景灯的光色、色温。当然这会对背景的色彩产生影响。

背景的色彩和图像，均应结合主题、内容、情节等。但千万不要忘记，背景是陪衬。所以应在亮度、色彩和清晰度等诸多方面为主体"让路"，只起烘托、渲染作用。

对于背景亮度与曝光控制，应考虑背景色彩本身亮度与主体和主体中心的亮度差异，然后在调整亮度和光比时予以解决。一般头像，胸像是以与面部亮度相比较确定光比，而且不同影调的背景与面部光比是不同的。高调的背景与面部高光光比可控制在 4∶1 至 1∶1 之间；中间调则可控制在 1∶2 左右；低调应控制在 1∶6 或更大些。至于拍摄全身像，可采用"五点式"测光法，即左上、右上、左下、右下和中心（也可人物脸部）这五点。对于彩色负片，如果上下相差 0.5 级，而且过曝一级，则几乎没有什么影响；但若是用反转片拍摄，则各点之间曝光，尤其是上下左右仅允许 0.5 级，否则极易看出布光不均匀。至于多人像的测光点，应相应增加，务使各部分曝光基本均匀、正确。

4. 道具的运用

人像摄影中的道具，有以下几方面的作用：渲染烘托气氛，丰富画面形式，调整节奏线条，遮去不美部分和点缀环境；若是将服装之类也列入道具，则还应具有点明身份的作用。

以婚纱摄影为例，如果不捧一束花，在一张或几张照片中似乎还可能，但若整套照片中竟然没有一张照片是捧花或持花的，那就不可思议了。由此可见，花束、长捧花、圆捧花、球状捧花等道具，对于热烈和喜庆等气氛有烘托和渲染作用。如果没有花束，也许喜气的表现会受到些影响。双人横半身像，由于新郎新娘并头贴身，靠得较紧，但两人交界处是黑白分明的一条直线，将两人的身体分为黑白两部分。此时的一束花就能将这生硬的直线予以分解、分割，至少不至于让这条生硬而又笔直的分界线一直拉到底，所以既改变了节奏，也改变了线条结构。用于全身的双人合影照，同样也起了柔化黑白分界线、身体交界线的作用，而且还可以挡去部分因腰身造成的"空洞"和解决新娘的手"无处放"的烦恼。被摄者的手无事可做往往会加重其不安的程度。但如果有东西可拿、可握，被摄者的心理就会较踏实、安全。这是道具的额外作用。

道具可以丰富画面形式。如果背景是园林或是山水，在近景安置花草为上景、下景，则远近和上下景都得以补充。室内安置一张桌子、茶几，可使室内人像有了生活气息，桌子和茶几的形状使画面形式产生了变化。而且，桌上可以放置书本、画报、花束、电话机、电唱机等，又使画面形式产生变化。如果用西湖绸伞作道具，其色彩和伞骨又产生节奏上的变化。倘若用折扇、鹅毛伞或是团伞，则放在体侧时又可使体形轮廓线得以改变，使之产生较大的起伏。

比较肥胖的拍摄对象，其显示肥胖的部分往往分别是：肚腹、臀、腮和上臂等。拍摄时，可用花束、提包、扇子等将肚腹遮去；头纱或手，甚至羽毛或花朵挡住腮部，也可使肥腮得以改善；粗大的上臂对男性而言并不一定是缺憾，但若是女性，而且是裸露着的，则应设法用披纱、手套等物加以遮掩；肥大的臀部可以通过裙子、裙撑完全遮挡。

对于婚纱礼服，如果有头纱，那是新娘的标志；无头纱者是女傧相（有些地方称伴娘；现在上海有时也称"陪客"）。在欧洲，处女结婚，身穿纯白结婚礼服；第二次结婚（天主教不允许离婚）穿鹅黄色；第二次再婚穿粉红色……结婚次数越多，礼服颜色越深。但新郎的传统礼服一般均用黑色，表示稳重。

五、人像摄影的画面构图

1. 构图要素

构图一词来自拉丁语，意为结构、组成、联结和联系。人像摄影的构图，则是为了表现作品的主题和内容、美感效果，在一定空间安排和处理人与物的关系和位置，把个别或局部的形象组成艺术的整体。中国画中对应的术语是为"布局""章法"。所以，构图的目的在于表现主题和美感。主题相对而言是要"细读慢品"的，靠领会，并不十分直观。美感则相对直观些；尽管美感有时细品后会更浓烈。构图的具体措施是处理和安排人与物的关系和位置，也就是结构、组成、联结，以把个别或局部组成整体。为此，应先搞清人像摄影构图的要素是什么？构图要素应包含线、形、量、方向、空间、色调、影调等诸要素。其中有些要素已经在有关章节叙述过了，在这里对几个要素进行比较具体的讨论。

（1）线。"线"包括线条和线形（这里和"形"似有些重叠）。在人像摄影中，线条并不限于直线。如轮廓线，是按人体轮廓所勾勒出来的明亮或深暗的线条，它绝对不可能是直线形的。又如某人的全侧面的特征曲线，从额起，经眉棱、鼻、唇、下巴至颈、胸。所以，线条可包含下述各种形态：直线（含垂直线、水平线、斜线）、曲线（含折线、弧线、波形线）、粗线、细线、实线（连贯）、虚线（断断续续、似断似续、不连贯的）、软线（弧形转向，软性转向）、硬线（折角转向、硬性转向）、有形线和无形线（如视线、面向线、体向线，只能凭感觉、想象，而无实形）等。而且这些形态可以交织状态存在，如直线，可以是实线，也可以是虚线；同时又兼是硬线或是软线。

人脸庞的轮廓线，如是正面人像，尤其是女性，以椭圆形为美，半侧面以缓曲线为美，而全侧面则讲究曲、折。站立时的腿，尤其是承重腿和脚，呈直线状；但是屈膝的大腿和小腿，就会形成曲线和折线。双臂可以形成两条平行的垂线、直线，也可形成交叉线；与肩平线一起，可组成三角形。但如曲肘，又可形成缓曲线，直角线和组成锐角。一般情况下以缓曲线为美。尽可能避免在画面中出现垂直的直角形线条。衣服的皱褶、人的皮肤纹络也都是线条，处理得当也会产生美感。

站立时的全身像，可以呈垂直线形，如立正；但也可呈现"S"或反"S"线形，如休闲式的站法：重心落在一条腿上，另一条腿外展，头向承重腿倾侧。也有可能呈"C"字和反"C"字形，如重心落在一条腿上，另一条腿外展，头向外展腿方向倾侧；但都不倾侧（或向外转腿方向转动）且外展腿侧的手插在腰间，又变成了"K"字形或反"K"字形、"R"或反"R"线形。而且，若是外展腿一侧的手抱头，就是"R"字形或反"R"字形了。

所以，线条可以组成各种图形，如"中"字形、三角形和倒三角形、"L"形等。两者尽管有不同，但又可互相渗透、包容。应当看到，凡有形之线条必成图形，也都成图、成形就是明证。

（2）线形。也就是线条结构，在构图中起骨架作用，就如建筑中的梁柱、钢筋。之所以这幢像中式宫殿，那幢又似西班牙别墅，其实原料并无很大区别，而梁柱、屋檐等骨架之不同，造成式样也就不同。所以，横平竖直的线形、线条结构宜表现端庄肃穆的内容，而曲折高低起伏的线形、线条结构，则利于反映动态活跃的性格。原因在于横平竖直的线条结构以对称为主，且线条结构以静态为主。而全侧面、半侧面的线条结构、体向线、视线均已不是单纯的横平竖直线条了；即使半侧面，这鼻梁也不再是垂直线，而是斜线了；而且面庞轮廓线也不再是左右对称，而是非对称式的线形；至于全侧面，则面部的特征曲线以高低起伏曲线为美，不宜横平竖直和平板。故在遇到不太理想的线形时，就应考虑如何加以美化。如全侧面时被摄者的额头不甚理想，则可以用头发、刘海或帽子来加以改变，或是干脆来个大特写，把一部分额头排除到画面之外。如果是下巴线条的凸度或曲线不够理想，可以用手或道具帮助，改变一下线条的形态，使其趋于理想；也可用扇子等其他道具加以遮挡，让观赏者被引发联想而感觉到线条形态之完美。如果鼻梁线条不美，则只能以正面为主，而不能取全侧面、半侧面的角度。

按人像构图的要求，视觉中心、主体中心的线条，应曲折、煞、实；陪衬的线条宜平缓、柔和、松化。

体形有线，体向也有线。只是后者似属无形线。两者方向相同或不同，形成了线形变化。不同易显活跃、生气；相同则显稳定、端正、呆板、沉稳。

一般情况下，直线、折线、实线、粗线、硬线易显刚强有力；曲线、细线、虚线、弧形线、软线显得妩媚柔和；高耸的竖直线易使人引起神秘、紧张的联想（如教堂都建造有刺向天空的高高的尖顶）；水平的横线易使人产生静谧安定的联想；波浪形的线条易使人有轻快的美感；斜线似会产生动感；古希腊人认为最完美的图形是圆形……。但是，这些联想、联感都不能"绝对化"，所有的线形、线条都处于画面中，都处在环境和人物形象、情绪和动作的相互影响之中。犹如"典型环境中的典型人物——典型形象"一样，此典型环境中的典型人物，换到另一个环境就不成其为典型人物。即使这另一个环境也是另一个典型人物的典型环境。鲁迅笔下的祥林嫂、阿Q分别生活在鲁镇、未庄，莎士比亚笔下的哈姆雷特活动地点乃在丹麦的哥本哈根。这几个形象都是"典型形象"，都是"典型环境中典型人物"。但是，还是这几个典型人物，还是这几处典型的环境，将祥林嫂、阿Q换到哥本哈根，又将哈姆雷特搬到鲁镇、未庄……，这样"杂交"必定产生不了典型形象。

形，既有人的形，也有物的形；既有色之形，又有线之形、明与暗之形等。服装服饰发型发式及人的姿势均是形，人的脸形五官躯干四肢是形，表情变化时眉、眼和嘴的形也都有变化。至于什么样的体态——体语，与主体内容有何关系，以及体向与空间的关系、面向视向与空间的关系等均是构图时应当顾及的内容。

在"形"的组织上，应当记得《荀子·天问》中所说的："形具而神生"。刘海粟多次提到：精神是无形的，但潜存于一切有形的物象之中，以写形为手段，写神为目的，这是艺术的根本法则。所以，构图时对形的组织、组成和联结，均应明确宗旨——写神！

（3）量。"量"，既是"数量"，又是"重量"。无论什么量，都得把握"度"。以衣服皱褶为例，皱褶少，衣服似乎很挺括；但决不能没有一条皱褶。服装毕竟是由软性衣料制作的，随体态而有高低起伏，必定有皱褶，不是木板钢板，完全平服；但是，又不能有太多的褶纹，给人以衣装不整甚至乱七八糟的感觉。一幅画面中尽是深色块，量太大也许会感沉闷，如果不是影调需要，则应掺入些相对明亮的色块，既通气，又可均衡。

至于在色调方面的量，可有冷暖平衡所需的量的要求，如大面积冷色块中只需一小块暖色块就可使整幅照片获得冷暖平衡。但是，同样位置的冷色块，即使在画面中所占面积也相同，甚至还稍大些，而其他部分均是暖色块，也并不能获得冷暖平衡，而是感到很

"暖"。

空间也有一个量。人像摄影的拍摄对象是人。人总是在一定的空间范围内活动的，活动就得要有空间，而且这空间还得结合考虑方向。一般情况下，活动、动态的前方之空间要多一些，后方应少一些。否则就会感到憋气。侧面或全侧面的半身、大半身像，如果后背露出较多，可能会给人以"驼背"的感觉。构图时，可通过"裁割"将多余部分、驼起的背部排除到画面之外，视觉上腰背均挺直了。半侧面尤其是全侧面的特写，脑后部分往往既大又黑（白发者则显白），而且还显突出。这还是"量"的问题，也可以通过裁割予以改变；至于大面积的黑发，可用装饰光解决。

（4）方向与空间。关于方向、空间，安排上应注意人眼的视觉习惯是从左到右相对最顺，观看时眼睛也最舒服，能顺从这个习惯当然最好。但不绝对排斥"破格"。关于空间，当然既可以用明暗来表现高低远近，也可"留空"来加以解决。常规情况下视线也应占一定空间，有一定的"重量"。因而视线方向的留空应当稍空一些，以免连透气的余地都没有了。

彩图1《姑娘莫愁》（季立新摄）中，被摄者愁眉微蹙，且有低头，视线偏下并失神，额头几乎"触"到画面的边缘……。整幅画面中蓝色占了近75%的面积，故应属"冷"调；蓝色又可寓悲哀，与眉头、眼神相联系，愁与悲的基调就形成了；视线前方无空间的构图属于"破格"，会造成郁闷的感觉。然而在这幅作品中却能使整幅作品的色彩显得统一而更浓郁。如果视线方向留足空间，或有心旷神怡的气氛，则与这幅作品的基调、情绪肯定会"不统一，不协调，不和谐，不一致"。

（5）色调。色调可由画面配色予以解决，也可用光来解决。《姑娘莫愁》的基调就是蓝色调，是用蓝色块形成的，而且是以构思时已经考虑到的情绪的基调及相应的色彩的情感作用来确定的。这在中国画中称"意在笔先"，也就是"谋定而后动"。用光来解决色调方面的问题，既可以是整幅画面的色调，但也可以改变局部的色调。如彩图2（姜增祚摄）是采用低色温拍摄的婚纱双人直半身。因为采用明显低于胶片指定色温的光源进行造型，致使整幅照片呈现出暖调效果。这与结婚所要表现的温馨的二人世界是非常切题的。用光来局部改变色调，可采用色光局部照射的办法，用色光照射所需改变的部分。彩图3（姜增祚摄）即是用色光照射背景，并使背景局部改变色彩的。当整幅照片中都是大片的冷色时，用局部暖色（渐变）来丰富背景的色调，并让其与花束相呼应，增加些婚纱的喜气。

（6）影调。低调相对利于表现凝重的对象和较为含蓄内敛的情绪，高调则易于表现轻快、纯洁的情绪和清新的对象。因而，低调更多地用于男性，尤其是中年和老年男性；高调则较多地被用于拍摄儿童和女性。

构图诸要素看起来似乎是孤立的，但在实际运用中都是相互交织渗透着的，而且应当是紧密联系着的。

2. 姿势造型

姿势造型在某种程度上与线条线形的关系更为密切。姿势造型在构图中就如中国书法艺术。中国的书法艺术讲究的是线条的形态及其分布。也就是线条的粗细曲直流畅程度，以及它们相互之间与框架或幅面边缘的疏密远近关系。因为中国的书法艺术是世界书法艺苑中的一朵奇葩，摄影构图可以借鉴书法艺术的相关规律。

姿势造型必须源于生活。每个处于现实生活中的人，几乎每天甚至每时每刻都处在各种各样的活动中。摄影师应仔细观察不同的个体在他们各自的活动中是什么样的姿态，包括待人接物时的各种动作都是值得注意研究的对象。譬如有人在打电话时，通话对象并不在眼前，且又未安装摄像头，两人之间只能有"声音的联系"，并不存在直接的形象视觉，但有不少的人在通话时会有手势和肢体语言，不管目标对象能否看得见。在说到动情之处，不仅声调语速会变化，手势体态表情也会随之在幅度和力度上相应反应。通过仔细观察，将既美又有个性的形态"定格"在脑海里，在摄影室中"仿现"出来，那么就有了新的姿势。所以，摄影师在现实生活中，应当不断地观察，而且要留心观察、用心观察。罗丹曾说过：所谓大师，就是这样一些人，他们用自己的眼睛，在别人司空见惯的事物中发现出美来。摄影师郭良荣先生在晨练时，发现一对情侣携手走在小道上，正当这两人迎着朝阳漫步时，被郭良荣先生尾随时看到，并将其定格，再搬到摄影室中模仿出来。郭先生的尾随并非为探知别人的隐私或他们二人之间的悄悄话，对于情侣携手漫步这样的情景、画面，可以说是无时无刻都有，真乃司空见惯，但要从中发掘出这样富有诗意的画面来——一对情侣互相深情款款地对视着迎向朝阳，于是就有了作品《旭日》（见彩图 4）。并非每个人都能发现这样的美景的。一对新人携手——"执子之手，与子偕老。"新娘的曳地长裙在画面左下方占据了较大的空间，于是新娘左臂抱花，让花束点缀左上方过于空旷的背景。牵手处腾出的空间会让观赏者感到两人间的空间太空、距离太开。出现的太阳就填补了这方面的空缺。

姿势源于生活，但要高于生活。例如，现实生活中喝茶的姿势，基本上是茶杯在桌上或是在茶几上，只在喝茶（或喝水）时，才将杯子端起来，送到嘴边。但在彩图 5《人像习作》（姜增祚摄）中，端起的杯子既不是放在桌子上，也不在嘴边，而是在二者之间。如果"姿势"与实际生活完全一样，或者说生活中的情景、场景和动作就可以直接作为人像摄影中的姿势，那么，要将桌子上的茶杯也摄进画面，整幅画面就会显得过于松散，但若真正将茶杯置于嘴边，极有可能会损及人物形象的完整。所以，拿杯子的姿势，要在整幅画面的范围内进行调整，升上去一些、降下一点儿，前伸一些或是后缩一点，使调整到恰当的位置——既符合情理，又满足均衡，还得解决线条、色调影调的需要。有时，为解决拍摄的需要，画面中的情景可能会违背现实生活中的一些细节，但只要不违背现实的生活规律即可。艺术真实并不等于生活真实。但艺术真实应来自生活，而且艺术应反映生活本质，或者说艺术应更本质地反映生活。彩图 5 中人物的姿势就显得有些动态，是静中有动，可以从这种姿势中感到画面之外还有一位朋友，二人正在亲切交谈。

人像的姿势造型以静态为主。亚当斯曾说过："静态的人像几乎和雕塑一样美。"静态造型要求维持同一姿势的时间较长，以利细腻的用光造型，表达丰富的层次质感。但如重心不稳,当被摄者维持平衡尚是难事时,全身的肌肉必然处于紧张状态,表情僵硬甚至痛苦。所以,静态造型要求坐得稳、站得稳,坐得轻松、不费力,站得休闲、放松。不必为维持平衡而分心、用力。

姿势造型中的形体因素可有头姿、手姿、肩态、腰肢和侧倾等。其中任何一个因素或几个因素有变动,整幅照片中的人的姿势就会有明显的不同。彩图6和彩图7(姜增祚摄)是同一被摄对象坐在同一位置所拍摄的。但因手的动作有差异,造成头姿、面向随之改变,从而产生了不同的两幅照片。彩图6中的手和手臂尤其是手和手腕形成缓曲线,相对从肘至指关节的距离略短,于是上体前倾、头也略低才能使手能"撑"到下颚处。而且她的体形线还是反"S"线,再与右臂的曲线呼应,婀娜窈窕的体形跃然而出。而彩图7则因手腕和手臂处于直线状,最上一节手指又处在此直线的延长线上,这段长度就较彩图6长。于是,胸得挺起来,头略反向倾,面向再回正些。所以,在头姿、面向、手势、胸背等可变因素发生变化后,姿势也就有了较明显的变化,而且塑造出来的形象也有所不同,彩图6中的形象较为含蓄、柔顺而婉约;彩图7所反映的则相对开朗明快一些。但是,这些形体因素的变化所产生的姿势变化,基本上还是静态造型。如果希望有点"动势",也可在姿势上动些脑筋。彩图8(姜怡摄),画面虽有一头略有波浪的长发,但仍是以硬线、折线为多的画面,主线条是从左上到右下的由头、颈、胸、腰、髋构成的"对角线"。这条主线使整幅画面趋向"动"。因为"斜线易显不稳定"。右手臂呈直线,但到了手腕处又呈直角折线;左臂就因手搭在脾间而呈折线;右腿与腰、大腿与小腿形成两个折角……,女性采用了那么多的刚劲有力的硬线条,若不是这长长的且又带些波纹的一头秀发,那就成了"小子"了。而现在则显得有些"柔中带刚"。结合对角线的主线条、休闲上衣和牛仔裤……,一位活力四射且又带些"野"味的"假小子"便跃然在人们的眼前了。由此可见,形体因素结合线条,既可表现柔美,又可塑造阳刚。

姿势造型要有时代感,或者说姿势造型也要"与时俱进"。传统的结婚照是以并头贴身、相对端庄的姿势为主的,到了20世纪80年代,也被认为太古板而渐渐有了改变。如彩图9,只是姿势稍有改变,就产生了动势,而让人感到是在活动中抓拍的,但其实这幅照片完全是在摄影室内拍摄的。要让婚纱产生动势,也是只需将形体因素中的几个因素改变一下即可得到。其一,头姿和面向。传统结婚照中二人的头是相对朝中间倾侧,面向一般以正面向前为主;彩图9(姜怡摄)中却是新娘正侧面头略仰朝向新郎,新郎是头顶朝向行进方向而面向新娘,视线却是自上而下(从画面上看是)注视新娘。头姿和面向的改变,必定牵连到头颈,所以这头颈也有较明显之不同。其二:腰肢和腿脚。传统站姿的双人结婚照,往往新郎新娘腿脚均是垂直线条,仅新娘在腰部收缩,裙摆呈喇叭口状四散;新郎两脚一般"摆"成丁字形。但此图中尽管新娘的腰、腿、脚姿势基本同传统一样,但新郎"送胯"使身体和腿脚呈弧线、左脚尖指向行进方向、两腿间的空隙造成两脚正在交替行进状,于是造成了新郎携新娘沿红地毯步入厅堂的视觉效果。与传统静态双人婚纱相比较,只是新郎在头姿、面向、腰肢和腿脚这几个因素作了调整,而且还是以伸展为主,结果却不大一样,可产生明显的动姿。当然,摄影师在拍摄前的构思应"与时俱进",要有让画面中的人"动"起来的想法,再加上平时观察到人在动时的姿势、行走时的姿势、两人行走时的姿势、情侣们在行走和上台阶的姿势、情侣们在呢喃燕语而同时又登台阶时的形态与姿势等。这一姿势造型源于生活、与时俱进的婚纱造型就这样被"仿现"到摄影室,再现在照片上了。

姿势造型当因人而异。现实生活中的人的姿势,真是"千姿百态"也不足以形容。这是因为男人有男人的姿势,女人有女人的姿势;老人有老人的姿势,少年有少年的姿势……,甚至不同职业、阶层都会在姿势上显示出一些"痕迹"。所以,摄影师应该有"生活积累",观察各种类型、各个年龄阶段、各种职业、各个阶层、各种个性的人物在各种场合中的"姿势",汲取其既美又有"个性",且还能与"共性"相符的形态,组合到人像摄影中去。有位人像摄影师曾说起,他自己连看电影都带着笔记本,看到好的姿势、构图就记录下来。如《阿娜尔罕》中的库尔班与阿娜尔罕在沙漠中成婚时的一个"镜头",就被搬到双人合影中了。库尔班又瘦又小,阿娜尔罕却是又胖又壮。这男瘦女胖的一对,对于传统结婚照来说,如果用"并头贴身",是只能如实记录的。但在电影中的这个镜头里,库尔班在前,阿娜尔罕在后,且从较侧的方向拍摄过去,让库尔班的脸和身体挡掉阿娜尔罕的部分脸和身体。至于另一半的脸,由于背向镜头,露出不多,也就不易看到;尤其是脸部的胖,主要"胖在腮和颊",若是近镜头侧的腮和颊,在处于暗影中的同时又被遮挡掉一部分,另一侧的腮和颊又不出现,当然就不会给人胖的印象了。与此同时,摄影师又用较短焦距的镜头,在较近的距离拍摄,充分利用"近大远小"的透视规律,让近处的"瘦小男子"变得大些,使离镜头远些的"胖大女士"缩小些。于是,男女形象大小的比例就显得较为和谐了。正因为这位摄影家将这样的姿势、构图"克隆"到双人合影中来,并取得成功,于是,众多摄影师群起而仿之。彩图10(姜增祚摄)就是这类模仿的作品。图中的新娘显得小鸟依人,就是因为采取了上述诸项措施。当然,手中的捧花若能再降下一些(3 cm左右)则会更好。彩图11和彩图12(伍丽萍摄)就能说明姿势造型应该因人而异的原因,彩图11用手遮住部分腮,彩图12则基本上腮全露。于是瓜子脸和卵圆脸的差别就出现了。由此可见,姿势造型的因人而异还包含了"美化形象"的作用。

姿势造型应表现得自然。除上述的重心问题外,还要注意从生活实际和被摄对象的具体情况出发。也就是不要生造一种姿势硬让被摄者去做,而是要让被摄者做自己习惯的甚至是感到舒适、熟悉的动作、姿势。但摄影师也不能对"姿势""放任自流"。须知被摄者对自己的了解程度绝对不如摄影师。他肯定不知道具体的这张照片的拍摄范围;但摄影师可以较精确地看到,若是用座机,则更能看清所摄进的任何区域和细节。被摄者的活动是全方位的,但具体的拍摄位置所"看"到的究竟如何他并不知道。不少的被摄者对自己外形的不美之处并不知晓,他想显示的姿势和角度有时会将不美之处充分显示;省力的姿势也许做起来很惬意,但可能无精神、不够美;如坐的时候腰背放松,形成驼背,虽省力,但不挺拔、不够精神。被摄者的姿势,在取景范围内还应作适当调整,以解决疏密、均衡问题。所以,摄影师应根据具体情况和画面的构图需要来指导被摄者进行调整。这里的具体情况主要是指脸形、外形、被摄者的姿态和年龄、性别、性格等。这里的构图,包括体裁、空间疏密、均衡等。

"画人像第一条也是最重要的一条,就是姿态。"(《达·芬奇论绘画》)人像摄影也是如此。虽然姿态就包括神态和姿势。

3. 视觉中心

一幅人像的视觉中心,往往就是这幅人像的趣味中心,基本上是这张照片的几何中心。

人像的主体中心随体裁而不同。常规情况下的全身像的主体中心是头面(女子的全身像往往是头面和胸);胸像、头像的主体中心是脸形和五官;特写的主体中心是眼、眉和嘴,甚至就是眼睛。所以,在构图时,就应让这一主体中心——趣味中心成为视觉中心。人像摄影的主体中心,应当是趣味中心。认识一个人,首先是将面容,也就是将脸形和五官与姓名对起号来;了解一个人的喜怒哀乐等情绪,首先是看他的面部五官。所以,面庞和五官的位置、形状往往是人像的趣味中心。通过该中心可解决:是谁?在干什么?是什么情绪?对什么感兴趣……。所以,在构图时就应当解决如何使主体中心成为视觉中心的方向和技巧。

(1) 0.618法。0.618法又称黄金分割法、"井"字构图法,也就是将趣味中心"放"在"1/3"与"2/3"的交接点上。其实人体本身在很多处就是按黄金分割比例"定制"的。如正面看人的两眼,就是分别处在眼睛所在的水平线之黄金分割点附近;正面看人的两肩若为1,颈部的两边也基本上符合此比例,即左肩至右颈边缘与两肩宽度的比值约为1∶3;"三停五眼"中的"三停",分别对应额、鼻、鼻底至下巴的正面垂直长度;"三停"长度相同,即符合"黄金分割"为美。如彩图5中人物的双眼,分别处在横向的两个黄金分割点上,高光区域也处在横向的0.618处附近;从纵向看,眼睛处在上1/3与2/3的交点处附近。彩图18和彩图20的主体中心也处在纵向的黄金分割点附近。彩图10、彩图13的趣味中心也在右、上黄金分割点附近。采用0.618法确定趣味中心、视觉中心,符合人的视觉习惯,容易被观赏者接受,而且易加深印象。

(2) 影调对比法。"观众的眼睛总是最先注视画面上最亮和反差最大之处;然后再把视线移到次亮和反差稍弱的地方。"所以,常规情况下的中调和低调的照片,其明暗色块结构就是如此安排的:将画面上最主要的部分(对人像而言,就是主体中心)处在明亮的光线照射下,让次要和不那么主要的部分处在阴影和半影中。那么,只要有人来看这幅照片,他的视线一开始接触此画面时就会被吸引住。伦勃朗就是如此安排画面的黑白关系的;而且他还在阴影和半影中安排些模糊不清的色块,使观众产生玄妙的感觉而引起关注。画面上最亮和反差最大之处就是最亮和最暗的色块比邻而居,两者会相互强化;而且,"你要强化他,你就孤立它"。用深色块包围明色块,或者用明色块包围深色块。它们相互强化、深化的结果,就使这些明色块或深色块产生更为强烈的视觉效果,给观众留下分外深刻的印象。所以，高调照片的主体中心，也往往是明色块包围中的深色块、深色线条。彩图13（姜增祚摄）是深色块包围的明色块，明色块就显得格外明亮。原因在于浓黑的背景、深浓的衣帽和浓重的阴影包围了被强光、硬光照明的一小部分面部，这一小部分面部尤其是鼻梁光就显得更为明亮、更挺拔。彩图14（姜增祚摄）则是一幅高调人像，显示了大面积明色块包围中的深色线条。由于被摄者全侧面的特征曲线颇具美感，同时又希望保留女青年肌肤娇嫩的质感，所以采用顺光、软光为主光，以柔化肌肤纹理，让面部显得光洁无暇；同时让面部轮廓的反射光线远离镜头而去，从而产生暗的轮廓线条；加用白色背景，强化了深色轮廓。手中所持的笔乃是银灰色，目的在于既要使主曲线产生强烈的高低起伏，又不能在主体中心附近形成较强烈的明暗色块、分散视线。

（3）色调对比法。对于人像，尤其是婚纱摄影，冷暖对比用得较多，因为人的肤色显暖。婚纱摄影有两位被摄者，但在现实生活中，这两位被摄者在摄影时还有主次，常规情况下是以新娘为主。新娘服装尤其是婚纱、礼服多为白色，如果环境用冷色的话，那么白色婚纱在环境色的作用下，也会呈现淡淡的冷色。这就使冷色块包围中的暖色块——人脸分外显得艳丽。

彩图15《"上轿"之前》（第八届全国人像摄影艺术展览金牌奖，施宝安摄）在构图上有许多值得借鉴之处，这里先看冷暖对比。周围的环境和白色婚纱在画面中形成了大面积的冷色块，但由于模模糊糊又推远了距离，且位置处于新娘右臂延长线上和右手能触及的位置。所以，从画面构图的角度来看，人脸和颈、胸无论从角度、冷暖、面积、虚实等方面来看，都具有了成为视觉中心的条件。而且，从线形安排来看，由头面、两臂（含延长线似的花）形成了三角形构图，头面居于三角形的顶部，既稳定、又醒目。

综上所述，在摄影构图中，应当利用冷暖对比色调对比来安排主体和陪衬，以利于强调视觉中心的表现力。

（4）虚实对比法。虚与实原本就是摄影"语言"之一，有虚有实时，总是将视觉中心安排在煞、实之处，而把陪体安排得松、虚一些。在彩图5中，被摄者的脸部煞、实，纤毫毕露，连毛孔和细微的皮肤纹络都清晰可辨；但持着杯子的手，除了在明度上不抢主体外，还在虚实上下了功夫。这样做的目的很明显：陪衬必须为主体中心"让路"。当然，手和杯子还有均衡画面的作用、与人物的神态及"画外人"的呼应作用，以及线条变化作用等，这里不再赘述。

彩图15的虚实对比则包含了两个方面。其一是主体和陪衬的虚实对比。不能让花这一陪衬物抢在主体和主体中心之前，于是人脸最清晰，花除了被遮去一部分外，还要处在景深外，让其略显松虚。其二是主体、陪衬分别与背景的虚实对比。尽管背景都是以横线条为主的"百叶窗"，但在主体中心所在处的横线条之清晰度要稍高于花所在处的背景线条。主体最清晰，背景线条稍松虚就拉开了主体和背景的距离，将背景推远了。而花本身就不是很清晰，如果花后面的背景也只是"不是很清晰"，则两陪衬之间就没有空间距离、层次了。现在的花所在处背景的清晰度明显低于面部所在背景的清晰度（尽管只是上下位置区别，距离完全相等），更低于花的清晰度。于是花与背景的距离也显示出来了。通过这样的虚实对比，进一步加强了视觉中心的中心地位，从而使观赏者进一步感受着艺术形象。

（5）线条对比法。线条对比既可有曲折和流畅的对比，又可有线条的虚实对比，甚至还可以和明暗、色彩相关联。这里将主要讨论通过线条的曲折和流畅的对比来确立视觉中心的表现手法。应当将视觉中心安排在线条曲折起伏比较大之处。因为此处较易吸引观众视线，对于人像来说，往往也是特征所在，易给人留下深刻的印象。而平缓流畅的线条，较易让视觉"滑过"，即使能给人留下印象，也是以顺畅柔和为主。

当然，有些时候线条可以起引荐作用。如用汇聚线条将视线引导到视觉中心。

上述五种方法只是在构图中安排视觉中心，希望能突出主体中心给观众留下深刻印象的最基本的手法。在实际拍摄人像的活动中，完全不必受此限制，既可将两种、三种甚至更多种手法糅和成新的一种，也可有所侧重，或者再创出全新的手法，以丰富构图技巧。

六、人像摄影的神态捕捉

神态对于人像而言，往往可以"一俊遮百丑"。意思是即使姿势、用光、构图等方面存在不足，但神态一好，也会成为一张好照片、好作品。对于观赏照片的人来说，光线造型、层次质感、立体空间反差等都要"内行"才看得懂，但对于神态的自然与否、生动不生动，"外行"也能一眼看出优劣。《蒙娜丽莎》画像，尽管色彩、明暗、透视、姿势、构图等诸多方面均可列为经典之楷模，但其最富魅力处却是蒙娜丽莎永恒的微笑，亦即是神态。

1. 神态与形神兼备的表现

"形寓神，神统形，形神兼备"，古人早就总结了人物画、肖像画对形象的关系和要求。那就是要讲究形和神。至于人像摄影的拍摄规律，则讲究"形神兼备，贵在传神；以形写神，重在瞬间。"这里的神，首先是神态；如果再深究一步，则可涵盖神情、神韵、个性……。所以，"神"其实包含了被摄者的情绪、情感、精神、性格、气质等。

情感也好，感情也罢，都是人对外界所有的人、事、物的一种心理反映。对于心理，在汉语言文字近古时代的用语中被列入"神"。不过，由"神"到"态"——神态还有一个感情流露的过程和流露的程度。应当看到，即使对于同一事物、同一事件，不同的人的感情及其流露过程和程度就会有所不同。这就是为塑造各种不同个性、性格、精神气质的形象提供了强有力的基础条件。

由于神态是人（被摄者）对外界人、事物的心理反应的外露，因而在不同的人、事、物面前的神态应该是不同的。不少的摄影师在拍摄人像时一味的让被摄者笑。且不说方法、技巧的对错，先就作品的主题内容及具体对象来进行分析，看一下人像摄影中的被摄者是否都应该"笑"。

诚然，"笑比哭好"。尤其是人作为社会人，感情是会传递的。面对殡仪馆中丧家呼天喊地的哭泣或死者亲友的伤痛，即使与死者毫不相干的人也会"莫名"地感到悲从中来，有人还会流下同情之泪。究其原因，就是"感情的传递"作用，或者说是被感染的关系。如果你刚进入一间充满了熟人的屋子，众多的人都以欢笑迎向你，即使你并不知晓他们因何而笑，但面对众多笑脸和欢乐气氛，相信你也会由衷地、发自内心地笑出来。在照片上看到被摄者笑得那么纯真、高兴，观赏者的情绪自然而然地也会被引导得喜悦起来，开朗起来。其次是笑容一露，眉、眼、嘴等都有动作，尤其是颊肌的动作，使得面颊鼓起，颧骨结节表面的肌肉高鼓，面部的高低起伏凸现，丰富了明暗变化和层次。这都是"笑"带来的优点。但是，作品的主题、内容和具体的被摄对象不是都适宜笑的。如果一位工程技术人员正在全神贯注地查阅资料、进行工程设计，对着图纸在笑；一位农民正在锄地，对着镜头在笑……，这些则不太合乎情理了。工人在工作时注意力应当在工作上，农民在锄地时应当看着他的工作对象、工作目标。如果任由一味追求"笑"之风无限蔓延下去，是否会出现正在刺杀的面露笑容的战士的"形象"呢？又如某人平素看来面容尚可，但笑起来却比较难看，那么，是否还强调要他在拍摄时应该笑呢？所以，尽管从照片的形式和情感方面看，笑出来的形象更美些，也更受被摄者、顾客和观赏者的欢迎，但"有笑容的照片"也只能是大多数或绝大多数，绝对不可能是全部、所有的照片都是必须"笑"的。

此外，还应走出某些固定的思维模式。例如"军人、警察的神态都必须是严肃甚至是严厉的。"其实，他们同样有生动活泼的一面。

对于服务业的人像摄影，在形与神的把握上相对强调形似神似。但从艺术创作的角度看，可能更强调神似，甚至形神都不似原型。当然，后者得以成立的前提是反映生活本质。据《晋书》介绍，东晋时有位裴楷，俊朗有识，当时被人称为"玉人"。有位画家为其画像，尽管外形酷肖，但总感有些不像。后顾恺之为裴楷画像，在颊上添加了三缕毛，并说：俱此，正是其识具。画像观众顿觉不同，裴楷的妻子在评说这几幅画像时说是：都像，但这幅（指顾恺之所作的多了三缕毛的这幅）更像。所以，"形寓神，神统形，形神兼备。"说的就是"神"的主导地位、决定性地位。

"神"的显现一定要凭借"形"。如，笑的形态是眉开眼笑嘴角上翘，眉毛弯曲成圆弧形且眉宇张开。而哭或悲时嘴角下弯。所以神态、神情都离不开"形"的动作。形态显示神态。例如《荀子·天问》中的"……形灭，神灭；形俱而神生"和刘海粟关于"形神关系"的论述均说明了神的显现一定要凭借形的表现。

2. 神态与拍摄气氛的营造

感情的传递作用很重要，因此，摄影师在拍摄时就应充分利用这个作用，用自己的感情、情绪来影响被摄者，使被摄者紧张不安的神情变成神采飞扬、真情自然。

彩图16《乔治·洛蒂》（顾云兴摄）的拍摄过程是：意大利《时代周刊》记者乔治·洛蒂在采访上海人民照相馆结束后，向全程陪同的顾云兴先生告辞时说："我的（采访）任务完成了，再见！"顾云兴先生说："你的任务完成了，我的任务没有完成！"乔治·洛蒂很惊讶："你的任务？你有什么任务？"顾云兴先生说："我为你拍照（人像）的任务。"洛蒂笑了，并高兴地接受了邀请。于是，洛蒂在摄影室内就座，并将相机随手搁在肘下扶手上。顾云兴先生一边与洛蒂先生谈话，一边准备拍照：

顾："洛蒂先生，你为我们的好总理拍了这么优秀的好照片，我们全国人民都感谢你。你拍这幅照片时，现场的光线很暗吧？"

洛蒂："确实较暗。现场光线只是将窗帘拉开了一条缝。"

顾："据我所知，洛蒂先生你从来不用闪光灯。"

洛蒂："我的确是从来不用闪光灯的。"

顾："这么暗的现场，又不用闪光灯，究竟是如何拍摄（解决曝光问题）的呢？"

洛蒂："我有'快片'。"（笑，定格，就有了我们现在看到的彩图16《乔治·洛蒂》）。

当乔治·洛蒂看到照片时，由衷地说了两句话：我今天遇到了真正的大师。这是我有生以来最好的照片。

首先分析上述对话。洛蒂自己是拍照的内行，对他进行本次拍照时，用对一般人的情绪调动感染法是不行的。但顾云兴先生是通过与洛蒂先生谈论拍照以外的事来转移洛蒂先生的注意力，使其在不知不觉中放松了神情而拍摄出的照片。其次，要尽可能多地掌握一些被摄对象的"情况"。在为人摄影前，可搜集与此人有关的资料，充分研究后以拍出"个性"。在给洛蒂先生拍摄前，顾云兴先生已经知道洛蒂为他人拍摄时从来不用闪光灯。作为资深摄影人士，当然知道感光片的感光度、大光圈等的作用和用途。在拍摄过程的对话中乃是故意问及此事，让被摄者认为是遇到"知音"，无形中也拉近了两人之间的心理距离。再次，要"投其所好"。摄影师也应对被摄者的喜好有一定的了解、熟悉（能精通则更好）。这样，双方就有共同语言。共同语言越多，就越相知，以至于被被摄者引为知己，当然会对摄影者敞开心扉。需知此乃获得生动神态之先决条件。在拍摄过程的对话中，除了上述三点之外，还针对洛蒂所取得的成就，及其采访时的创作风格表达了恰如其分的赞赏，"搔"着了洛蒂的"痒"处，怎不令被摄者意气风发、神采飞扬呢？

摄影师在边操作、边与被摄者交谈的过程中，千万要保持冷静的头脑，时刻提醒自己集中注意力。因为无论是操作还是与被摄者的交谈，最终目的就是寻求展现形象神态的瞬间。如果全身心投入交谈之中而忘记了引导和抓取瞬间拍摄，岂不是舍本就末了吗？

摄影师有时要担当"导演"的角色。如拍摄工作、阅读、思索、向住、回忆之类内容的人像，倘若被摄者迟迟不能"进入角色"，摄影师就得像导演为演员说戏似的，启发、引导被摄者进入角色，使其神态表情能符合内容、情节的要求。对于有的被摄对象，例如专业或业余演员，直接将要求告知被摄者也许可行，但绝大多数情况还是以启发为宜。因为即使是演员，"入不了戏"的情况也时有发生，而且在导演说戏后，往往还要经一二十分钟的酝酿才能"出情"，何况被摄对象基本上都不是演员。

作为摄影师，在用语言与被摄者交流、交谈和启发、引导时，应注意热情友好谦和、用词文雅，即使在儿童摄影时，也应注意不宜太粗、太俗，最起码不能有粗话脏话。

安排被摄者做些动作幅度不大的动作。不少的被摄者在镜头前感到局促不安的主要原因是感到手无处可放。安排一些动作，如让其手接触或是抓捏一些事物就可能获得很大改善。

如让学生写字，让少年儿童拿球。另外，姑娘们手中的小饰件，老年人的老花眼镜等，都可以成为减轻心理负担和放松情绪的道具。

"出其不意，攻其不备，突然袭击"的用兵之道，用在人像摄影中，有时也会奏效。运用此方法的前提条件是摄影师应事先了解被摄者的脾性、习惯，设计好较具体的方案和应对措施。《丘吉尔》就是作者深入了解丘吉尔的生活、经历、兴趣、个性后，经彻夜不眠，设计了具体做法，在拍摄时突然抢走丘吉尔手中长年夹持着的雪茄，以激怒丘吉尔时所摄下的经典作品。

采用"声东击西，避正就侧"的手法来调动被摄对象的情绪。当一切准备工作就绪，但被摄者却较紧张时，摄影师还可以临时做一些无关紧要的事情，表演一下"抱着孩子找孩子"之类的小品，待被摄者因此而莞尔时，他的情绪就被调动起来，神态也就放开了。

通过引导视线使被摄对象眼活神露。东晋画家顾恺之曾指着眼睛说："四体妍媸，本无关妙处，传神写照，尽在阿堵（四川方言，这个）之中。"到了现代，"要描写一个人，重点是刻画他的眼睛。"更是成了经典，由此也可看出"眼睛"在人像中的重要作用。彩图17（姜怡摄）中的眼神既有喜悦又有羞怯，面部表情却是喜……。再看彩图18（姜怡摄）人物圆圆的眼珠及其视线方向，使人感到似在滴溜溜地转动，于是，活泼开朗、机智俏皮的神态豁然显现于眼前了。这两幅人像在拍摄时对被摄者的视线都作了调动和引导。应当避免让视线较长时间地停留在某一固定的视点上，那样会使目光呆滞、神情木讷。所以，在拍摄过程中，应经常用语言或手势来引导被摄对象的视线；尤其是在按快门的瞬间，应用手的前后左右的移动来引导、调动被摄者的视线，或让被摄者看比较明确而又具体的目标。这样易使被摄者的眼睛活泛，眼神也就"活灵"多了。

营造拍摄气氛最主要的是应当让被摄者到了摄影室的感觉犹如回到自己的家中一般，摄影师像是多年的好友。因而环境要熟悉，摄影师的态度要热情、亲切，语气语调要和蔼友好，力求提供一个宽松的环境和温馨友善的氛围。

3. 神态与典型瞬间的捕捉

尽管每位摄影师都希望自己所拍摄的作品能够是艺术典型，但事实上不少的摄影家穷其毕生精力也未能创作出一个艺术典型来。但其实现在手头上正在拍摄的照片就有可能成为艺术典型或形象。即便是一般的商业人像、业务照，因为"神态"的好差每个人都有极强的鉴别力，神态抓得好与不好，与企业形象、摄影师自己的声誉密切相关。"形神兼备，贵在传神；以形写神，重在瞬间"这条拍摄规律，细分的话，前两句说的是拍摄要求，后两句则是概要的方法。

不少的人认为人像摄影作品都是"摆"出来的。说这话的人对人像摄影知之甚微，结论下得武断，而且失之偏颇。尽管人像摄影是以静态造型为主，但所反映的人的思想感情却是"动"的。可以肯定，当被摄对象处在镜头面前、灯光照射之下时，他的思绪宛如意识流似的在全方位活动着，他的所有的神经也都处于紧张、兴奋状态中，也是在全方位地接收、捕捉各类信息。所以，他脸上的表情极易快速变幻和迅即消退或消逝。也正因为如此，灯光位置——光线造型，是必须摆的；布景道具，是应当摆的，姿势造型，是需要"摆"的，但是表情是绝对只能抓不能摆，无人能摆表情。所以人像摄影的拍摄方法只能是"有摆有抓，有抓有摆；抓中有摆，摆中有抓；抓抓摆摆，摆摆抓抓；抓摆结合"。摄影师不能指望被摄者取代摄影师的光线造型、姿势造型、运用布景道具营造气氛和构图等具体的技术技能，因他未经专业培训（即使有这方面的知识和技能，也未必能用于自身，洛蒂就是证明），但神态却必须是拍摄者与被摄者共同配合才能得以显现，并由拍摄者及时抓获的一个"画面形态"。神态非得两者密切配合才能产生，才能被抓获。对于捕捉神态，有以下几点要求：

（1）先经引导，然后待机捕捉。人不会有无缘无故的喜乐，也不会无缘无故地产生悲和哀。不要去相信什么"一、二、三""茄子"之类的所谓引导。因为："准备""一、二、三"是要求被摄者在极短促的几秒钟内就要从产生情感到表情流露，这实在是太难为被摄者了。即便是专业演员，也很难在这么短的时间内进入角色。普通百姓根本没有经过表演的专业训练，为了满足摄影师的要求（当然也是他自己的希望），只能勉为其难地硬挤出一点笑容，若是实在挤不出，那就装点儿笑容，这当然不会有真情，也不可能自然。至于"茄子"也不可取：发"茄"音时，嘴形和法令（鼻唇沟）的外形与笑时的外形有相同之处，但眼睛和眉毛在被摄者没有笑意时和与不笑时并无二致；人在喜悦而笑时，乃是眉开眼笑，嘴上翘。但只有嘴和法令的动作而无眼、眉的动作的笑容被形容为"皮笑肉不笑"。所以要求摄影师能根据对象的具体情况（摄前的沟通）和现场条件，"触景生情"，即兴发挥幽默、风趣、诙谐的语言功能，积极引导，待机捕捉。

（2）判断正确，捕捉真情。人像作品要以情动人，但唯有真情才能动人。若是虚情假意，根本就别指望这样的形象会感动人。所以必须在对象出现表情时迅即判断这是流露的真情还是仅仅属于虚情假意。若是后者，千万不要按动快门，以免丧失最好的拍摄时机。

（3）及时捕捉"瞬间"。这里的"瞬间"是指被摄者所出现的符合理想要求的神态。由于人的神态会发生变化，而且随着感情和情绪因素的变动，神态的变化简直快到似白驹过隙，最理想瞬间也许只闪现一下就再也不出现了。那么如何能抓住这"千载难逢"的机会呢？以用语言引导为例，摄影师通过拍摄前与被摄者的沟通，对被摄者的情况有一定了解，就要采取用针对性的语言来打动对方。如果得知对方是扬州人，而摄影师又能说一口地道的扬州话，则被摄者就会感到分外亲切。虽然不至于"老乡遇老乡，两眼泪汪汪。"至少可以拉近些距离。如果再夸扬州人杰地灵，包括瘦西湖、五亭桥、郑板桥等，而对象也正好此道，那么，"他乡遇故知"，必定能引发被摄者对摄影师有诉不完的情和道不尽的意，在表情的流露上也就不会"设防"。摄影师在此时应当时刻准备及时、准确地捕捉"瞬间"。首先是要预测自己的这句话会激发对象什么样的感情，以及此感情的流露程度、表现形式是否够美，对于这最美的瞬间所出现的时刻应该要有预测，对快门开启的时刻也应有预测。务必使快门开启的时刻与最美的瞬间所出现的时刻"同步"。除了要求摄影师观察细和预测准外，还应当根据器材特性掌握"提前量"。因为人看到值得拍摄到真正按下快门，是一个从"感觉——感知——判断——神经中枢下达拍摄指令——手指动作"的过程，这一系列的动作和反应一般需要0.3s的时间；快门按钮并非一触即能使快门打开，由快门按钮的行程到打开快门，不同类别、型号的相机是不同的，甚至同一型号的个体之间还会存在差异。所以要抓准拍摄时间就得反复操作，在不断地调整预测与开启快门时机的默契、合拍上积累经验，提高准确率。

（4）准确抓取最美的瞬间。"回眸一笑百媚生"，也许笑容确实能打动人，但这表情流露时被摄者的形态是否最美则值得分别对待。《拉奥孔》塑像塑造的是特洛伊城的大祭司拉奥孔因泄漏"天机"而遭神祇，用海蛇缠绕撕咬拉奥孔和他的两个儿子致死时的情形。按《荷马史诗》所述，在与海蛇抗争时，拉奥孔因恐惧和奋力而发出的叫喊声震数里。那么，从常理来判断，他的嘴必定张得很大。但《拉奥孔》中的大祭司却在流露出绝望和极端痛苦的脸部，其嘴只是半张。原因很简单，张大的嘴或嘴张得太大之形态不美。无独有偶，中国的评弹在评价演员的形象时，也认为嘴张得太大不"趣"（苏州方言，美）。所以，既要真情流露的神态，又要形态美的神态，是捕捉神态的要求，"抓的神态要美"。

（5）要捕捉"活"的神态。这"活的神态"其实至少有两层含义：第一层是指在活动状态中的神态。真实自然的神态都是在动态中的，如果让谁维持半分钟或一分钟一直望着一个地方、做出一种神态而不能变化，相信谁都认为是"酷刑"。因为那是极难极难的。常规情况下，人们由感情到表情的变化经历以下过程：信息刺激（例如有趣的事）传递到大脑——形成"兴奋"（确实有趣，引发喜悦）——再经神经传到有关肌肉，引起收缩等一系列动作（如形成笑容）。信息量增大或刺激强烈，则这有关肌肉的收缩程度会在短时间内迅速加剧，直至"顶点"，使信息引起的兴奋释放完毕，然后肌肉再慢慢松弛——平静。在信息量未达到或大脑兴奋尚未传导到有关肌肉群前，表情平静到略有表情，逐渐兴奋，兴奋度逐渐高涨到最高点，兴奋度回落，再逐渐平静。这是一个动态过程。对于抓神态来说，所要抓的是将到而又未到最高兴奋点之时。第二层是，因为这个瞬间之前是在逐渐兴奋，之后的情绪是继续高涨，是一个动态，而且是向上的，可发展的动态。如果是最高点的瞬间，那么在此之前是向上的，之后则是回落的；例如跳高，到最高点是一个相对静止的、既不升又不降的短暂瞬间，表情也是如此。所以，最高兴奋点瞬间就容易呆、定，不"活"。

综上所述，拍摄人像时，摄影师应当发挥主体意识，积极引导被摄者，及时准确捕捉形态最美、感情最真实的神态。为此，必须熟悉掌握摄影器材性能和了解被摄者的习惯、兴趣爱好和个性及心理等，以提前预测、准确判断抓取具有典型意义的瞬间。

第二节　人像摄影的拍摄方法

前文已经分别对姿势造型、光线造型、影调、色彩、色调、背景道具和画面构图、抓取神态等多方面进行了介绍。现在对一些具体门类和实际拍摄过程中可能经常遇到的一些具体问题进行分析。

1. 儿童摄影

在摄影业务中，儿童摄影也是一块很大的"蛋糕"。现在有不少的摄影门店只拍儿童。所以，儿童摄影的技能应当引起足够的重视，职业摄影师应当掌握专门的知识和技能。

（1）儿童摄影的特点。儿童的年龄跨度较大，从呱呱落地的婴儿到少年有十多年的时间。在这十多年间的变化也是非常大的，应分为若干时段来分别探究摄影方法。

一两个月的婴儿是从本能到有感觉的阶段，而且一般只能仰卧着或被抱着接受摄影。婴幼儿的睡眠时间比较长。一个月内的婴儿，每天的睡眠时间近 22 个小时；两个月的婴儿每天也要睡 20 个小时左右。如果没有睡醒，想通过摇、拍让他醒来，只能是一厢情愿，他仍会闭着眼睛哭叫，反而会费更长的时间。只有待他睡醒、吃饱（或半饱）且身上各部分干爽时，才有可能进行拍摄。即使是一个月左右的婴儿，也已有听力和视力，在精神和情绪尚可时，听到声音后会用眼睛寻找声源，找到后会注视，但一般不会笑。两个月左右的婴儿的听力和视力比一个月的要好，动作也较协调。三个月左右的婴儿，一般会凑在百日拍摄百日照。摄影师将自己的手指给他，他会将之抓得紧紧地。可以试试轻轻摇动自己的手指，并在较近距离对他说话。除了特别"嫩"的，绝大多数的孩子都会露出笑容。三个月以上的孩子，在背部有依托时可以稍坐一会儿；但不宜脱空坐。至于有的家长提出让其俯卧，他会用手撑着，这种照片只能满足于一撑即拍；如再要追加逗引，希望他能笑出来，其实是极难的，因为此时婴儿能撑着抬起头来或撑起身子，对他幼嫩的肌体来说已是十分费力了，若时间太长撑不住有可能会面部撞在桌面、地面，所以，无论如何最要紧的是安全第一。

对于一两个月的婴儿，能睁开眼睛是摄影的基本要求，如果能有眼神就很难得了。偶尔也会遇到这个年龄段的婴儿出现笑容，但是从严格意义上说这只是无意识的肌肉牵动而已，与感情流露无关。但是出现这种可遇不可求的情况时千万不要放过，即使在灯位或者其他细节还不是十分完美的情况下，也必须抓住机遇拍摄，因为神态有"一俊遮百丑"的奇效。还有百日照，有的地方称"百岁照"，这个名称就寄托了良好的祝愿，如果摄影师耐心些、花些工夫是能抓到生动的神态的。上述这些时间段的婴儿，如拍摄半身像，可让母亲抱在胸前，婴儿头部就靠在两乳房中间的胸部，这样有利于固定婴儿头部位置，且又能感觉到母亲的心跳，要知道对于婴儿来说这是最好的安眠曲。每个新生儿听到的第一个声音就是母亲的心音，一直听到出生，所以听到习惯的心音就会安睡。

六个月左右的孩子可以靠在垫子上坐起来了，不过不会太稳，所以在安排他单独坐着拍摄时，要注意留出足够安全的区域，即使他东倒西歪也不致出什么意外，他的活动区域的地面或桌面应尽可能为软性的，即使倒下也不会弄疼孩子。

七个月左右的孩子可以翻身；八个月的孩子会爬。孩子奋力翻身或努力爬行的动作尽管稚拙，但是很可爱。彩图19《小天使》（章荣海摄）中婴儿胖乎乎的小胳膊小腿费力的支撑和爬行，显得童趣十足。

九至十个月的孩子普遍会"认生"；但若是母亲"产休"一年的，则认生的时间会提前，他只愿跟自己的母亲交流交往，最多扩大到与他昼夜生活在一起的家人。其他人只要靠得近些就会引起他的紧张不安，甚至哭闹。从四五个月大开始，可在专用椅子上让幼儿坐着拍摄，这种座椅的靠背应该较低，这样在拍摄时不至于露出靠背而"穿帮"，前面应有横闩。可以保证孩子不会从前面跌下，还应让陪同者从背后帮助托住儿童的背，甚至颈，同时又避免手被拍进画面。

对于一二岁的孩子，包括再大一些的，在他熟悉的环境里他就是一条龙，神态天真，只要让他能尽情尽兴地玩起来，他必定能够完全放开，神态生动自然。

所以，儿童的特点是"停"不下来，爱动爱玩，而且神态易生动自然，不会作假（较大些的易动）。戏剧界有句名言：永远不要与孩子和动物共同演出。原因就是孩子的感情率真，不做作，绝对不假。

幼儿园的孩子上课只有 20 min 一节课，这是因为时间再长，孩子就坐不住了，精神也集中不起来。所以对儿童拍摄时，拍摄时间要短，准备工作要快，引导表情也要快。对技术要求精湛熟练，强调操作迅速，对于职业摄影师来说就是布光迅速、构图（含布景、道具等）迅速、对焦迅速。

爱玩是人的天性，而不仅仅是儿童的天性。只是成人能有控制，能分清主次、知晓自己的责任而有所抑制，但孩子则只根据喜爱而不加抑制。彩图20《逃出小天地》（姜怡摄）就是孩子在玩时所摄的。童趣童真写满在脸上。这样的神态，尤其是张大的嘴和伸出的舌头，只能出现在儿童脸上的神态，也只宜儿童出现这样的神态。当然，让孩子玩，得有一个能让他放心玩的环境。宜让他在似儿童乐园般的环境拍摄，不少的孩子一到此地就会挣脱父母的手，跑去玩了。此时的摄影师就只需做好准备，伺机抓瞬间拍摄。

对于儿童，在让其玩时，只要不出意外，最好不要去干涉。如果一定要他按什么标准去玩，很可能会使孩子束手无策。摄影师应该放下架子，与孩子一起玩。同时应该记住，与他玩是为了拍摄儿童照。所以要处处留心，随时准备抓住瞬间。也就是摄影师在与孩子"玩"时，时刻保持高度的紧张状态。

（2）儿童摄影的布光要求。儿童是祖国的花朵，对每位父母来说，也是自己的希望，所以都希望孩子的童年能充满明朗的阳光。这就为儿童摄影用光定下了基调：明朗、明快、干净。同时，儿童本身的外形也颇有特点：圆鼓鼓、胖嘟嘟的；头颅圆圆的，小手，包括一节一节的手指、手背和胳膊，都是胖嘟嘟圆滚滚的。在用光时，就得考虑再现他的圆度、立体感，而且还要再现儿童皮肤的细腻和幼嫩。所以，儿童摄影的用光应以软光为宜，也可用散射光，但要有一定的立体效果；反差也宜低些；总的影调宜偏高，可考虑采用高调、高中调和中调。

（3）儿童摄影的自发性姿态。因为儿童好动，所以让儿童维持一个姿势不动，并要维持一段时间就比较困难。儿童往往会"动"。此时，安排好他的两只手是很重要的事。儿童从很小的时候就很重视自己的手。最早的时候是吮吸自己的手指，婴幼儿熟悉自己的身体也首先从看自己的手开始。所以安排好他的手，他就会感到自在，他就能平静、安定下来。

彩图21《外婆！我来好吗？》（姜增祚摄）中的儿童，就手持着电话。据他母亲介绍，这小孩子就喜欢打电话，所以拍摄时让她打电话，也不干涉她，没有不许干这、不许干那的限制，而且两只手都有事做，其喜悦之情就表现出来了。

彩图20和彩图21的姿势都是儿童在玩时"自行安排"的。事实上摄影师也无法安排，儿童不会服从摄影师的安排（如果安排稍大些的儿童在读书、写字、做手工劳作之类的活动是可能的，但最好也允许在大致范围内的小自由）。只有他自发性的姿势令他感到舒畅了，他才会乐。摄影师在这种情况下应该做的就是尽可能不限制、不改变儿童的姿势，但应选取最合适的角度、方向，以求取得最美的形态。

（4）儿童摄影的神态及逗引。不同年龄阶段的儿童，摄影时的神态要求是不同的。对一两个月的婴儿来说，能睁开眼睛已属不易，想让他笑，则是可遇不可求的事。所以可用响器来引起他的注意。对于响鼓响铃之类声音较响的响器，既要注意控制音量，避免因过响而使婴儿受到惊吓，又要避免长时间的声响，因为要起作用只要响几下即可，多了会"疲沓"，反而无效。

一两个月的儿童（包括再稍大些的儿童）对颜色鲜艳的物体会有兴趣，尤其是鲜红色的物体，会引起幼儿的注视。

皮肤接触也是逗引儿童神态的方法，但应注意卫生。很小的儿童就会将手抓得很紧，可以尝试将手指交到他的小手中，让他抓着，轻轻摇动，或者轻搔他的手心。婴儿抓着你的手，就会有友好的表现，轻搔手心的感觉，有时会令反应稍强烈些。此时还可用婴儿的"咿咿呀呀"的"婴儿语言"与他交谈，促使他的感情流露。

对七八个月以上的孩子可做"藏猫"的游戏；对周岁左右的儿童可与他玩扔皮球的游戏；有时还可抱着儿童"踢皮球"，就是抱着儿童，让其前后荡起来时将皮球踢中，即使这个孩子很不喜欢和外人打交道，有时也可奏效。

提问题也是促使儿童出表情、出神态的方法。但是，针对不同儿童提不同的问题则是技巧了。如果儿童的母亲也在现场，可指着他的母亲问："这是谁呀？"三四岁的孩子会一边说："（这是）妈妈。"一边笑。提简单的问题可让孩子因答对而喜悦；提复杂的问题让孩子思索、困惑、迷茫，也是不错的神态。

面对夸奖、表扬、不少的儿童会喜不自禁。可夸他聪明、能干，可夸他衣服漂亮、头饰新奇，可表扬他爱清洁、讲卫生等等。

　　通过逗引陪同人员来引发儿童的表情。可用球让儿童顶着，顶不住掉下来……，几下后将球放在陪在一旁的母亲或父亲的头上，他当然也顶不住，也掉下来，往往此时因儿童看到妈妈或爸爸也和自己一样"笨拙"而开心大笑。对于怕痒的孩子，装出呵他痒痒虽然也许会引发他笑，但易同时引起他躲让而产生构图问题。因而可以装出预备呵陪同人员痒痒的动作，让陪同人员做出怕痒欲逃的样子，也可能逗得孩子开怀。但应注意保持与陪同人员的距离，千万不能触及对方。

　　对于特别怕羞的孩子，还可让他妈妈坐在摄影凳上，为他妈妈拍摄。此时他必然跟着且依偎在母亲身旁。这就为拍摄提供了条件。摄影师可佯装为母亲拍摄而实质所有准备工作都围绕孩子伺机拍摄。

　　此外，掌握一些口技，如学小鸡小鸭叫，会些小魔术和讲些故事等，都是逗引儿童的技巧。当然，可用的方法和技巧还远不止上述这几项，而且在具体运用时，还可将几种糅合在一起或交替使用。但不宜直接让儿童"笑"。如："你笑一笑吧！"

　　儿童摄影应根据对象的具体情况和拍摄内容进行逗引，还要兼顾造型方面，才有可能取得良好的效果。

2. 婚纱摄影和婚礼摄影

　　婚纱摄影就是结婚照，在数十年前还有专门称呼：洋礼服结婚照。在20世纪80年代中后期港台企业登陆内地市场，港味的婚纱照、婚纱摄影也开始流传起来，并逐渐取代了结婚照的提法。婚纱摄影其实就是穿着结婚礼服的双人合影和单人纪念照。与其他双人合影和单人纪念照的不同之处，就在于穿的是结婚礼服，纪念的是结婚。

（1）双人合影

1）双人合影的姿势。双人合影含双人全身、双人半身。其中双人全身的最基本形式是两人均站、一坐一站以及半躺和坐相间。双人半身又可分为横双半身和直双半身两种基本形式。现在逐一进行简略分析。

① 两人均站的双人全身合影。分为以下几种姿势：

a. 相对侧身正面站姿。常规情况的排列是男左女右，男子的站位应当是身体略向右转而女子则略向左转，让新娘的左肩插到新郎的右腋下，这样可以靠得比较紧。新娘的礼服应充分舒展，裙褶应顺时针仔细地理顺，且尽可能拉得挺拔些，必要时可用重物压住，以免其自然垂落而不挺。左前方的裙摆应能遮去新郎的脚。这至少可以掩盖如遇新郎需垫高时的尴尬。两位新人的双手，可以变化成多种形式。如：新郎右手抄在新娘腰间；两手相握；右手抓身襟（左手总是握手套）让新娘左手从腋下穿出；新娘一手从新郎左肩下抱出；右手搭在新郎右前臂；或圆、长捧花放在与腰等高的腹部。

b. 相顺正身全身像。以相对侧身为例，若是新娘的身体向右转，与新郎的体向相同；或者是新娘在新郎的身后，但体向保持与新郎体向相同。这两者姿势，前者易再现新娘的娇羞，后者利于表达新娘对新郎的依恋。

　　c. 身体与面向基本一致的全侧面像，也可有相对和相顺这两种形式。相对的全侧面人像还可安排两人对视，特别利于表现两人心心相印的情意。相顺全侧面像则易体现志趣相近、共同进取的氛围。

　　两人均站的全身（包括直双半身）的高度，应控制在新娘的头纱不高于新郎的头顶；如果没有头纱，则直构图中新娘的头顶（含头发）应与新郎的耳垂至眉毛左右高度区域内。但相对全侧面如安排对视，则高者应更高些。

　　上述诸姿势均为站姿。站姿要求体形较好，但若被摄者体形不太理想，如新郎过矮、过胖，或新娘过胖、腰腹臃肿等，则要考虑有坐有站，体形差的坐。"宜站者也宜坐，宜坐者未必宜站。"

　　② 一坐一站的双人全身合影。一坐一站的双人全身像，两人的身高差别弹性范围可大些。如彩图 22（姜增祚摄），二人头部高低相差近两个半头的长度，画面也没什么不妥。这幅相顺侧身正面双全高调，整幅照片的感受就是相互体谅、志趣相同而且淡雅高洁。

　　其他如半躺与坐，双坐地背靠式等，也均属双全身的姿势。所有的婚纱摄影中的姿势，首先得来自生活，不要硬造一个什么姿势，否则往往效果适得其反；其次是形态要美，尤其是要能让观赏者激起美感，也就是要从接受美学的角度多考虑一些；然后再在姿势上体现温馨或热恋中的新郎新娘的爱意，否则不成其为结婚照；此外还得考虑美化形象、富有个性特色和适应国情等若干方面。

　　③ 横双半身合影。横双半身的结婚照最简单的就是相对侧身正面、并头贴身。这种形式要求男女双方脸形相对比较端正，无明显缺陷和不美之处。构图、服饰要求也较简约。基本上背景陪衬带进画面较少。最基本的横双半身要求女肩不高于男肩，如用头纱，头纱应不高于新郎头顶。现今的婚纱摄影往往环境也占了画面的相当比重，一方面可有环境气氛，另一方面因彩色摄影的关系，布景道具等缤纷的色彩，使眼睛觉得"闹猛"些，不少人认为好看。

　　④ 直双半身合影。直双半身应考虑人物高低的"落差"幅度。常规情况下应让低者的头顶相当于高者的耳垂高度。如果拍到大半身，尤其是出现新娘的裙摆，应考虑让裙摆散开，必要时用夹子夹在其他固定物上，以使裙子显得挺拔，同时产生线条变化。

　　双人摄影尽管常规是男左女右，男站女坐，男后女前，但并非不能"破格"，拍时可根据具体情况和需要变通创新。例如女胖男瘦时，如一定要强调男后女前，则只能胖者仍胖、瘦者仍瘦。如果改成男前女后，则瘦者小的形态可望变得大些，若再在镜头高度或局部布光等方面采取措施弥补，另外再让前者的身躯、头面遮挡掉胖者的一部分身躯、头面，另外合理确定二者的身体、服装露多露少、藏多藏少，对于整幅画面的色块分配、画面影调都有一定的调节作用。此外，将男后女前换成男前女后，对于本身娇小的新娘不但并无什么不妥，反而更显得新娘小鸟依人，如果姿态再合适些，也会更显"女人味"。

　　2）双人合影的道具。双人半身像中的道具，可起到如下作用：扬美避缺、烘托气氛、均衡画面、丰富形式等。道具可单一，也可多重。如彩图3中的捧花，就既填充了前方的空间，又烘托了婚庆气氛，还在色彩上有了明显的变化，强烈地拉开了前后距离空间。彩图22的道具仅仅只是一枝玫瑰花，但它的出现，也使线条结构出现了明显的起伏，又在画面右侧较大的空间内填入了内容，且玫瑰花又为整幅画面的"爱"意添上了画龙点睛的一笔，同时又不改变画面基调。彩图2的道具是只"古董电话机"，主要作用是填补画面空间——解决均衡需要，稍带改变了线条走向。在安排捧花姿势时应注意，让花朵朝镜头，花的梗枝朝背景，可用手挡住，以免枝尾出现而显不美。

3) 双人合影的布光。除时尚灯光基本无明暗变化外，基本上应考虑光型一致、亮度一致、反差一致，光照方向一致这几个方面。必要时应实施局部的接补光。此外，在主光照射的方向上应考虑：主光应从二人中处于后方者一侧照来。否则，前者的身体和头面会在后者身体和头面部产生无法消除的投影，影响画面效果。

(2) 单人像。婚纱单人像的重点是新娘的单人像。无论男女，都有全身、大半身、胸像、特写等体裁。

1) 新娘的单人全身像。一般不宜完全正面朝向镜头，从全侧面或半侧面方向拍摄，可以比较明显地显示新娘窈窕的体形。目前国际范围内的选美，都将"三围"列为评选标准之一。要求是胸围、臀围大而腰围相对小。婚纱摄影中的臀围因礼服裙的关系很难具体显示，但由于裙摆外展，比较易显大。胸围和腰围是应强调的。所以，正面拍摄的身体，只能见腰围而未能显示胸围；但侧面的体形，就既能显示腰围，又能显示胸围，全侧的体形，胸围更是充分展现。因而无论全身还是大半身，全侧面的体向用得较多。如脸形不宜全侧面时，可让其回向镜头些。

拍摄婚纱像的镜头高度与常规全身略有区别。常规全身的镜头高度是先找出被摄者高度的中点——耻骨联合处，再找出主体中心的重点位置——眼睛，这两点联线的中点——胸部，即是镜头高度所在位置。在这个高度的镜头，既顾重点，又顾全面，在三四米以外的距离还可保证不变形。但是，全身婚纱像的镜头高度如果也照此办理，则由于礼服裙的裙摆往往突在人的身体前面，因离镜头更近，在"近大远小"的透视规律作用下，裙子变形失真造成人显得特别小。因此，要解决裙子与人的大小比例，应将主体中心至裙摆前沿拉条直线，在这条直线的中垂线上安放镜头，一般高度约在肩部。而且对120相机而言，拍摄全身所采用的标准镜头，首选是127 mm而非90 mm，适当拉远些拍摄，以缩小距离远近的比例，降低透视变形的程度。

2) 单人婚纱半身像的拍摄。除穿婚纱外，与半身纪念照、艺术照并无二致，但在头纱的运用上，既有限制，又有便利。因为头纱有利于遮去耳朵前的部分脸颊、腮，还有部分的颈和胸，对于这些部分过于肥胖或有疤痕、胎记之类的缺陷的被摄者，可有遮掩作用，有利于扬美避缺。但对于额头形态不太有利，相对有了限制。因为头纱是新娘的标志，常规情况下不宜去除，对于额头形态不完美者，若用头饰或用透视、角度等掩饰，都没有像用头纱掩饰方便简洁。

(3) 婚礼摄影。婚礼摄影前应听取婚家的安排，排出"节目单"，然后再按顺序操作，做到胸有成竹。

近年来，拍结婚照的时间提前了，基本上都提前拍摄，布置新房时就将婚纱照挂上墙了。到了宴请宾客、闹新房时，没有结婚照的似乎就缺点什么似的。于是现在的婚礼就演变成上午进教堂（不信教者就省略此项，以下涉及教堂内容同此处）；从新郎家中（或新房）出发，到新娘家中，接受新娘亲友的祝福，新郎进入新娘的闺阁，新娘与家人话别（有的地方风俗"哭嫁"），新郎新娘接受祝福，临出门时整装，新郎扶新娘上车……。迎亲的过程有很多均是值得拍摄的。摄影师应以抓拍为主，必要时也可组织一下，适当调度一下场面。从新娘家中到婚宴现场，则可含下述内容（也可省略部分或全部）：新人到新房（巡礼）；新人婚日外景，婚车巡游及途中风光。婚宴现场的来宾签到、新人迎宾、亲家会面……，司仪宣布婚礼开始，一对新人在婚礼进行曲中款款步入、彩纸彩条飞撒……，主婚、证婚和双方父母的致辞、新人介绍恋爱经过、开香槟酒、切蛋糕、交换戒指（宗教礼仪中有此项）、喝交杯酒、请来宾尽兴、全场同庆、主桌敬酒、新人为来宾逐一敬酒、点烟（强调"红火"）……，新郎迎娶新娘到新房：抱新娘入电梯门、闹新房……。

如果是天主教教友，则比较强调某些仪式必须要在教堂进行。在教堂中，由神父（基督教由牧师）主持（天主教不准离婚，故无离婚后再婚者步入教堂），新人誓言终生相守；新娘的父亲将新娘的手交到新郎手中；交换戒指。

凡涉及宗教仪式、民族风情摄婚礼摄影，事先应征得神职人员、教堂方面的许可，并认真听取禁忌事项和禁忌范围，并在拍摄活动中严格遵循。

3. 多人合影

多人合影的范围比较广，从三人开始到几十、几百甚至更多人的合影，都称为多人合影。但中级摄影师只要求掌握在6~50人范围的室内人像摄影技术。室外人像在用光上虽受时间、地点和天气限制，但对亮度、光比和光型的控制相对较容易，只是在取景上稍有讲究些。因而中级摄影师的教学范围中应强调要求掌握室内多人合影。

(1) 多人合影的排列形式。在职业摄影师的业务工作中，多人合影主要是应下述两种要求而拍摄的：一是家庭合影。涉及家庭团聚、家庭新添成员（如新婚、新生）、游子远归、离别远行（求学、参军、海外定居等）；二是党政军警机关，企事业单位，民间团体和学校所要求的团体合影。涉及先进、模范、代表、成员、结业、毕业等。两类合影在排列上具有相同之处。

比较庄重的合影相，当以"正面人像"为主；而且每人的头面大小尽可能接近相同。在排列时应以镜头至第一排居中者的距离为半径，以镜头为圆心画一圆弧。第一排的每位被摄对象应都在这条半径所画出的圆弧线上。为避免变形，尽可能用底片对角线长度二倍左右焦距的镜头（视条件许可）。在拍摄距离足够远时，排成直线也可，但应注意由于象场弯曲的作用，要收二级左右的光圈才可望解决，从而对亮度有了一定的要求。无论是弧线形排列，还是直线形排列，被摄者都应面孔朝向镜头，才能使照片上的人均呈正面向前的面向。所以，排列时的面向为"弧角面向"。如果希望所有被摄者的视线也都面向前，则应安排被摄对象均朝镜头看。此时的视线就如折扇的扇骨，条条汇聚于折扇的轴门——镜头处。所以，正面合影像的视线安排是呈"扇形视线"。弧角面向和扇形视线，可以保证无论从镜头位置看，还是从拍摄所得的照片里看，所有被摄对象的面向——视线，都是正面向前。但是，从镜头位置看是完全一致的，而从被摄群体的侧面看，由于每一排中的每个被摄对象的具体位置均不相同，但又都正面朝向同一"点"，因此，实际上每一位的朝向都不相同。所以，正面合影的排列具有"以镜头为圆心的弧角面向和扇形视线"的特点。若不是这样排列，则会发生只有镜头正前方的几位是正面人像，其他人均不同程度地逐渐向"外"面向，离镜头越远的也就是越靠两侧的，面向向外偏得越多的"离心离德"的合影纪念像。

如果合影像分列数排，则应让前排人的头顶处于后排人的肩头的高度和位置。如此排列，可以避免后排人的下巴顶在前排人的头上、出现"头顶头"的现象。在较大型的团体合影中，整个队形以横幅为宜，长与高的绝对长度比，应控制在5∶3至2∶1的范围内，便于"做字条"。排列时，以坐椅子的一排的人数为基数，其后的站地排人数应为基数加一，也就是让左右两边各多露出半个身子；再后面一排，也就是第三排的人数应等于基数，因第三排得站在凳子上，而站地排因左右都超出第三排各半个身体，可将凳子遮去，避免"穿帮"之尴尬；若有第四排，则应将人数控制在基数减一；余下每排人数均按比前排少一个人来控制。若最后一排人数不等，则应考虑两边所缺人数基本相等，以符合形式美的"整齐律"。此外，有时还可以在坐椅排前安排坐地排或蹲地排。

家庭合影与机关企事业单位的团体合影的不同之处在于：家庭合影中的尊卑是以辈分和排行为序，团体合影则多以职务高低为序；有时偶尔也会以年龄大小为序。关于尊卑序位，有一点是相同的，那就是居中者为尊，左右两边为卑；在左右对称的情况下，位于镜头光轴的右边的（这是对摄影者而言。对被摄群体而言，是左边的被摄者为上首，右边的被摄者为下首），越靠中央相对越尊，且左右一一相应。例如：右一是次子（婿），右二是长子（婿）；左一则是次媳（女），左二是长媳（女）。或者：右一是长媳（女），右二是长子（婿）；左一则是次媳（女），左二是次子（婿）。这样的排列就能将关系表现得相对清楚。

所以，家庭合影的一般规律是：长辈在前，晚辈在后；长者居中，幼者依次分列两旁；长辈坐，晚辈站或蹲着；最幼小者若能坐，则既可坐于前排正中（宜略低于长者），也可被抱、坐在坐于正中者的手中、身边，或者也可站在前排的两侧。抱在怀里的孩子应尽可能让坐着的人去抱，以免站立者形象不美。在排列时，尽可能在大家庭的合影中兼顾小家庭的相对集中、完整。此外，在某些情况下的排列也允许破格。如大家庭的孙儿辈，按理应在第三排、甚至第四排就列，但如其正值新婚（或远行、游子回归），且欲强调这个情况，那么，就可安排这对新人（必要时也可穿婚服）站在站地排的正中位置。

机关和企事业单位的团体合影，是职位高者坐于正中，职位低者依次坐于两侧；再低者站于后面。坐椅（凳）为主排，其他各排均为次排，但次排中，又以靠椅的远近来分轻重。离椅越近，相对越重。当然，大部分情况是次排并不分轻重。常理，同级别中，年长者、资深者居中。

此外，如能做到每排高度整齐划一当然最好；如做不到，则或中间略高、两边略低的凸弧形，或中间略低、两边略高的凹弧形都是适宜的。而且，尽可能将脸形、体形大的对象往后排站，让脸形、体形较小的对象往前排靠。虽然一般用"中焦"以上的焦距段拍摄，但无论用何种焦距段的镜头拍摄，"近大远小"的透视规律还是存在，只是表现的强弱程度是趋向弱些而已。所以，即使是"弱"，用比不用好，比用反更好。若是条件限制，只能使用标准镜头，则如此排列的效果更明显了。

（2）多人合影的影室布光。作为合影像，其中的每位被摄者都希望自己在亮度和反差上应当和其他被摄者一样，不可能有谁希望自己在照片中显得特别黑（或白）。所以，合影像要求"匀"。这里的匀，除了亮度和光比（反差）外，还应包括光型。有了这三个方面的基本一致，才能体现职业摄影师的职业水准。具体说来，就是要求全体被摄对象，从左侧的第一排起到右侧的最末人止，从最前排至最后排止，在亮度、反差和光型三方面都要匀（此处的"匀"，只能是基本一致，因为每位被摄者的肤色、服饰、脸形、鼻梁都不同，甚至周围的环境光也不同，造成不可能绝对一致），并且还要求有立体感和尽可能虚化，甚至消灭投影。

由于光的"平方反比定律"，在室内用单灯作主光，必定有人距主光近，有人距主光远。造成各人间的亮度差异。同时，用单灯作主光来照明弧角面向的众多被摄者，光型也不可能一致。因而就要采用多灯主光。合影像的布光，最重要的就是多灯主光的具体操作。要达到亮度一致、光型一致、反差一致，还得有专门的技巧和方法。

"光型一致"中的光型，是光效的重要组成部分。人像的光型有正光、三角光和阴阳光这三种基本光型，是由主光照射方向和被摄者的脸向所形成的角度决定的。以三角光为例，是主光与被摄对象的面向成60°～70°方向射来而形成的（欧洲人约45°左右）。如果按习惯主光从镜头的右侧照向被摄者（如被摄者面向正南，受早上八九点钟时的直射阳光照射的效果），三角光的主光从与最近的被摄者面向成70°处照向整个被摄群体。但是随着第二位被摄对象的脸向因弧度面向而转回来些，即不到70°，第三位再转回来些，将接近60°……，第二只主光就在三角光将转变成正光时，再与这位被摄者的脸向成70°角的方向照来（以下类推）。由于第一只主光在照到几个人以后，随着距离的增大，亮度明显下降，此时第二只主光就可能起到决定光型的作用。第一只主光照射，第二只"接力"，第三只再"接力"……，而且是按弧角面向的对应关系进行接射的，所以称为"多灯主光，弧角接射"。只要每只主灯的照射方向与其分管的主要被摄者的面向角度相匹配，就能获得光型一致的效果。

那么，这弧角接射又是如何接射的呢？上面提到的第一主光，主要照射距主灯最近的被摄者，并将余光兼照其他的所有的被摄对象。因主要照明者，所以被称为"近光"；由于兼照其他所有被摄对象——远近都照，所以是"近光照近又照远"。第二主光一般从右侧的第三人起，兼照余下的更远者，绝对不照到第一、第二人；第三主光则是从第五人开始，兼照第六及余下所有人而绝不照射第一、第二、第三、第四人；第四主光则绝不照到比第七人更近的被摄对象，而只照射从第七人开始的较远的及更远的人……，所以是"远光照远不照近"。这是指的横向的一排上的摄影对象，分别受到不同照明范围的主光照明的对应关系。同时，近光、远光也是相对关系；这只灯可能对另一只灯来说是远光，但对再另一只灯来说却可能是近光。远光、近光是指照射对象距右侧边缘的远近而言的。对于上下各排的分照范围，一般控制在 2 排/灯。

所以，合影像主光的布光方案是"多灯主光，弧角接射。"具体布光方法则是"近光照近又照远，远光照远不照近。"

远光照远不照近，对于因照距远造成的主光无力可起接力作用，让远处的阳面的亮度得以提高，从而达到亮度一致。弧度接射又解决了光型一致。至于反差一致，若是阳面亮度一致解决，就只需解决副光的亮度一致就够了。这一点相对容易解决：在被摄者的正前方——镜头位置，用副光照明，力求平均，则可使各被摄者的暗影区获得同等亮度的补光，从而达到光比一致。

(3) 多人合影的神态捕捉。多人合影的神态确实是"难点"。因为对同一事物，各人的反应绝对不可能完全一致，则只能求相对统一。在神态的捕捉中，有两条应引起特别的重视，其一是视线视向；其二是眨眼。

尽管前面已经提及扇形视线，也已提到过视距要与摄距相同，但在合影像的拍摄过程中，应从以下几方面予以控制：首先是在按快门前请大家注意摄影师的手，或手中所持的较鲜艳醒目的目标物，要求被摄者的眼睛跟着看"走"；真正拍摄时，摄影师的手或目标物应在镜头附近移动，最好是在靠近镜头处的前后移动中（注意勿接触相机）开启快门；最后是手或目标物的高度应控制在与镜头等高到比镜头高 15 cm 的范围。否则，如果摄影师本身就是高身材，手高举得很高，坐在椅子上和在地上的这较低位置的几排人，在照片上会像在"望飞机"，甚至翻白眼。

至于户外摄影，应尽可能避开迎光的视线。否则，被摄者因受阳光刺激而睁不开眼睛，有的人甚至会流泪。引导视线方向同上，也应强调要调动视线。原因在于眼睛老是看着一个固定物，会导致"定"住，不"活"；而上下左右前后移动的视线，就显得"活"。当然，在做准备工作和对焦时，眼睛看定一个目标的做法还是可以用的。

若是半侧面的合影、全侧面的合影，在视距的长度与目标物的高度的控制上与拍正面合影相同；但在视线方向上略向镜头回靠些。面向越侧，视线回转相对要越稍多些。如是面向与镜头拍摄方向成 90°时，视线方向应回转 15°～20°，也就是视线与拍摄方向成 70°～75°角。

在防止"眨眼"情况时，应知道不让人眨眼是不可能的，只能在引导表情时加以注意。如在按快门前交代被摄者，希望各人不要控制表情，喜怒哀乐自然流露。但无论表情如何，每人只管住自己与摄影师的合作（防止头部或视线转动之关键），眼睛一定要盯着摄影师的手或手中的目标物看。按快门时应在手或目标在由前到后的过程中开启，至多只能在左右移动中开启。眼睛注视移动目标（不强调看清）可避免眨。而且在按快门时，摄影师的视线应自左至右扫视被摄者。若团体者众，又有助手，可各人分管一至二排。

（4）户外多人合影的采光与取景。户外多人合影的采光，最宜薄云遮日或阴天。因为此类天气的光质柔和均匀，反差相对较弱，但光又有一定的方向性，所以，立体感并不差。但若直射阳光，则应考虑用顺侧光，尽量不用顺光和逆光，忌用顶光。

顺侧光可使所有被摄者的立体感得到显现，层次丰富且脸形饱满。侧光有可能会让一部分人被阳光照明，另一部分人处在阴影中。顺光既容易丧失层次，显得太"平"，又易刺激被摄者的眼睛，造成大家都眯着眼睛。逆光最宜高角度俯摄，但人像摄影，尤其是多人合影、团体合影应平摄，高角度俯摄变形就会太明显，是不合适的。至于顶光，业内俗称"猢狲光"，指此光效使人脸像猴脸，用于拍摄合影像显然不宜。如遇光比太大或光位不合适而一定要拍摄时，可用闪光灯为主光。具体做法是以闪光灯功率和照射距确定光圈，尽可能大光圈短快门时间，让现场光曝光量欠一级，闪光的曝光量正确。当然，也可让闪光曝光量欠一级，而现场光曝光量正确，也可取得缩小光比的效果。

合影像的取景应安排好上景、下景、前景和后景；当然，有时还会有主景，那也得妥善安排。如某处的标志性建筑，非但一定摄进，且还得占一定位置，有些还要拍全。

众多的被摄对象总是被安排在中景。既是上下之中，又是前后之中。事先征求是否要做字条，以便排列时留出一定的空间。后景往往由建筑物组成。应根据天气情况、现场条件等情况来安排建筑物高度。在阴天，为避免"冲光"，建筑物应全面地、明显地高于所有被摄者；天气晴朗时则不必过于强调高度差别。一般情况下尽可能别让建筑物布满整幅画面。摄影界有"画留三分天，生气随之发"的说法。在场地条件允许时，拉大人与建筑物之间的距离就会缩小建筑物，扩大人的影像。反之亦然。也就是人离建筑越近，建筑物越高大。当然，建筑物也并非只能从正面拍摄，侧摄或偏在一边、照个局部也可，有时会因此而造成非对称式构图，使画面平添几分活跃的气氛。上景除用翘角的飞檐外，较多的可用树冠、树丛充当。上景既可是前景，也可是后景。但若是明亮的后景，宜用较暗的前景；反之，若是后景很暗，可用较亮的前景，必要时可用闪光灯解决前景的照明。目前的下景大部分是水泥地坪，最好以矮冬青树之类花草树木挡去大部分脚下的水泥地，若无条件，则考虑拍摄前往地坪洒水（注意洒后再测光）。

单元测试题

简答题
1. 在拍摄人像时，对组织、安排姿势造型有何要求？
2. 如何能使人像的姿势造型多样化？
3. 简述人像摄影的透视规律。
4. 简述平行透视的表现形式、特点和适用对象。
5. 简述横角透视的表现形式、特点和适用对象。
6. 在什么情况下拍摄人像应分别采用俯摄、仰摄？
7. 简述斜角透视的表现形式和适用范围。
8. 简述引导表情的方法。
9. 简述人像摄影时，确定拍摄位置的原则。
10. 简述五官与表情的关系。
11. 简述人像摄影中"手"的作用和地位。
12. 简述光的三要素。
13. 职业摄影师为何要研究反射定律和反射光？
14. 主光的作用，确定主光光位的规律。
15. 请介绍副灯的作用、运用的原则和规律。
16. 请介绍用人造光拍摄人像时，用光的目的，光的作用和造型效果及用光的技法。
17. 什么是影调？
18. 评述高调的成调条件和拍摄方法、注意事项。
19. 请介绍低调的成调条件和具体拍摄时的操控。
20. 请介绍姿势造型的基本要求。
21. 请介绍几种安排视觉中心的方法。
22. 对职业摄影师引导、捕捉神态的要求。
23. 介绍儿童摄影用光的基本规律和神态的引导和捕捉。
24. 多人合影的排列要求和规律有哪些？

单元测试题答案

简答题

1. 答：在组织和安排人像摄影的姿势造型时，要求摄影师：①首先要分析人物脸形，要从扬美避丑的角度来选择脸形方向、角度（面向角度），然后根据被摄对象的具体情况安排身姿和肢体形态。②姿势造型要活泼生动，富有时代感，避免老一套和固定模式。要力求多样化、自然化，要富有生活气息，避免生硬做作，应结合年龄、性别、职业、身份，具有个性。③同时，被摄者的姿势，应是他自己习惯而又不"吃力"的，在取景范围内让拍摄者认可的造型优美的形态。为此，摄影师应根据取景范围内所看到的进行"微调"，也就是进行引导、导布。

2. 答：①注意积累：观察生活中各个阶层、各类人的言行举止，从中汲取典型的、优美的姿势造型。②充分利用人的形体因素：人身上各部位有很多关节，都可活动，因而头姿、面向、肩态、身架、腰肢、手势、腿式等都可有动作，且又可俯仰、侧倾、转动变化。③结合拍摄因素：如拍摄的体裁、方向、高度、距离、透视等。④形体因素和拍摄因素中任何一个或几个因素稍作调整，就可使姿势造型产生迥然不同的效果。

3. 答：①人像摄影的透视规律主要分为线条透视和影调透视两类。②线条透视的最基本规律是："近大远小"。③由于拍摄角度的不同，线条透视近大远小的透视变化可衍生出平行透视、横角透视、纵角透视和斜角透视。④影调透视就是用明暗、黑白关系来反映立体空间。⑤影调透视的一般规律也称"空气透视规律"，其表现形态是"远亮近暗"。如在色彩上的反映是：远，淡、蓝、晦；近，鲜艳、浓郁。⑥影调透视的特殊规律是"近亮远暗"。⑦影调透视的一般和特殊规律尽管是互相矛盾、完全相反的，但往往对立统一在同一画面中。

4. 答：①平角正面拍摄可得平行透视。采用平行透视的画面，所有的线条都能保持横平和竖直，透视正常，无变形现象（摄距过近例外）。②平行透视有能使前后凹凸的立体形状表现得不明显些的作用，因而可使脸面高低不匀称的部分获得视觉上的改善。③平行透视宜用于高颧骨、凸鼻梁、翘嘴、泡眼、冲额、翘下巴等某些部位过于高凸的对象，以及瘪嘴、塌鼻梁、深眼窝等某些部位过于低凹的对象。

5. 答：①侧面、半侧面拍摄产生横角透视。②横角透视会使平行的水平线向深处汇集，等长的竖直线条近长远短。③半侧面横角透视，比较适用于横短形的脸形，如：方形、圆形、扁阔形等。全侧面横角透视显示的是额、眉、鼻、嘴和下巴等部位的侧面轮廓线，因而全侧面像只适用于这些部位起伏正常、优美的被摄者。④对左右两边不对称的脸形，镜头宜从小的一侧拍摄，可以获得理想的美化效果。

6. 答：①俯摄和仰摄都属于美化人物形象的主要手段；在被摄者外形不甚完美时，可以考虑是否应采用俯摄或是仰摄。②由于俯摄可使被摄者的上半部扩大、下半部缩小，因而对于上半部过小而下半部过大的脸形，如：窄额、宽颔、圆脸、阔脸、大腮骨的被摄者是很适宜的；至于鼻孔过大的被摄者，采用俯摄，也可使不美之处得以掩隐。③仰摄可使被摄者的上半部缩小、下半部扩大。所以，对于上半部过大而下半部过小的脸形，如：小下巴、尖下巴、尖窄脸、阔额和瘦长脸形的被摄者，就应采用仰摄来予以美化；仰摄对于小眼睛的被摄者也具有美化作用。④对身材高者作俯摄，对身材过矮者作仰摄也可适当弥补身材方面之不足。

7. 答：①被摄对象的头倾向一侧就可以产生斜角透视，斜角透视其实是兼有横角透视和纵角透视的复合透视。②采用斜角透视将会使原本的横平线、垂直线显得歪斜些。③在拍摄人像时，若被摄者的嘴缝线等不平或鼻梁不正，就应利用斜角透视，让被摄者作反向倾斜，以获得美化。

8. 答：①引导表情的工作应贯穿于摄影师的整个职业活动中，使被摄者不会感到紧张、没有精神负担，甚至不觉得是在被拍照，充分放松，无拘无束。②摄影师应通过友好的谈话来影响对方的情绪，便于让对方流露真情。③通过启发，宛如导演对演员"说戏"，使拍摄对象能尽快"进入角色"，流露出所期望的表情。④此外，还可以通过引逗、说笑话、讲故事来调节情绪，让拍摄对象（特别是儿童）的表情自然流露；通过声东击西，避正就侧的迂回手法，调动被摄对象的注意力。⑤通过引导视线，使拍摄对象流露表情。在安排视线时应当注意，当视线长度与拍摄距离相等时，被摄者的表情显得最为真切自然。

9. 答：①拍摄位置应包含三个方面的内容，即：拍摄距离，拍摄角度（高度）和拍摄方向。②确定拍摄位置的最基本原则是美化被摄者形象。当被摄对象外形很完美或基本完美时，应力求真实反映被摄对象外形；当被摄对象的外形不那么完美时，应利用透视变形来美化被摄者。两者在拍摄位置上的要求是截然不同的。③强调真实。拍摄距离宜远不宜近；拍摄高度应既顾重点又顾全面。拍摄胸像头像，摄距不近于 2 m，拍摄全身像时不近于 3.5 m（婚纱照酌情延长）。确定镜头高度时，先找整个拍摄范围的中点，然后再找主体中心的中点，镜头高度就应在这两个中点连线的中点高度上。如能符合上述两点，则拍摄方向（脸形角度）就只需选择最美的角度而不会变形。当然，摄距也应与焦距联系起来，所以，半身人像尽可能采用中长焦距镜头，而全身则可考虑标准镜头。④利用和控制透视变形。要变形只有在近摄距才有可能。故应根据需要变形的程度选择相应的焦距段，原则上是要变形的程度越大，摄距就应越近，焦距相对也就越短（注意防止矫枉过正的失真）。

10. 答：五官指的是眼、耳、鼻、嘴和眉。其中，在表情中起主要作用的是眼和嘴，耳与鼻并不具备表情作用，眉在表情的作用中只能是配角。眼睛是表情最重要的器官之一。"眼睛是心灵之窗"，一个人的心理活动，可以通过观察他的眼睛得到了解。嘴表情的直觉感往往强于眼，人们常说的"笑得甜"，指的也就是嘴的形态。

11. 答：手在表达感情方面的作用有时并不逊于眼和嘴。手势和手语均可与别人交流感情甚至直接交谈。手势对应于表情，应与面部相呼应。手在画面构图中，既可起均衡画面的作用，也可遮掩不美的部位，甚至可以使画面色块分布产生变化，丰富画面的表现形式。手进入人像画面中时，既可双手都进入，也可单手进入；既可整只手甚至部分手臂、乃至全臂都进入，也可部分手甚至只有几根手指进入画面。手进入画面应让掌侧（或半侧）朝向镜头；手不宜与面部等大、等长；尽可能让手与手臂呈现圆弧形；避免"断手"现象。

12. 答：光的三要素指亮度、光质和色温。亮度，既指发光体的发光强度，又指被摄体表面反射光能的强弱程度。光质，也称光性，指光的质地、性质。光质主要分为软光、硬光两类。硬光发光面积小，照射距离远，明暗界面尖锐、清晰、分明，投影浓黑；软光发光面积大，照射距离近，投影浅淡甚至消失，明暗界面柔化，过渡和缓，甚至消失。色温是光源的色光成分，是用来表示光源光谱成分的物理量。光的三要素之间并没有必然的内在联系。

13. 答：摄影本是用光来作画，而且摄影所纪录的乃是被光照明、造型后，因反射光能的多少和波长之不同而引起的感光胶片在感光量及感色层的不同变化之影像。所以说，摄影用的就是反射光。职业摄影师为了用好反射光，就必须掌握反射定律，以便迅速而随心所欲地运用光线造型和把握光效，使之符合理想的艺术效果。这就是职业摄影师要研究反射定律和反射光的原因——研究它是为了掌握它和更好的利用它。

14. 答：①主光的作用：照明形象并起主要造型作用。具体分析，主光对再现形象的形体、容貌、层次、质感和刻画人物的性格、感情，以及形成画面的光型、影调、色泽等都起主导作用。②主光一般只用一只光源。在拍摄双人像、多人像和团体合影像时，主光的光源会增至两只以上，但要求每只光源与其对应的被摄对象的照射角度一致，务必只留下一个投影并表现出统一的光效。也就是说，强调的是"只有一个主光"的原则。③确定主灯高度（即俯射程度）的规律是："凡遇鼻梁高翘时，主光灯宜高；凡遇鼻梁低垂时，主光灯宜低。"当光型（由主光横位变化引起）确定后，主灯调整规律是："凡在镜头上方发现高光条时，主光灯向上调整；凡在镜头下方发现高光条时，主光灯向下调整。"

15. 答：①副灯是最主要的辅助灯，其作用是弥补主光不足，使阴面有适当的亮度，主要是照暗部、细部，平衡阳面与阴面之明暗，使之不脱节（不是拉平）。副灯的运用原则是不能产生投影，也不宜冲淡主光效果。②副光的具体操作控制：宜用软光，角度宜正宜平，灯位一般不离镜头左右，或安置在被摄者面向的正前方略偏阴面处，既可连接阴阳过渡，又兼顾暗部层次，且不致产生反鼻影；副灯高度一般也基本上与镜头光轴等高；副灯的距离应根据平方反比定律来予以控制；调整阴面、暗部的亮度应注意，太亮，会造成阴面面部与阳面面部亮度相等，甚至反超，导致阴面"肿"，太暗，则可能会导致阴面"瘦"；此外，还必须根据被摄对象的面部特征，以及拍摄角度合理调整副光的照射角度。

16. 答：①用光的目的是：为主题、为形式、为主体。布光必须结合主题，包括描绘人物形象、刻画人物个性、渲染环境气氛、反映立体空间、确定画面基调，以丰富的形式来提高照片的观赏魅力，反映作品的社会意义；艺术人像作为艺术的一个分支，应该以丰富多彩的形式给人以美的享受。艺术人像用光造型的形式，有着较多方面的内容。通过用光，可以获得光影、光型、光斑、光线、光调、影调、色调、光色等多种可变形式；艺术人像的主体就是人，用光造型，就必须将被摄对象的外形完美地展示出来。所以应当：利用明暗分清主次、突出重点，显出层次、表达质感，扬长避短、美化形象，显示立体、表达空间。②光的作用：正确运用灯光，能赋予被摄对象以明暗块面，从而形成三个光影区，这三个光影区分别是：明亮区、暗影区和过渡区。③光的造型效果指的是：光型、层次、基调。④用光造型主要有四个技法，分别是：运用光种、选择光质，调整光比和安排光位。最常用的光种大致可分为：主光、副光、阳辅光、发光、背景光、脚光和装饰光七种；光质主要分为软硬两种，副光宜软，主光则根据被摄者的具体情况，如质感要求、个性、影调等而有不同；光比是按人物性别、个性和影调要求来调整、控制的，一般男性、老人、个性鲜明者和低调作品的光比宜大，女性、儿童、个性温婉者和高调作品的光比宜小；光位按照造型要求和光比等进行调整，使之体现摄影师的艺术构思。

17. 答：影调，是指"黑白照片上所表现的明暗层次"。即黑、灰、白的明度等级，又指整个画面的调子——光与影所造成的整幅画面的明暗总趋向。

18. 答：①高调的最基本要求乃是整幅画面的淡色块、白色块的面积总和超过50%的画面面积，余下部分是灰色块和深色块约占各半。为此，应选择白色或浅色的背景、衣服，这是拍摄高调的基本条件。"凭衣服定调子"。②在具体拍摄时，应注意高调照片的画面，绝大部分应都很明亮，明面大而暗面小，甚至小到只成线。所以，高调的布光以顺光为主，灯位宜低、宜平、宜顺，以减少投影，甚至使投影消失。主光光质宜软，光位尤应在被射者面部的大面一侧，则小面处在阴影中，被摄者的面向越侧，阴影就越小，至全侧面时阴影就最小，只成一条线了。为减淡投影浓度，高调的光比宜小不宜大，彩色可控制在1∶1至1∶1.5，黑白则可控制在1∶1.5至1∶2以内，并且曝光宜足不宜欠，甚至可以曝光过一些，所以应以暗影区的亮度为测光曝光基准。若以反射式测光，只要方法正确，直接就用测得读数；而用入射式测光时，应防止被主光和其他杂光干扰。高调的主体中心宜安排在暗影区，因为高调的暗影区往往是视觉的中心，所以把主体中心、趣味中心放在视觉中心上。高调的背景，应将亮度控制在与面部高光相等到不超过面部高光二级以上的范围内。背景不亮、不白，则人、衣轮廓不易出现；但太亮，又会造成冲光，被射者面部发灰。控制高调背景的另一关键在于背景与被摄者之间的空间距离。背景与人的间距宜远不宜近：半身像约2.5 m，照背景的灯光不能带到被摄者身上，以免冲淡轮廓线；背景距人较远，可避免背景亮度过高所发生的反射光在人的轮廓上产生再反射光而冲淡轮廓线。

19. 答：①低调是指画面中50%以上的面积为深浓色块、黑色块，余下部分是明色块和灰色块约占各半。为此，要求衣服和背景尽可能用黑色或铁灰等深色，这是拍摄低调的基本条件。"凭衣服定调子"。②因为低调要求大面积的浓黑色块，因而宜用硬光为主光，光位以逆光、逆侧光为主，且灯位较高，以利产生大面积的浓黑的投影。同理，光比宜大不宜小,彩色片控制在约1∶4以上,全色片可考虑1∶9以上(彩色片记录明暗等级的能力是32级,较好的全色片可记录128级)。低调人像的背景与主体之间距离也应拉得开些,约2.5m左右,以尽可能少地干扰背景亮度。由于低调照片中的明亮区很小,且又处在深浓色块的包围中,显得格外明亮,也容易引起观赏者的关注,特别的吸引视线,理所当然的成为整幅画面的视觉中心,所以宜将视觉中心安排在明亮区域内。在低调照片中,主体的轮廓应是明亮的,但应控制其亮度和面积,以免影响基调,具体掌握在以能分辨轮廓和必要的细节、层次即可。当然也可对黑背景加用较弱的背景光,以分出主体轮廓和产生立体空间感。低调的曝光宜"欠"(指负片),所以应以明亮区为测光曝光基准,只有这样才看起来似乎能得到大面积的浓黑色块。

20. 答:姿势造型应源于生活,又要高于生活。所以要求摄影师应留心观察,从现实生活中吸取营养;姿势造型也应有时代特征,而且还应该生动自然,富有生活气息;既要体现一定的个性,又要利于拍摄,故以静态造型为主,但不排斥有一定的动势。此外,姿势造型还应因人而异,美化被摄者的形象。

21. 答:①"黄金分割"法又称0.618法、"井"字构图法,是将视觉中心、趣味中心安排在画面的三分之一与三分之二的交点附近。②影调对比法:低调照片中的主体中心,往往是被安排在被深色块包围中的明亮色块上;高调照片的主体中心,基本上也都在被明色块包围中的深色块上。对比的色块可以深化、强化它们的相互作用,使主体中心更显突出。③色调对比法:主要是采用冷暖对比的手段。④虚实对比法:常规情况下主体中心总是比较煞、实的,而把陪衬,尤其是不那么主要的陪衬处于松虚状态中,从而以虚托实,突出主体中心。⑤线条对比法:既可用曲折与流畅的线条对比,又可用无形与有形的线条来对比,还可用粗、细的线条来对比,以突出主体中心。上述几种安排视觉中心的方法既可单独使用,又可综合运用。

22. 答:①拍摄人像时,摄影师应当发挥主体意识,积极引导被摄者,及时准确地捕捉形态最美、感情最真实的神态。②神态的引导:感情的传递作用很重要,因此,摄影师在拍摄时应当用自己的感情、情绪来影被摄者;营造和谐的拍摄气氛,摄影师的态度要热情、亲切,语气语调要和蔼友好、用词文雅,力求提供一个宽松的环境和温馨友善的氛围;摄影师有时要担当"导演"的角色,启发、引导被摄者进入角色,使其神态表情能符合内容、情节的要求;安排被摄者做些动作幅度不大的动作,使被摄者在镜头前感到局促不安的感觉获得改善。此外,还可以运用道具来减轻被摄者的心理负担和放松情绪;采用"突然袭击""声东击西"等策略来调动被摄对象的情绪。③神态与典型瞬间的捕捉:神态必须是由拍摄者与被摄者密切配合才能得以显现,并由拍摄者及时抓获。所以,首先要积极引导,然后待机捕捉;其次要判断正确,捕捉真情;三是要及时捕捉"瞬间",即及时捕捉被摄者所出现的符合理想要求的神态;四是准确抓拍最美的瞬间,既要真情流露的神态,又要形态美的神态;五是要捕捉"活"的神态。④摄影师在边操作、边与被摄者交谈的过程中,千万要保持冷静的头脑,时刻提醒自己集中注意力,防止因为全身心投入交谈之中而忘记了抓取瞬间拍摄。

23. 答：①儿童摄影用光应该符合明朗、明快、干净的基本规律，故以软光为宜（也可用散射光），同时要有一定的立体效果；反差宜低；总体影调宜偏高，可考虑采用高调、高中调和中间调。②对儿童的神态引导，应根据不同年龄阶段儿童的性格特点来进行。对婴儿，宜用色彩鲜艳的玩具和带声响的玩具。几个月的婴儿可轻触他的皮肤或手，十个月以上的婴儿可尝试游戏，如："藏猫"，再大一些的孩子还可以逗引陪同人员以吸引婴儿的注意，激发儿童情绪。在使用语言时，尽可能用儿童色彩，如双音词，也可提一些能让儿童回答的问题；多表扬、夸奖、赞美孩子。在与其游戏、活动中伺机抓取其生动的神情。

24. 答：多人合影的排列，是以镜头为圆心的弧角面向、扇形视线，以期照片上的人都正面向前。多人合影主要是家庭合影或单位团体合影，两者的排列有所不同。家庭合影的排列是按辈分和排行为序的。一般规律是长辈坐、晚辈站，长辈在前、晚辈在后；长者居中，幼者依次分列两边；尊者坐，卑者立；镜头右方为上首，镜头左方为下首；最幼小者落座，既可坐于前排正中（宜低于长者），又可被抱坐在正中者的身上，也可分别站在前排的两侧。尽可能兼顾大家庭中的小家庭，让他们相对集中；有时也可采用突出某一位（组、对）成员的排列法。机关企事业单位的团体合影，其一般规律是：职高者坐于正中，职位稍低者依次坐于两旁，再低者站于后面；座椅排为主排，次排以靠主排的远近来区分轻重；同级中的年长者、资深者居中。站地的第一排应最长，比坐椅排多一人，以便左右两端各露出半个身体，同时也可遮挡后排站位的椅子等垫脚物。以后各排均比前一排依次减少一人。后排人的肩头高度应与前排的头顶相平或略高于头顶，并且后排的各人应处于前排两人的中间位置，避免出现"头顶头"的现象。在合影长与高的控制上，应掌握在 5∶3 至 2∶1 之间，以便为做字条留出必要的空间。

第四单元　静物、产品摄影

第一节　静物摄影的常用器材设备

一、拍摄台

拍摄台是静物和商品摄影中的重要器材之一，它可起到支撑被摄体和制造背景效果的作用。拍摄台根据实际拍摄环境、被摄体大小而没有固定的尺寸，但不论哪一种结构的拍摄台，都必须稳定、水平。

1. 简易台

简易台可以用各种现有的物品材料临时搭建，比如利用小方桌桌面，将背景材料铺在上面，后部抬高固定在支架上甚至于直接固定在墙上，形成无缝的背景效果。这样的拍摄台搭建简便、因地制宜，而且可以充分根据被摄体的大小和高度以及拍摄角度来设计拍摄台面的大小和高度。

在一般拍摄中，用这种拍摄台拍摄打底透光和背透光的效果比较困难，可以将可弯曲的白色乳胶板（或广告灯箱上用的灯光板）用支架固定其两侧，底下和背后须留出空间置放光源，这种方法主要是固定比较困难。

2. 亮桌

亮桌是专门提供底部透射光和背后透射光效果的拍摄台，可以获得无投影的效果。如果精心设计透射光的效果，则可以获得各种各样的背景效果。亮桌结构是通过金属管支架固定一块半透明乳胶板，在后部向上弯曲形成无缝效果，弯曲的角度可以从水平到90°任意调节。拍摄时要让背景和底面形成统一均匀的亮度，必须控制好背后和底下两个光源的发光面积和位置，尽量避免两个发光面之间出现分界线。

二、光源系统

摄影依靠光源。在拍摄中，光源的亮度、角度、聚散软硬的性质、色温等一系列问题都直接关系到拍摄的最终效果。可以用在拍摄中的光源很多，了解了光源的种类和特性，才能灵活地利用不同的光源创造不同的画面效果。

1. 自然光

现实生活中的自然光来自太阳光。对于投射在被摄体上的光线，因方向和角度不同，不仅阴影的位置和面积会随之改变，而且被摄体的印象、感觉，包括影调和色调也会呈现出明显不同的视觉效果。自然光一般都为连续光源，较难人为地改变其方向和亮度，应用在广告摄影上比较难控制。说到摄影用光，还有一个必须考虑的因素，就是光和色温的关系。在彩色摄影中，光源色温的高低直接影响着被摄体色彩的真实还原。同样是白天，不同时间段太阳光的色温也有变化，如日出或日落时的太阳光色温较低，在2 000~3 000 K左右，早晨或下午的阳光在4 000~5 000 K左右，中午前后的阳光在5 500 K左右。在彩色摄影中，彩色胶片有日光型和灯光型两大类。日光型彩色胶片的标定平衡色温为5 500 K，灯光型彩色胶片的标定平衡色温为3 200 K。也就是说，日光型彩色胶片必须在色温5 500 K的光源下使用才能得到标准的色彩还原；而灯光型彩色胶片则适合于3 200 K色温的光源下使用。

2. 灯光

（1）连续光源。指可以连续发光的光源，一般包括强光白炽灯、卤钨灯、金属卤素灯等几类。

家庭使用的白炽灯功率小、色温低，不能用在专业摄影上。强光白炽灯是发光功率在200 W以上的白炽灯，其色温接近3 200 K，只需用滤色片或在后期略加校色就可以用灯光片拍摄。

卤钨灯包括摄录像常用的碘钨灯（新闻灯）和溴钨灯。市场上很多品牌的影楼灯系列中，有一种称为"石英灯"的也是卤钨灯。卤钨灯一般功率都在1 000 W以上，色温恒定为3 200 K，可以直接用灯光片拍摄。

金属卤素灯是将不同的金属卤化物加入高压汞灯中，有镝灯、铟灯等几种。这种灯色温可达6 000 K，可以直接用日光片拍摄，发光效率高，显色性好，多用于电影摄影中的照明。

连续光源优点在于结构简单，便于操作，光线造型效果直观、便于控制。但是较大的功耗、明显的发热、灯光使用寿命较短则是这类灯光的缺点。

（2）闪光光源。是瞬间发光的光源。135相机上使用的外接闪光灯即属于这种光源。广告摄影棚使用的闪光灯其原理与相机外接闪光灯相同，但结构更为复杂并拥有各种效果附件。闪光灯的色温在5 500~6 000 K左右，与日光的光谱分布基本一致，显色性好。由于是瞬间发光，不会产生大量的热量而影响到被摄体（特别是拍摄模特儿和菜肴之类惧怕高温的被摄对象)。

普通机外闪光灯的功率用指数"GN"表示,但广告摄影棚中用的大型闪光灯则用电容器与闪光灯管的输出能量[单位"焦耳"(J)或"瓦每秒"(W/s)]来表示。理论上存储在电容器中的 1 000 J 电能可点燃 1 000 W 的灯泡 1 s,使用最大输出能量 1 000 J 电容器的闪光灯,其发光功率即为 1 000 W/s。但是"焦耳"或"瓦每秒"不代表闪光灯的实际发光亮度,因为输出的能量转换成光能时,其亮度因闪光管的大小、反射罩形状的大小及其表面反光性能等条件的影响而不同。所以,不同厂家生产的同样功率的闪光灯,所对应的发光指数会有一些差异。一般摄影棚中使用的大型闪光灯功率从 100 W/s 到 6 400 W/s 都有。一般 400~500 W/s 的灯发光亮度大致相当于 60 GN 左右的机外闪光灯,也就是使用 100 度胶片和标准灯罩,在距灯 2 m 处测光可得 32 左右的光圈值。

根据大型闪光灯结构的不同可分为中低功率的单体灯和高功率的电源箱灯两种。

单体灯是将电容器、电路系统、闪光灯管、造型灯及控制系统集合在一个灯头里面。考虑到灯头的重量,一般在单灯头中设置 4~8 只电容器,功率控制在 1 200 W/s 以下,以保持其轻便。控制操作系统一般设置在灯体的一侧或后方。

电源箱灯是将电容器与部分电路单独设置在一个电源箱内,灯头内只有闪光管、造型灯和散热装置,其操作系统全部设置在电源箱顶部面板上,避免了灯头位置过高造成的调节不便。一般一个电源箱的输出功率在 1 200 W/s 到 6 400 W/s 之间,可以同时插 2~4 个灯头,功率有的平均分配,有的则可以不平均分配。使用电源箱可获得大功率的光量,可以同时控制 2~4 个灯头,减轻了每个灯头的重量,也减轻了灯架的负担。

广告摄影棚中常用的大型闪光灯的著名品牌有:德国产的 MULTIBLITZ(无敌霸)、HENSEL(康素)、瑞士产的 BRONCOLOR(布朗)、ELINCHROM(爱玲珑)、法国产的 BALCAR(保佳)、日本产的 COMET(高明)、英国产的 BOWENS(保荣)。其他普通品牌及国产品牌有:香港"好好"牌、台湾三光牌、AD 牌、温州光宝牌、余姚金鹰牌、常州银燕牌、上海金贝牌、永江牌、托特克牌、北京奥美斯牌等。其中光宝、金鹰、金贝等几个国产品牌已有 1 000 W/s 以上的大功率型号,且整体质量已接近国外同类产品。

3. 附件

大型闪光灯拥有庞大的灯头效果附件,主要分为以下几类:

(1) 灯罩。产生泛光硬光照明,根据照射角度大致可分为广角反光罩、标准反光罩、聚光反光罩和柔光泛光罩。其中标准反光罩的照射角度在 60°左右。柔光泛光罩通过二次反射产生广角的柔和光,适合拍摄人像。在灯罩上又有蜂巢、挡光板与滤光片三种配用件。蜂巢有大小几种巢眼规格,可使光线更加集中成直束平行射出。挡光板有对称两片式,也有四片式,适用于限制光源不必要的扩散。滤光片是圆形或方形彩色胶膜片,安插在灯罩前,产生不同色彩的色光效果。

(2) 聚、束光筒。聚光筒为内置聚光镜片的筒状结构,它将灯头发出的光汇聚后平行射出,形成小范围的光斑,可作背景效果光或被摄体的局部修饰光,还可插入不同图案的幻灯片作背景或现场效果的投影。束光筒只是一只锥形圆筒，前端带有蜂巢，没有聚光镜片。它也是作聚光用，效果没有聚光筒强烈，光的损失也较大。

（3）柔光箱（罩）。柔光箱由金属框架、黑色罩体、柔光屏组成，也有硬质箱体结构的，有不同大小的尺寸供选用。其特点是提供大面积均匀柔和的光线。一般大小的柔光箱后面只使用一个灯头，也有长条人像柔光箱上下并排 2~3 个灯头，大型雾灯发光表面积可达十几、二十几平方米，里面需安装多个灯头才能使光线均匀。大型雾灯多用于汽车等超大型被摄体的拍摄，可模拟天空光效果。

（4）反、柔光伞。反光伞的内衬面是金色或银色的反光材料。柔光伞则是整个采用半透光的材料制成。经反光伞反射的光为散射光，其照射面积大，照度均匀，光性较软，不易产生投影。柔光伞的光性比反光伞稍硬，类似单层的柔光箱，但由于四周没有内银外黑的罩箱，故光损失较柔光箱大。两种伞由于可以折叠收藏便于携带，故多用于外拍及时装人像拍摄。

（5）光导纤维灯头。在普通灯头上增加一套由 3~4 根光导纤维管构成的系统装置，将光通过光导纤维分成几束，用于拍摄首饰珠宝等无法用普通大面积光布光的小件物品。通过光导纤维的弯曲延伸，亦可为一些普通布光中的死角补光。

配合大型闪光灯使用，还有一些支架系统，如普通三脚灯架系列。天花路轨，安装在天花板上的 2 根固定轨道上有 1~3 根可滑动的轨道，配以可伸缩的机动吊架。闪光灯安装在上面可轻松调整位置方向和高度，同时也省去三脚灯架占用的地面面积。高档的路轨可以遥控移动与升降。

三、背景系统

1. 渐变背景纸

背景纸有全色的与渐变色的之分。全色背景纸通用尺寸为 2.72 m×11 m，有各色的普通质地纸与各种纹理纸，适用于人像连地无缝背景或大体积产品背景。全色背景纸另有一种 1.36 m×11 m 的规格，适用于较小体积产品的拍摄使用。渐变背景纸的尺寸有 0.8 m×1.1 m，1.1 m×1.6 m，2 m×3 m 等几种常用规格，适合小件商品拍摄时提供过渡柔和的彩色背景。渐变纸的色彩渐变过渡带一般在纸的中间，拍摄时可通过上下移动背景纸调节色彩的深浅和两种颜色的比例。背景纸由于都是纸质产品，使用时要注意防止尖锐物、油污等接触而损坏纸面。全色背景纸因有 11 m 长，一端脏了可以裁去；而渐变背景纸脏了只能用橡皮轻轻擦拭。有的渐变背景纸表面有亚光的防水涂塑，脏了可以用湿布甚至洗涤液揩洗。

2. 其他材质背景

背景布一般采用无纺布浸染岩石粉色浆制成，有单色、油画幻彩、模拟实景等品种，一般尺寸宽为 3.1 m，长度有 2 m、4 m、6 m 等多种规格。背景布较背景纸使用寿命长，可清洗、可折叠存放，产生褶皱可以熨烫平整，广泛运用在人像摄影、商品广告摄影中。

背景材料除了通用的背景纸、背景布外，根据画面创意需要，各种材料都可以作为背景使用。例如各种纹理的PV革,各种花纹的大理石板,各种颜色的有机玻璃板、丝绒布等。只要拍摄需要,一切有适当纹理与质感,能起到烘托陪衬主体作用的材料都可作为背景材料使用。而背景材料中最先进的要属背景合成系统。该系统利用同轴幻灯机将所需背景图案投影在高反射率的背景屏幕上,并使之与屏幕前的主体合成。拍摄时要注意屏幕前的主体受光方向与投影内容要一致,主体影像大小与投影内容的比例要一致。

四、道具

1. 道具的作用

道具能产生丰富的画面效果,能虚拟各种情景画面,产生以假乱真的效果,可用以完成整幅画面需要表达的情景要求。

2. 合理化

选用的道具必须能对所拍摄的对象有明显的说明及表现作用,不但能丰富画面效果,同时也要起到广告宣传的说明作用。

3. 情感化

道具可以是贝壳、假冰块等有情趣的东西,使拍摄的画面呈现出具有人情味的效果。

在拍摄商品的同时,可以加入模特,在这种情况下,作品就脱离了单纯的商品摄影而进入了更富有情感和接近生活的意境。

第二节　静物摄影的质感表现

一、传导型被摄体

指入射光在到达被摄体表面时,只有一部分被反射,而更大一部分被被摄体的自身材料所传导、散射或折射。这种有传导光能力的材料最常见的就是玻璃了。透明的玻璃属于全传导型材料,类似的还有水晶、透明的有机玻璃或塑料等。全传导型被摄体受不同角度方位的光照会产生不同的效果。入射光与被摄体受光面的角度越小,在受光面表面产生的反射就越多,容易形成反光,可以用以表现其质感。而利用侧逆光、逆光照射,则可利用被摄体的不同厚度及各个面不同的角度,形成不同的亮度块面和不同明暗的棱角线条。由于传导型被摄体自身透明,会将背景的色彩映入体内,所以无论被摄体是无色的或有色的,一般拍摄时都采用黑或白两种背景。以玻璃杯为例,一般的表现方法有两种:

用白背景时是"暗线条"法,该方法不直接对玻璃杯布光,而是将光打到白色的背景上。背景同玻璃杯保持一定的距离,通过背景的反射从后方照亮并穿透玻璃杯。这时的玻璃杯杯体明亮通透,而杯的边缘则由玻璃的厚度将光折射形成暗色的线条,勾勒出杯子的外形轮廓。使用暗线条法时应注意，背景与杯体应保持足够的距离；在取景器中观察打在背景上的光的范围要超出杯体的大小，背景也可用白色半透光有机胶板从后方打光形成明亮的背景光。如果杯体边缘的明暗线条不够深或过于细，则可在杯子两侧后方画面之外竖置两条黑卡纸，并调节其宽度与高度来控制映入杯体边缘暗线条的粗细与连贯性。

用黑背景时则是"亮线条"法，其效果与白背景的"暗线条法"正好相反，是在深色底上用白色高光的线条将玻璃杯勾勒出来。用光则避免将背景照亮，一般在杯子后方两侧画面之外设置竖直长条的柔光箱以及顶部垂直向下的柔光箱来营造杯体轮廓反光。同样通过调整柔光箱的宽度来控制亮线条的宽窄粗细。深色背景造成杯体也是暗的，往往缺乏质感，可以在杯子一侧前方加一个长条柔光箱或长条反光板，以产生不是很强烈的连贯的一条高光带，突出玻璃的质感。

这两种表现方法基本都是以表现玻璃杯自身质感造型为主的，而实际拍摄中经常会遇到玻璃制品特别是酒瓶瓶身上有不同的标签，还有有字的瓶盖等。这种情况在运用以上基本表现方法的同时，在被摄体的前方加反光板，将光反射到瓶身标签或瓶盖等非传导型区域。

传导型被摄体还包括半透明的材料，如磨砂玻璃制品、盛有半透明物质的玻璃瓶体、半透光塑料制品等，统称为半传导型。半传导型物体对入射光扩散散射的较多，用光可以比全传导型的光更硬一些，以侧逆光与逆光光位为好。有的也可以用底光照明，光从底部穿透被摄体进入体内后散射开来，会产生被摄体通体发光的感觉。

二、半透明体（半透体）

薄壁材料或本身材质为半透明介质的材料，它们的表面在反射一部分光的同时，又可以在介质内部漫射一部分光，当光从后方照射时，从前方看，则属于半透体的范围。

半透体对投射光具有反射和漫反射两重性，因此在布光中应该综合使用对拍摄透明体和与反射光的双重方法来得到较好的表现效果。根据其特点，我们可以采用如下拍摄方法：

用主光从后方投射来强调被摄体的光感，再使用来自被摄体前方的弱光来表现质感。

也可以采用特殊的布光方法。为刻画其质感，先表现出均匀的发亮的光感，主光用直射光从被射体的水平光位的后侧光位的后侧光至逆光投射，垂直光位应从中位光至顶光投射。这种照明会使被摄体发光，还会将其上部及侧面轮廓光勾亮，强化造型。可采用特殊的遮挡法去除直射硬光在被摄体的前方投下的投影。具体方法是将一小块纸板按被摄体的外轮廓缩小画好，将此部分挖空，然后将挖空的纸板直立置放在直射光前、被摄体后。这样直射光就会透过纸板挖空部分照射到被摄体上，而未挖去的部分则会将直射光遮挡住，因而使台面上见不到投影。实际上，除了被射体受光之外，其他在取景范围之内的背景，包括水平台面都处于暗部，即无光照明。在具体操作中，很难一次就能将纸板挖空部分恰好使主光通过的光束与被摄体的外部轮廓完全一致，这就需要随时调整纸板的位置和剪补挖空部分，直到完全一致为止。

另一种有效的减弱或是消除投影的办法，是将直射光从后侧光至逆光处与拍摄台面等高的水平位置向被摄体投光。此办法有光感，但被摄体的上部边缘会呈现暗线条。

半透体为了表现光感，背景部分一定要适当的深暗才会将其对比出来。

有相当一部分半透明的瓷器的表面会绘有粉彩，塑料表面绘有纹样，在布光中要注意避免使它们被直射主光或反射光淹没掉。如果被摄体周身都有花纹，至少要保证重要的部分不被吃掉。

三、反射型被摄体

反射型被摄体是那些光洁程度较高，能将入射光大部分甚至全部反射的物体，例如镀金、镀银、镀铬的金属制品，不锈钢制品、瓷玉制品以及经抛光的金属或塑料制品。在日常广告摄影中，小到一把不锈钢勺，大到一部汽车，反射型的被摄体无处不在，而这些反射体的最大特点便是会将周围的物体全部映现在其表面。如果布光不好的话，说不定在照片中被摄体表面就可以找到拍摄者的身影。就因为这一点，反射型被摄体一直归于布光难度较大的被摄体类。

对付反射型被摄体的最常用方法是"包围法"布光，就是用半透明的硫酸纸或有机白板将被摄体周围全部围起来，光从外面几个方向均匀投射，造成里面的光连续均匀地照到被摄体上形成连续不断的高光，使被摄体看上去光洁澄亮。而这时的相机镜头则是在确定了机位之后在包围的半透明材料上挖一个洞伸进去拍摄。

上述布光法是将被摄体全部包围起来，形成的效果是被摄体整体反射高光，在深色背景下十分醒目。而有的被摄体外形轮廓及表面造型比较复杂，作全包围布光后，若曝光稍过便会影响其细节的表现力。这种情况就应该采用"半包围法"布光：主光采用大面积的宽软光，在主光的另一边设置同样大小的反光板，使被摄体上有明暗之分，要特别注意在光源与反光板的间隙处设置黑色吸光板挡住周围被主光照亮的环境。也可以在全包围的柔光罩的一侧打光，利用光的渐弱产生明暗过渡效果。

对付反射型被摄体的方法还有使用降低反射的消反光喷剂或蜡膜。但使用少了则仍有反光，多了则掩盖住了被摄体材料的本身质感。一般可以和上述布光法结合使用。

第三节　产品摄影的拍摄方法

一、玻璃器皿

光在透明体里传播时，只有少量散射。这就使得在常态的角度下观察它们都会呈现为透明的，并不容易清澈。玻璃器皿的质感表现关键在以下几点：投射光的入射角越小，反射的光越多，它的反光产生耀斑；光在穿透不同透明介质时会改变方向，产生折射；以切向光照射表面，边缘部分是不透光的，会呈现黑色或深黑色的轮廓线。

1. 物体的选择

这类制品中有高档的玻璃、水晶制品，中低档的有各种有机玻璃和透明塑料器皿等。在拍摄物件选择上，有可能的话可以选择玲珑剔透且造型俏丽优美的。

2. 背景的配置

不论玻璃制品的造型如何，它们光滑的表面对周围环境，尤其是对光亮的反映十分敏感。所以在拍摄时对被摄体与环境一定要隔离。摄影棚最好全部遮暗，任何漏光的缝隙都可能在玻璃表面形成耀斑。

3. 光照的方向

在下面的彩图图例说明中将有所介绍。

二、手表

手表的表现方法有两种：一种是以它们为主体独立构成画面，强调其造型特征和魅力；二是以模特作陪体，突出佩戴时手表的光彩。

1. 主体的造型

手表造型与装饰虽然千变万化，但结构大体相同。对手表布光的难点主要是表壳、表盘、指针、数字以及表带，它们可能质感相近，也可能完全不同。有些创意设计要求被摄的手表及表带具有一定的造型，而不是平放在台面上，这时需要用支撑物，如铁丝、铝板撑立或粘直，然后固定。如欲摆放连起来的圆形表带，则先要用上述材料弯成所需圆形，塞入表带中。在摆放中要注意这些辅助造型材料不可以从视点察看出来，露出破绽。

手表属于小商品，不可用多灯照明，不管手表的表面斜度如何，要用柔和的顺光做主光，即正面光至偏正光的光位作主光。雾灯、柔光罩以及透过扩散棚的散射光均很理想。对照明不足部分可用白色反光板补光。

2. 反光的消除

要防止玻璃表蒙反光，影响表盘的清晰度。对手表布光必须采用软光，顺光照明。硬光会使光亮的金属表壳、凸起的数字等产生耀斑。

3. 质感的表现

为增加金属表壳的金属质感，也可用金或银反光板补光。使用灯光补光也必须柔软，必要时可多加一两层扩散片使投射光进一步漫射。如果台面过亮且映照在表壳、表盘上时，可用灰色或黑色纸条放在台面上的恰当部分遮挡。

三、首饰

首饰品类繁多，小的有戒指、耳环，大的有项链、胸饰。质地又有金、银以及各种宝石。各类首饰加工精美，造型别致，有光有色耀人眼目。这类商品大都是贵重的装饰品，因此，影像要充分表现出它的精度、美感和价值。

拍摄前要在照明下仔细观察它们的造型特点。金银首饰表面造型虽有坚挺与圆润的区别，但总是在特定的方向照明时才会光耀动人。多面体的宝石更要求光照的方向性，只有在特定的照明条件下，才会显示出最绚丽动人的光彩。根据画面设计在台面上摆放首饰时，就要依据以上观察决定首饰的方位，使之尽量有利于照明。

1. 单体的刻画

有时设计会对首饰在画面上的处理有特殊的要求，比如一只戒指要悬立在背景前，这就要设法用特定的胶把它粘在细针上，然后再将针固定在台面上，并从视点看不出黏结和针的痕迹。黏结对胶有特定的要求，既不能粘的太牢，无法轻易使二者分开，又不能让戒指有损伤。

首饰在台面固定以后，就可以根据前面所选定的最能表现它的质感和光泽的光位来布光。在仔细反复移动投射光时，要极其注意首饰的每个面、每条棱线是否达到理想明度。不同的首饰，尤其是宝石有不同的光泽，各个面在布光后要鲜亮，各棱边要清晰，但明度又要有别、有序，并要形成一个和谐的整体。

对金银首饰用光要软。对多面宝石应用直射光，如若过硬，可加扩散片或描图纸使其弱化。对金银首饰补光适用各种小反光板，包括金银两色。对宝石补光，要打出不同面的明度、不同棱边的高光，此时不但可使用反光板，还可以使用反光镜和凹面镜，它们可反射或聚积起富有层次的光，使各棱边产生清晰的光亮。

2. 模特的陪衬

由模特佩戴时，首饰是完整的，而模特则不一定，可以取其手或耳，可以取其脸或颈部的局部，模特的造型必须具备一定的美感，这样才可以与首饰相互辉映。但是，模特终归只是陪衬，起烘托的作用，要突出的是商品。

四、饮料

各种类型的矿泉水、啤酒、可乐等都属于饮料的范畴。饮料类摄影作品被广泛用于广告中而被人们认识。

饮料必须有容器盛装，这就带来了广告摄影中的兴趣点。饮料是液体，液体本身是不具备形态概念的，这又产生了一个创作点。

饮料容器有金属的、玻璃的、透明的、亚光的等等，而液体则有有色的、无色透明的、温热的、冰冷的。面对诸如此类的各种形式，创意自然而生。

五、食品

食品是较难拍摄的题材之一。因为许多食品质地松软、稍碰就会变形，或时间稍长就变质。因此，必须在拍摄时，总结、积累一些经验和诀窍，为在具体拍摄中解决难题或走捷径寻求办法。食品摄影既要依据食品的特点、价值和消费对象的身份，还要注重习惯和如何才能刺激食欲、吊人胃口。食品摄影既然是以食品为主题、主体，构图、布局就不能喧宾夺主。餐具、背景、陪体的选择要简洁而有特点，在强调主体的基础上还要使之素雅、洁净与和谐。有时画面色调过于统一，可画龙点睛地放点对比色的配料或摆设，使画面提神，但明度要适宜。

1. 令人垂涎的食欲

为了保持食品的鲜美感，可以在食品上喷洒或涂上一些特殊的液体，或将某些物质注入食品之内，以保持其色泽、表面质感和新鲜外貌。最典型的例子是在拍摄水果时，在水果的表面涂上一层薄薄的油脂，然后再喷洒水雾，就会产生鲜美晶莹的效果，再通过侧光的照明，真会让人垂涎欲滴。具体是先把几滴甘油倒在手掌上，揉擦一下双手，然后把水果拿在手中，用双掌搓动，上过一层甘油之后，把水果放在碗里，并按自己的设想摆放整齐。然后，拿一把灌满水的塑料喷雾瓶，把水小心翼翼地喷到水果上。这样，水果上就出现一层晶莹的水珠，达到了理想的效果。

需要提醒的是，使用喷雾瓶时，一定要留心周围的灯光。把附近的灯都关闭以后，再开始喷水，等准备好拍照时再把灯打开。另外，喷水时，要把其他地方都盖起来，如果碗和无缝纸上都喷上水，整个影像效果就破坏了。不要在水果上涂油太多，否则水果表面就会发出一种不自然的亮光，只需要薄薄地涂一层油。在摸照相机之前，必须把两手上的甘油洗掉。

如想表现食品的热气，可以根据不同的食品灵活处理。

想增强一般食品热气腾腾的效果，可以在全部布光完成后，找一根细吹管，如吸食用的麦管，口中吸一口香烟的烟雾，将吸管对准被拍摄食品的表面，用力喷出一口烟雾后，迅速离开，等烟雾上升到最佳的状态时及时按下快门。注意，要使以上的烟雾效果在画面中比较明显，在布光时最好使用逆光或侧逆光照明，并选择深暗色的背景，缭绕的烟雾就会在深色的背景中袅袅升起，令人遐想。

有些食品一上桌就可能改变其最初的状态，此时就不得不采用特殊的对付方法，如利用一些材料模拟菜肴的形状和质感做一些假的食品，以还原食品的最佳状态。最典型的例子就是拍摄冰块，无论你怎么迅速，冰块在灯光下融化的速度远远超过你的想象。因此，一般拍摄冰块或带有冰块的食品画面时，都选择一种专门用有机玻璃雕刻出来的"冰块"，即可获得相当逼真的效果，并且不管你拍摄多少时间，这样的"冰块"是决不会融化的。

在拍摄蔬菜时，为了显现出蔬菜鲜嫩的质感，不妨将蔬菜事先放在碱水中浸泡一下，就能使蔬菜获得鲜绿的新鲜质感。拍摄切开的苹果，应在盐水或柠檬水中浸泡，以免时间一长接触空气而变色。拍摄烹饪好的肉类、鱼类食品，在拍摄前涂抹一层精制食用油或者蜂蜜，即可使食物显得特别新鲜。

工作要点：食物拍摄的构图一般只能作参考，因为所有的气氛及效果要在食品做好后方能体现出来。然后即兴做一些局部的调整，使其尽量接近原来的构思。

2. 优美动人的造型

一般来说主光的光性依据被摄食品表面的结构选定。暗部忌深重，辅助光要柔。明部或轮廓光必须显露，否则食品会过于平淡；但又不可使光比过大，高光部分也必须保持层次和质感。

布光时要严格控制食品的明部与暗部两者之间的反差，它关系到质感和量感以及色彩的三重性。轮廓光起装饰和隔离的作用，此外要考虑食物是热食还是冷食。

第四节　微距的拍摄

一、拍摄的必备器具

1. 专业设备

近摄工具包括近摄滤镜、近摄接圈、近摄皮腔、环摄闪光灯及近摄微调云台。

（1）近摄滤镜。近摄滤镜可谓是最方便的微距配件，只需加在镜头前便可获得微距效果。一般以号数表示，号数越大，放大倍数越大。一般+3的近摄滤镜加在50 mm镜头前约可摄得1/2×的放大倍率。不同号数的近摄滤镜可以加在一起使用，其号数等于两块的号数加在一起之和（当然，加得越多光学成像质量下降得越多）。

加了近摄滤镜之后，镜头只可在一个很小的范围内对焦，而由于近摄滤镜设计比较简单，对光学成像质量影响亦较大，在使用时可将重要的主体放近画面中央，便能令成像质量表现较好。有一种多镜片组合成的近摄滤镜，能提供较佳成像质量，但售价较高。

（2）近摄接圈、近摄皮腔。近摄接圈是连接在机身与摄影镜头之间的一个附件，其作用是拉开镜头主点与焦点平面的距离，以达到放大摄影的目的。近摄皮腔与近摄接圈的使用方法一样，区别在于前者的放大倍率可以连续调节，后者只能有级调节。市场上有多种近摄接圈出售，原厂的不多而且比较昂贵，但是副厂的就比较多，价格相对低廉。现在常见的是Kenko品牌的。这些近摄接圈的机械加工精度都是很好的。

常见的近摄接圈是按套出售的，一般为一套3～5节，长度各不相同，可以根据自己需要的放大倍率来选择。

近摄接圈可以分成两大类：有/无光圈拨杆连接，前者可与光圈联动，后者则不能。一般带光圈拨杆的近摄接圈还根据卡口不同装备了相应的电气触点，以保证TTL内测光能够起作用。

（3）环形闪光灯。环形电子闪光灯用于近摄布光，使用时将其固定在相机镜头上，环形闪光管发光时，闪光从镜头四周射向被摄体，形成近似无投影照明。其优点是布光均匀，缺点是光硬，影像平淡。

（4）近摄微调云台。这种云台安装在普通三脚架上，在三脚架和相机位置大致固定的情况下，该云台可控制相机前后左右作微小距离的移动调整，以配合近摄时需要精确的机位。

2. 拍摄镜头的选择

专业微距镜头一般为定焦镜头，近摄比例可以达到1∶1。

带微距功能的变焦镜头一般是常用的变焦镜头上带有微距功能，但近摄比例一般不能达到1∶1的效果，成像质量也不及专业微距镜头。

二、拍摄与景深

1. 焦点的控制

近摄时焦点的控制直接影响到最终画面的清晰范围。首先要确定拍摄画面中所需要的景深大小，也就是前后景深点的位置。一般在近摄比例不到1∶1的情况下，焦点应对在整个景深范围的前1/3处；而近摄比例达到或超过1∶1时，焦点要移至整个景深的1/2处。

2. 光圈的调节

光圈的大小也是影响画面景深效果的另一重要因素。一般可以通过确定的前后景深范围，利用景深表来计算相应的工作光圈，同时也可以配合使用相机上的景深预测装置来检查光圈收缩以后的实际景深效果。

3. 曝光时间

近摄曝光补偿。由于近摄拉长了像距，大型相机的蛇腹皮腔会做较大距离的延伸，因此，必须相应增加曝光量。大型相机均可在对焦玻璃前后使用专用测光系统作点侧光，如果没有此测光系统，则需要根据拍摄壁进行补偿曝光。像距是随着近摄比例的加大而向前伸长。即增加像距的同时，也需要增加曝光量。增加曝光量则需要较长曝光时间。

三、被摄体的照明

1. 侧光照明

一些强调立体感的小型被摄体，只有使用普通大型闪光灯或笔形灯布光。由于布光环境狭窄，一般只能将闪光灯置于被摄体前侧方45°左右稍高处，使闪光向下斜侧射向被射体，并可在被摄体另一侧用小型反光板对暗部补光，以消除因闪光光源距被摄体过近而产生过重的阴影。

2. 环形照明

环形闪光灯虽然灯管是360°环状，但光的射角大都在70°~100°之间，摄影时曝光测定必须准确。否则，物距只要有微小的改变，光量即会有较大的变化。大型拍摄用的环形闪光灯，大都可以用设在灯体或电源箱上的亮度控制钮调节光量。

环形闪光灯也可以在其他摄影中用作辅助光源，或作无投影摄影。

3. 切向照明

被摄体表面呈浮雕状，如纪念币、矿物岩石切面标本，或者是皮革的纹理，为了强化表面的起伏凹凸，都可以采用窄光从侧面照明，此光越偏向被摄体平面，则光效越明显。切向照明对近光的立体面会给予明亮的光照，并能对平面部分的微妙起伏给予富有层次的表现。如若切向光过强，阴影过于浓重，在镜头前方用软光补光可获得较好的光效。

4. 极柔散射光

有些物体需要柔光照明才能得到良好的质感表现。最典型的比如手表、首饰等。拍摄手表时，其他方法布光均会产生耀斑和难以控制的投影等。因此只能采用柔光照明。还可以采用专用柔光围帐，将手表放置于里面，然后隔着围帐拍摄，只需调整布光灯位置即可。

图例说明

(一) 食品

为食品布光时，关键是动作迅速以保持食物的新鲜。同时要注意准备充足的分量，以便随时填充。

彩图 23

容器是一只黑色的瓷碗，里面盛放的是色彩鲜艳的意大利炒面。闪光的筷子被夹固到位，筷子的上面也搭放了一些食物。摄影师选用两只标准灯头，成对角线相向布置，它们都附加蜂巢式格网，其作用是将光线集中投射到食品上而非黑碗上。黑碗只有边缘部分受到两块小型白色反光纸板的反光照射，黑色丝绒背景与黑碗一道产生大片暗调，在黑暗衬托下，色彩鲜艳的食品非常突出。

食品的种类和食法决定其表现手法和光的运用。食品本身很少独立成为画面的唯一被摄体，大多数情况下，都会有或多或少的配套陪体，或是餐具，或是环境。无论食品如何拍摄，无外乎要吊起人们的胃口。

彩图 24

这碗感觉香味浓郁的上汤，色彩鲜艳、质感逼真。其实布光并不复杂，主光透过霜面有机玻璃将整碗汤照亮，两只辅助灯光分别照亮了画幅边角的筷子和碗盖，光感柔和，很好地突出了汤的浓郁感和热气腾腾的食欲感。值得注意的是，拍摄时要迅速而及时，因为拍摄时间过长，汤里的粉丝可能就会失去原有的新鲜感了。

彩图 25

这是一张为巧克力广告所拍摄的照片。摄影师将两种不同基调的巧克力和核桃搭配起来，以突出照片主体那诱人的味道。整幅照片非常有深度感，画面具有强烈的透视感，好像巧克力把观赏者拖进画面中一样。

拍摄实物的选择在这张照片中起了决定性的作用，在各种各样的巧克力当中，必须找到相互搭配并且形状、颜色和图案都和谐统一的实体。

在用光上，为了避免边缘处显得生硬，故选用了一个圆形顶灯给布景照明，灯光透过一块塑料板形成漫射光。顶灯形成背景上的反光，前景的核桃加了一点辅助光，以突出其质感。为了获得更大的透视收缩效果并增加深度感，选择适中的角度用广角镜头拍摄。

彩图 26

有些食品表面或内部质地粗糙，比如面包，剖面毛糙而松软，属于吸收型被摄体。拍摄这一类的物体，主光光性应稍软且有一定的方向性，可使用加扩散的泛光片、柔光罩等。为表现刚出烤炉的皮脆里香，还可在主光加置暖色滤光片，使整体色调倾向金黄。添加辅助光与轮廓光的目的是为控制反差和加强暗部的层次。

大块的金黄色，配上背景上少许的灰色调，整幅构图张力十足，让人感觉忍不住想品尝这美味佳肴。

（二）饮料

彩图 27

这是一张拍摄精美的饮料图片，其主体加入了冰块和柠檬片。拍摄是在一只 0.7 m 柔光箱的衬托下完成的，辅助闪光聚光灯为冰块增加了少许闪光。柠檬片是真实水果，冰块则是塑料的仿制品。

为产生最佳的气泡感，玻璃杯里装满了二氧化碳汽水。曝光利用单盏闪光灯进行，以防止有些气泡处于动态而另一些则可能静止不动。

照相机位于玻璃杯之前并与柔光箱对齐，使柠檬片完全受逆光照射。聚光灯特写了柠檬片的质感。

彩图 28

这张表现啤酒的照片，构图上四平八稳，但用光上颇为讲究，其关键在于啤酒的容器——啤酒杯的用光表现。适当的角度刻画了金属盖子的质感。右侧的反光板刻画一道高光，于细部很好地衬托了整幅画面的感觉，让人有一种一干而尽的感觉。

彩图 29

这张啤酒照片并没有使用高高的普通啤酒杯，而是用了一个喝白兰地的大酒杯，酒杯外侧喷上了水。摄影师把一根塑料管喷涂上高光泽克利油漆，然后放在布景的底面，正好挡住白兰地酒杯的立柱。同时，把一块黑色天鹅绒挂在塑料管的下方。

在用光上，使用了多个光源。在有机玻璃背景后面放了一个灯，在玻璃杯后面放了一个灯，因此形成一圈光晕。

顶部照明灯用来突出啤酒泡沫并在啤酒瓶和塑料管子的上部形成高光，同时在酒杯后面放了一块金色反光板以增加啤酒的亮度。

拍摄啤酒最需要表现的就是其泡沫丰富的感觉，高光的处理也需要谨慎而小心，这样才能表现出啤酒晶莹剔透的色彩感，以及浓香醇厚的感觉。

彩图 30

水花四溅的感觉给人以充分的动感，饮料的拍摄因为有了这样的表现手法而显得格外的丰富多彩。

啤酒饮料主体完全被四溅的水花所包围（所谓水花其实是一种特殊的凝胶），左右两盏灯分别照亮两个主体，左下的灯对处在稍前方的瓶体进行补光，使整幅画面产生了一定的空间层次感。飞溅的水花、悬空的瓶体，在动与静中很好地把握了整体的美感，对产品做了很好的宣传。

彩图 31

这张照片看似简单，其实照明上用了 12 盏灯之多，其中 6 盏 600 W 的为一组，透过弯曲的乳白色塑料板均匀地将开瓶的手及易拉罐照亮；右侧部分则被另一组 5 盏 1 200 W 的灯光的反射光照亮。

四溅的水花实际是从瓶底伸出的一根管子喷射而出的，一只 1 200 W 的灯光从瓶底将溅出的水花照亮。

整幅图片构图非常饱满，色调把握得也比较柔和。此照片看似简单，实际用光极为讲究，画面的质感也正是这样才被淋漓尽致、恰到好处地表现了出来。

彩图 32

在这张水从杯子边倾泻而出的照片中，摄影师表现出了强烈的动感。他把玻璃杯和瓶子的位置安排成二者都超出画面之外，并把它们固定在单独的灯架上。

拍摄所用的灯光是顶部的一个中型灯箱，下面用了一个长条灯，在左侧使用了一个小型的灯箱，右侧放了一小块反光板。背景是黑色天鹅绒。

溅出的水花是拍摄的要点所在，先把一个瓶子的底部去掉，这样就可以一遍一遍地往瓶子里加水，直到对拍摄的画面满意为止。

（三）首饰

彩图 33

首饰属于细小商品，布光不能复杂，用光也不能多，除主光外，辅助光尽量用各种反光器具投光。

拍摄宝石时要保持各面层次的鲜亮，各棱边要清晰，且明度变化要有韵律,暗面和耀斑均不可缺少,这样才能流光溢彩。

这张照片拍摄的项链坠有一颗晶莹的透光宝石,链子部分则是典型的反射体,两种材质完全不相同,但摄影师灵活地利用局部黑背景衬托出宝石的透明度,利用柔和的侧光表现出金属部分的光泽。

(四)反光体

彩图 34

反射型被摄体,光洁程度越高,造型越简单,流畅的反射型被摄体越难拍摄。这是因为如果布光不准,稍有不慎或条件达不到,往往会出现明显的不均匀。此外,被摄体表面有可能将周围的物体,包括灯具、三角架、相机都映照进去。因此,应该使用隔离罩。

光洁程度较高的被摄体同时要求必须表现得干净利索,每一点印迹或污渍都应该仔细地处理干净。

这张办公用品的照片,东西比较零乱,构图上容易松散,用光上更需注意。摄影师将柔光箱进行适当地布置,使光线直接投射于正面的丝绸上,从而产生了比反光板光线还要强烈的直射"硬调"柔光,在这些本身具有闪光性质的物品上实现了理想的光泽。

(五)吸收体

彩图 35

计算机的质地为不透明的塑料,属于吸收体的范围,因此,主光光源应用扩散光或反射光照明。为表现其质感,可利用光的漫射传导原理,从被摄体的后方高光位照明,使其具有光感,另外再利用光的反射原理,从正面或侧面补光以表现质感。

这张高调的照片,主光从略高处投射,使显示器部分也受光,勾勒出了前部轮廓线。辅助光从右侧投射,勾勒了计算机右面的线条。前方照亮显示器的光束前加放了黑纸板,使得整张画面色调起伏分明,但又和谐统一。巧妙的布光使平凡多见的计算机不同凡响起来。

彩图 36

拖鞋属于日用品,在画面构图中要尽量合乎日常习俗和自然形态。但构图中有时的夸张有节,也会让人产生新奇之感。

平滑型吸收体的拍摄光线应适中,宜软不宜硬,方向性应明显,采用间接照明的扩散光为好。

拍摄这张拖鞋的照片要表现出其剪裁讲究、缝线精致、质感真实的一面。因此，在用光上较软，所有光源均通过柔光板漫散射到被摄体上，上方垂直照射的光位适当提高，避免照射过近而使被摄体的细节没办法清晰地刻画。

彩图 37

用光来塑造物体的形体和质感，主光位、辅助光、背景光、轮廓光以及修饰光都要充分考虑到每一处细节。

这张表现计算机的照片，以上所说的每一种光源都被仔细地利用进来。三盏主灯给予被摄体基础光源。聚光筒一束光刻画了机箱的细节，同时丰富了整个画面的层次。背景光通过反光板柔和地照亮，一盏灯从低处给予显示器照度。七盏灯的使用，使整幅画面色彩饱满，层次清晰，很好地传达了商品的质感、美感。

彩图 38

暗线条表现虽然很典型，布光却很简单。在浅灰色的连底的背景纸上，置放了高脚杯和起装饰作用的花朵。主光从被摄体顶投光后，经过扩散棚将直射光改为漫射光照明玻璃杯，使轮廓线基本都成为暗线条，底部的耀斑是聚光而成的高光。杯脚朝向光源的部分也产生了灰色亮斑，这是光源映照的结果。

亮线条的表现稍显复杂，在乳白色的有机玻璃连底背景台架上铺一张毛面的黑卡纸或黑布，在黑卡纸的水平面挖一个比杯脚略小一点的洞，然后将高脚杯放置在洞上。顶光加扩散棚，打出杯口的轮廓线。下侧的反光板反映出一条光带，加强了杯的立体感。

（六）反射式

彩图 39

这是一类高档日用品，表面光洁程度高，几乎接近镜面。其反射光的性能与映照物象的性能均强。因此在拍摄上，既要充分表现其质感，又要完美刻画其造型。

根据以上特点，在布光中，既要控制发光体的面积，要足够涵盖从视点处审视被摄体的全部明部与灰调，又要控制周围环境在其表面上的映照。

基于这种特点，可以将被摄体的主调拍成不同明度的亮白色、灰色或暗调。

拍摄时，右侧放置了一块白塑料板，目的是使白塑料板成为一个均匀的发光面。布光上充分利用其反光特性，使罐体充满光感、富有质感。

彩图 40

高光洁程度的金属机件，主光不能用直射硬光照明。否则反光会很强烈，不易控制，会产生耀斑。而且这种耀斑过大不仅会破坏表面质感，甚至会破坏造型。布光时被摄体明暗光比的不同处理，会使质感、重量感产生不同的视觉效果。耀斑是显示金属质感的重要特征，布光时要仔细斟酌它的数量以及分布。

在这张实拍照片中，主光从侧稍后水平光位处投光，前面放置扩散棚，以柔化光性。下部背景采用光源补光。

金属机件测光要精确，曝光要考虑增减。最好用波拉片进行检验实验。

（七）反射式包围

彩图 41

隔离布光也称围帐法布光，此种布光的最大特点就是可以最大限度地消除银器和不锈钢制品的耀斑。

实际操作的方法是用无缝白纸或白布做成一个帐篷，将被摄体围在里面。仅在相机镜头的位置预留一定的空间，这个空间的大小刚好仅容镜头通过。布光时用闪光灯从围帐外对内照明，这样整个围帐内的光源就会变成一个柔和、散射、均匀的光源。

（八）服装

彩图 42

棉布和毛料织品属于吸收型被摄体，在布光中不会出现耀斑。因此，布光重点为表现纹理和花色质感。

主光用伞灯从正面给予被摄物基础光。为了准确地表现被摄体的质感、色彩以及花纹，用光宜软并且要均匀，因此，采用半包围的方法，用白色反光板将实物包围起来，一排伞灯光源通过白色布投射进来，经由反光板投射的光细微地刻画了棉织品的细部。

单元测试题

一、单项选择题（下列每题的选项中，只有1个是正确的，请将其代号填在横线空白处）

1. 亮桌拍摄台的台面一般采用_____材料。
   A. 木板　　　B. 金属薄板　　　C. 半透明乳胶板　　　D. 透明玻璃
2. 摄影棚连续光源中，能发出接近日光色温的是_____。
   A. 新闻灯　　　B. 卤钨灯　　　C. 金属卤素灯　　　D. 冷白色节能灯
3. 采用电源箱式闪光灯的目的是_____。
   A. 减轻灯头重量　　　B. 储存电能供外拍使用
   C. 携带方便　　　D. 延长灯管寿命
4. 可以模拟大面积天空光效果的是_____。
   A. 聚光灯　　　B. 柔光伞　　　C. 雾灯　　　D. 光导灯
5. 将玻璃瓶表体照亮但不要在瓶身上造成明显反光应采用_____。
   A. 柔光箱　　　B. 反光伞　　　C. 反光板　　　D. 标准灯罩

二、多项选择题（下列每题的选项中，至少有2个是正确的，请将其代号填在横线空白处）

1. 金属卤素灯的特点是_____。
   A. 适合灯光片拍摄　　　B. 色温接近日光　　　C. 发光效率高
   D. 显色性好　　　E. 冷光光源
2. 大型闪光灯的功率表示单位是_____。
   A. GN　　　B. W/s　　　C. W
   D. J　　　E. J/s
3. 灯光效果附件中，对光线起到柔散作用的有_____。
   A. 聚光筒　　　B. 反光伞　　　C. 柔光箱
   D. 光导纤维灯头　　　E. 柔光伞
4. 半透明体的特征是_____。
   A. 漫反射　　　B. 透射　　　C. 衍射
   D. 镜面反射　　　E. 绕射
5. 削减金属物体表面反光的方法有_____。
   A. 包围式布光　　　B. 使用消反光喷雾　　　C. 加热被摄体
   D. 使用聚光灯　　　E. 使用偏振镜

三、判断题（下列判断正确的请打"√"，错误的打"×"）

1. 拍摄静物必须使用专门的拍摄台。　　　（　　）

2. 镝灯下直接用日光型胶片拍摄可获得准确的色彩还原。（　　）
3. 抓拍活动中的模特适合采用1 000 W的碘钨灯。（　　）
4. 蜂巢可以使光线柔和发散，适合做主光效果。（　　）
5. 除了使用背景纸和背景布外，各种材料都可以作为背景使用。（　　）
6. 采用暗线条方法拍摄透明玻璃杯，两侧的暗线条是由顶光折射产生的。（　　）
7. 拍摄手表要用柔和的顺光做主光。（　　）
8. 拍摄饮料广告时，为了保证真实感不能使用假的道具冰块。（　　）
9. 使用近摄镜不会影响画面成像质量，但需要增加曝光。（　　）
10. 拍摄比例达到1∶1时，对焦点应在整个景深范围的后1/3处。（　　）

四、简答题

1. 简述连续光源和闪光光源各自优缺点的比较。
2. 简述道具的作用和使用要领。
3. 传导型被摄体的基本布光方法有哪些？
4. 反射型被摄体的布光要注意哪些问题？
5. 手表的拍摄一般要注意哪些方面？
6. 首饰拍摄的用光上一般有哪些要求？
7. 简述几种不同的食品效果加工法。
8. 商品近摄可以采用哪些近摄工具？
9. 近摄时如何控制好画面的景深？
10. 简述环形照明和切向照明的特点。

单元测试题答案

一、单项选择题
1. C　　2. C　　3. A　　4. C　　5. C
二、多项选择题
1. BCDE　　2. BD　　3. BCE　　4. AB　　5. AB
三、判断题
1. ×　　2. √　　3. ×　　4. ×　　5. √　　6. ×　　7. √　　8. ×　　9. ×
10. ×
四、简答题

1. 答：连续光源指可以连续发光的光源，一般包括强光白炽灯、卤钨灯、金属卤素灯等几类。连续光源优点在于结构简单，便于操作，光线造型效果直观，便于控制。但是较大的功耗、明显的发热、灯光使用寿命较短则是这类灯光的缺点。闪光光源是瞬间发光的光源，其结构复杂并拥有各种灯光效果附件，色温在5 500～6 000 K左右，与日光的光谱分布基本一致，显色性好，瞬间发光，不会产生大量的热量而影响到被摄体。主要缺点在于在拍摄前不能直观地看到光线造型效果。

2. 答：道具能产生丰富的画面效果，能虚拟各种情景画面，产生以假乱真的效果，可用以完成整幅画面需要表达的情景要求。道具选择上要注意合理化和情感化。合理化：选用的道具必须能对所拍摄的对象有明显的说明及表现作用，不但能丰富画面效果，同时也要起到广告宣传的说明作用。情感化：道具可以是贝壳、假冰块等有情趣的东西，使拍摄的画面呈现出具有人情味的效果。

在拍摄商品的同时，可以加入模特，在这种情况下，作品就脱离了单纯的商品摄影而进入了更富有情感和接近生活的意境。

3. 答：用白背景时是"暗线条"法，该方法不直接对玻璃杯布光，而是将光打到白色的背景上。背景同玻璃杯保持一定的距离，通过背景的反射从后方照亮并穿透玻璃杯。这时的玻璃杯杯体明亮通透，而杯的边缘则由玻璃的厚度将光折射形成暗色的线条，勾勒出杯子的外形轮廓。使用暗线条法时应注意，背景与杯体应保持足够的距离；在取景器中观察打在背景上的光的范围要超出杯体的大小，背景也可用白色半透光有机胶板从后方打光形成明亮的背景光。如果杯体边缘的明暗线条不够深或过于细，则可在杯子两侧后方画面之外竖置两条黑卡纸，并调节其宽度与高度来控制映入杯体边缘暗线条的粗细与连贯性。

用黑背景时则是"亮线条"法，其效果与白背景的"暗线条法"正好相反，是在深色底上用白色高光的线条将玻璃杯勾勒出来。用光则避免将背景照亮，一般在杯子后方两侧画面之外设置竖直长条的柔光箱以及顶部垂直向下的柔光箱来营造杯体轮廓反光。同样通过调整柔光箱的宽度来控制亮线条的宽窄粗细。深色背景造成杯体也是暗的，往往缺乏质感，可以在杯子一侧前方加一个长条柔光箱或长条反光板，以产生不是很强烈的连贯的一条高光带，突出玻璃的质感。

这两种表现方法基本都是以表现玻璃杯自身质感造型为主的，而实际拍摄中经常会遇到玻璃制品特别是酒瓶瓶身上有不同的标签，还有有字的瓶盖等。这种情况在运用以上基本表现法的同时，在被摄体的前方加反光板，将光反射到瓶身标签或瓶盖等非传导型区域。

传导型被摄体还包括半透明的材料，如磨砂玻璃制品、盛有半透明物质的玻璃瓶体、半透光塑料制品等，统称为半传导型。半传导型物体对入射光扩散散射的较多，用光可以比全传导型的光更硬一些，以侧逆光与逆光光位为好。有的也可以用底光照明，光从底部穿透被摄体进入体内后散射开来，会产生被摄体通体发光的感觉。

4. 答：对付反射型被摄体的最常用方法是"包围法"布光，就是用半透明的硫酸纸或有机白板将被摄体周围全部围起来，光从外面几个方向均匀投射，造成里面的光连续均匀地照到被摄体上形成连续不断的高光，使被摄体看上去光洁澄亮。而这时的相机镜头则是在确定了机位之后在包围的半透明材料上挖一个洞伸进去拍摄。

有的被摄体外形轮廓及表面造型比较复杂，可以采用"半包围法"布光：主光采用大面积的宽软光,在主光的另一边设置同样大小的反光板,使被摄体上有明暗之分,要特别注意在光源与反光板的间隙处设置黑色吸光板挡住周围被主光照亮的环境。也可以在全包围的柔光罩的一侧打光,利用光的渐弱产生明暗过渡效果。

对付反射型被摄体的方法还有使用降低反射的消反光喷剂或蜡膜。但使用得少了则仍有反光,多了则掩盖住了被摄体材料的本身质感。一般可以和上述布光法结合使用。

5. 答:表的表现方法有两种:一种是以它们为主体独立构成画面,强调其造型特征和魅力;二是以模特作陪体,突出佩戴时它的光彩。在拍摄时要注意主体的造型、反光的消除和质感的表现。主体的造型:手表造型与装饰虽然千变万化,但结构大体相同。对手表布光的难点主要是表壳、表盘、指针、数字以及表带,它们可能质感相近,也可能完全不同。有些创意设计要求被摄的手表及表带具有一定的造型,而不是平放在台面上,这时需要用支撑物,像铁丝、铝板撑立或粘直,然后固定。如欲摆放连起来的圆形表带,则先要用上述材料弯成所需圆形,塞入表带中。在摆放中要注意这些辅助造型材料不可以从视点察看出来,露出破绽。手表属于小商品,不可用多灯照明,不管手表的表面斜度如何,要用柔和的顺光做主光,即正面光至偏正光的光位作主光。雾灯、柔光罩以及透过扩散棚的散射光均很理想。对照明不足部分可用白色反光板补光。反光的消除:要防止手表玻璃表面蒙上反光,影响里面东西的清晰度。对手表布光必须采用软光,顺光照明。硬光会使光亮的金属表壳、凸起的数字等产生耀斑。质感的表现:为增加金属表壳的金属质感,也可用金或银反光板补光。使用灯光补光也必须柔软,必要时可多加一两层扩散片使投射光进一步漫射。如果台面过于亮而映照在表壳、表盘上时,可用灰色或黑色纸条放在台面上的恰当部分遮挡。

6. 答:拍摄前要在照明下仔细观察它们的造型特点。金银首饰表面造型虽有坚挺与圆润的区别,但总是在特定的方向照明时才会光耀动人。多面体的宝石更要求光照的方向性,只有在特定的照明条件下,才会显示出最绚丽动人的光彩。这样,根据画面设计在台面上摆放首饰时,就要依据以上观察决定首饰的方位,使之尽量有利于照明。拍摄中有时设计会对首饰在画面上的处理有特殊的要求,比如一只戒指要悬立在背景前,这就要设法用特定的胶把它粘在细针上,然后再将针固定在台面上,并从视点看不出黏结和针的痕迹。黏结对胶有特定的要求,既不能粘的太牢,无法轻易使二者分开,又不能让戒指有微小损害。首饰在台面固定以后,就可以根据前面所选定的最能表现它的质感和光泽的光位来布光。在仔细反复移动投射光时,要极其注意首饰的每个面、每条棱线是否达到理想明度。不同的首饰,尤其是宝石有不同的光泽,各个面在布光后要鲜亮,各棱边要清晰,但明度又要有别、有序,并要形成一个和谐的整体。

对金银首饰用光要软。对多面宝石应用直射光,如若过硬,可加扩散片或描图纸使其弱化。对金银首饰补光适用各种小反光板,包括金银两色。对宝石补光,要打出不同面的明度、不同棱边的高光,此时不但可使用反光板,还可以使用反光镜和凹面镜,它们可反射或聚积起富有层次的光,使各棱边产生清晰的光亮。

拍摄中也经常采用模特来陪衬首饰。首饰由模特佩戴时，首饰是完整的，而模特则不一定，可以取其手或耳，可以取其脸或颈部的局部，模特的造型必须具备一定的美感，这样才可以与首饰相互辉映。但是，模特终归只是陪衬，起烘托的作用，要突出的是商品。

7. 答：为了保持食品的鲜美感，可以在食品上喷洒或涂上一些特殊的液体，或将某些物质注入食品之内，以保持其色泽、表面质感和新鲜外貌。最典型的例子是在拍摄水果时，在水果的表面涂上一层薄薄的油脂，然后再喷洒水雾，就会产生鲜美晶莹的效果。

想增强一般食品热气腾腾的效果，可以在全部布光完成后，找一根细吹管，如吸食用的麦管，口中吸一口香烟的烟雾，将吸管对准被拍摄食品的表面，用力喷出一口烟雾后，迅速离开，等烟雾上升到最佳的状态时及时按下快门。

有些食品一上桌就可能改变其最初的状态，此时就要利用一些材料模拟菜肴的形状和质感做一些假的食品，以还原食品的最佳状态。最典型的例子就是拍摄冰块，可以选择一种专门用有机玻璃雕刻出来的"冰块"，即可获得相当逼真的效果。

在拍摄蔬菜时，为了显现出蔬菜鲜嫩的质感，可以将蔬菜事先放在碱水中浸泡一下，就能使蔬菜获得鲜绿的新鲜质感。拍摄切开的苹果，应在盐水或柠檬水中浸泡，以免时间一长接触空气而变色。拍摄烹饪好的肉类、鱼类食品，在拍摄前涂抹一层精制食用油或者蜂蜜，即可使食物显得特别新鲜。

8. 答：近摄滤镜：加在镜头前便可获得微距效果。一般以号数表示，号数越大即放大倍数越大。在使用时可将重要的主体放近画面中央，便能令成像表现较好。近摄接圈、近摄皮腔：是连接在机身与摄影镜头之间的一个附件，其作用是拉开镜头主点与焦点平面的距离，以达到放大摄影的目的。近摄皮腔与近摄接圈的使用方法一样，区别在于前者的放大倍率可以连续调节，后者只能有级调节。近摄接圈可以分成两大类：有/无光圈拨杆连接，前者可以与光圈联动，后者则不能。环摄闪光灯：环形电子闪光灯用于近摄布光，使用时将其固定在相机镜头上，环形闪光管发光时，闪光从镜头四周射向被摄体，形成近似无投影照明。其优点是布光均匀，缺点是光硬，影像平淡。近摄微调云台：这种云台安装在普通三脚架上，在三脚架和相机位置大致固定的情况下，该云台可控制相机前后左右作微小距离的调整，以配合近摄时需要精确的机位。

9. 答：近摄中的景深控制要注意焦点的控制和光圈的调节。

10. 答：环形照明：环形闪光灯虽然灯管是360°环状，但光的射角大都在70°～100°之间，摄影时曝光测定必须准确。否则，物距只要有微小的改变，光量即会有较大的变化。大型翻摄用的环形闪光灯，大都可以用设在灯体或电源箱上的亮度控制钮调节光量。环形闪光灯也可以在其他摄影中用作辅助光源，或作无投影摄影。切向照明：被摄体表面呈浮雕状，如纪念币、矿物岩石切面标本，或者是皮革的纹理，为了强化表面的起伏凹凸，都可以采用窄光从侧面照明，此光越偏向被摄体平面，则光效越明显。切向照明对近光的立体面会给予明亮的光照，并能对平面部分的微妙起伏给予富有层次的表现。如若切向光过强，阴影过于浓重，在镜头前方用软光补光可获得较好的光效。

第五单元　应用摄影

第一节　民俗摄影

一、民俗摄影的概念

1. 民俗和民俗摄影

民俗即民间风俗，就是人们在日常的物质生活和精神生活中，通过语言与行为传承的各种民俗事象。我国有56个民族，是文明古国，疆域辽阔，传统民俗源远流长，各个民族传承的各种民俗事象不胜枚举。典型的民俗事象有：人物服饰、居民建筑、生活方式、节日文化、饮食文化、人生礼仪、传统体育、民间游艺、宗教文化，还有某一地区民族或原始部落的综合、系列生活习俗等。上述的民俗事象包括如下具体内容：具有独特个性的民族服装、饰物；传统民居、古老建筑、建房习俗；人们的生活方式及日常生产劳动；各区域居民的各个农事节日、年节、文娱性节日及传统节日的活动习俗；不同民族的人们在酒俗、茶道、饮食等方面的文化；各民族居民的诞生、成年、禁忌、道德、婚丧、礼节等；各民族传统体育活动及地方戏剧、民间艺术表演等；各类宗教节日庆典、宗教活动及在这些活动中的传统习俗等。作为一个民族的文化创造，风俗所形成的民俗事象总是上挂下连，相辅相成，贯通古今的。任何民俗活动都有前期准备、活动开始、活动高潮、活动结尾。民俗事象反映在各个民族的社会生活和文化领域时，都普遍有着自身的特点，正是这些特点构成了这个民族的独特风格。诚然，任何一个民俗事象都是一种特定的文化现象，它的形成、发展、内涵、特征等一系列内容，都应是准确的、系统的、完整的。而世界的民俗事象更为丰富。

民俗摄影是用摄影手段反映民俗，它的取材范围是民俗生活，是艺术的再现。它所反映的民俗形象，是摄影者在生活中不断观察、分析、思考、了解、选择所捕捉的典型民俗形象。民俗摄影包容的可以是一个民族、一个群体的历史、文化沿革与习俗整合，特定的物质生存环境和独有的精神面貌纪实。民俗摄影的大众性就是拍好自己民族、自己身边的人或事。因此，大众摄影的时代反映最多的题材是民俗题材，越是民俗的东西越有世界性。从风靡于世的老照片和一百多年前外国人眼里的中国，其撼动人心的都是那些来自于民俗题材所具有的学术与史料价值。

2. 民俗摄影与纪实摄影

民俗摄影起源于纪实摄影。早在18世纪中叶，英国的纪实摄影家们在英国传统礼仪和祭典仪式上，开始大量拍摄带有传统色彩的生活习俗照片。

纪实摄影是一种以摄影关心现实人的表达形式。在纪实摄影中，摄影家对现实世界中具有社会历史意义的人、人与环境间的关系作相对全面的、诚实生动的描写，以引导观赏者对被描写对象的关注与正确认识。

纪实摄影主要的特征是一个感受深刻的瞬间在视觉上的再现，如同清清楚楚地回忆起来的亲身经历一样，有着丰富的心理上和感情上的意义。虽然对纪实摄影历史上还有多种的解释和界定，但其中心思想没有离开上述的基本观点，即它是一种对人类生存状态有着强烈关怀、拍摄者诉诸自己鲜明道德立场和价值判断的表达形式。其实，纪实摄影就是"关心人的摄影"。通过纪实摄影人们从社会的人、自然的人、历史的人、现实的人中探究和发现人的本性。

民俗摄影与纪实摄影虽有不少共性，但又有许多个性即特殊性。民俗摄影的特殊性，决定了它具有自身的内在规律。掌握并运用这些规律，就能在民俗摄影实践中取得主动权，从而使自己的民俗摄影水平不断进步，不断有所创新。

民俗摄影是摄影者具有一定规律性的思想意识行为，是一种表现民俗现象的摄影创作过程。民俗摄影，可以是围绕一个民俗主题，用一张或一组照片配合一定的文字完整展开的民俗摄影形式。从国际民俗摄影"华赛"的章程中可知，民俗摄影组照分为：人物服饰、民居建筑、生活方式、节日文化、饮食文化、宗教文化、人生礼仪、文体游艺和综合民俗九大类型。认识和理解民俗摄影的题材是民俗摄影创作的关键。

3. 民俗摄影与风土人情

要拍好民俗摄影作品，首先要了解当地的风土人情。就我国来讲，各地的风土人情差异是非常大的，汉族是我国人口最多的民族，也是世界人口最多的民族。除汉族外，全国还有55个少数民族。我国少数民族分布地区很广，居住的面积约占全国总面积的50%～60%。主要分布在内蒙古、新疆、西藏、广西、宁夏和黑龙江、吉林、辽宁、甘肃、青海、四川、云南、贵州、广东、湖南、河北、湖北、福建、台湾等省区。

我国少数民族地区的一般特点一是地域广大，人口稀少。许多少数民族住在山区、高原、牧区和森林地区；二是物产资源丰富。在我国现代化建设中占有极为重要的地位；三是大都位于我国的边疆，居于国防要冲。由于历史上多次的民族迁徙屯田，移民戍边，朝代更迭等原因而引起的人口变动，使我国的民族分布形成了各民族杂居、聚居，互相交错居住的状况。大约有1 000多万人口的少数民族散居在全国各省、市的大小乡镇和乡村。各少数民族在经济、政治和文化生活方面，不仅相互影响，而且都和汉族有着密切的联系。

我国很多少数民族能歌善舞，具有优秀文化传统，他们在漫长的历史岁月里，创造了大量优美动人的诗歌、神话、历史传说，以及许多文学作品，许多有价值的科学典籍，产生过著名的文学家和科学家。同时他们还创造了很多雄伟壮观、绚丽多彩、富有民族特色的建筑。

由于各种历史和自然的原因，各民族的社会发展很不平衡，甚至在同一民族内部的不同地区之间也不平衡。复杂的社会经济结构，制约着文化、风俗习惯的形态和性质。这需要摄影工作者以历史和全面的眼光认真研究对待，深入挖掘、整理，使我国的民俗文化得以弘扬，更具有划时代意义。

我国各民族的民俗事象极为丰富，这些民俗事象不仅伴随着历史发展而生存、发展、消亡、演变，而且以其特有的方式反映着各个历史时期的社会物质生活和人们的精神面貌。从中国的实际出发，继承这份丰富的文化财富，探索其性质特点及其发展变化的规律，不仅可以更好地理解人民在文化上的创造力，而且有助于民俗更健康地发展，促进社会主义精神文明的建设。

二、民俗摄影的题材和内容

1. 宽泛的民俗摄影

由于丰富的民俗事象，民俗摄影的题材和内容是非常宽泛的。因每个人对题材和内容的理解不一样，将民俗摄影的题材和内容进行一致认可的严格区分是有困难的，只能做到大致分类。

（1）人生礼仪。人类的各种活动，均由潜在于人们头脑中的某种传统的文化意识所支配。人的生老病死观念导致了传统道德观念和具体的礼仪内容和形式。例如：生辰庆典、亡灵祭典、嫁娶盛事、行话隐语、各种禁忌与表现等传统行为模式。

（2）宗教文化。宗教文化体现了一定的社会意识形态，有着鼓励人们做好事的美好的一面，也往往有引导人们把希望寄托于天国和来世的消极因素。佛教、道教、伊斯兰教和基督教等是宗教文化的主要方面。宗教文化的主要表现是意识和行为上的。崇拜祖先、崇拜图腾、崇拜亡灵、祭天求神、驱鬼等统属于宗教心理的不同表现。宗教礼仪和宗教的社会组织功能则表现在宗教与建筑，宗教与诗歌、音乐、表演、雕塑等艺术，以及在传统的宗教节日里举办祭祀活动中的各个程序及内容的展示。在许多宗教占主导地位的国度和地区中，一些宗教机构协助甚至代替了政府进行收捐、收税等，这些现象表现了宗教的社会管理功能。

（3）生活生产。这是一个较大的民俗表现题材。包括反映不同地区、不同民族的生存观念，传统与现实的生产和劳动方式、新旧三百六十行的变化、集市、商贾、农、林、牧、副、渔的劳作实况。在民俗系列创作类别中，还富含着中国人长期以来对富裕的追求。

在社会发展中，人的各种观念和习俗也在时刻变化。时代的发展，使生产手段也发生了巨变，例如原始的手工榨油已逐步被新的机械化生产所取代，传统的粉坊、酱菜园、豆腐坊、酱醋坊和制衣、制鞋、制革等作坊式的操作绝大多数已被较为先进的单元体制和生产工艺所取代，留下来的常常能唤起我们对历史的回忆。一些属于小规模经营的小造纸、土炼焦、小冶金、小煤窑等也因落后于时代发展脚步，有损于人类自身生存环境而逐步被淘汰，取而代之将是更现代化的生产手段。这个变化自然是属于民俗事象的变迁。

(4) 民居建筑。民居和建筑是时代的符号，也是一种文化的沉积。民居和建筑还是一种民俗迹象，主要包括传统与现代民居、公共设施、古代及现代建筑等内容。传统的民居一般都表现了敛财聚富的思想。建筑与风水、建筑与环境、建筑风格与美学体现等方面更有千条说法。中国的园林工艺是世界建筑林中的一绝。遥看历史，帝王们的宫殿和陵寝，已经走向当时建筑的顶峰，给人类的建筑史抹出了重重的一笔辉煌，以城墙为内容的城郭，产生了国与家的概念。长城和烽火台集防御、管理和统治为一体。细看一下民宅和建筑的演绎，便可挖掘出人类从穴居走向地面的文明发展史。假若再将布衣民居、富绅官宦民居、官衙、庙宇、宫殿等从规模、结构、用材和功能、质量，以及社会与历史地位、相互关系等方面作深入、细致的研究，就会发现这些不仅体现出了时代与工艺，时代与观念的不同点，还能展示出人类社会发展中的许多脉络，从这些变化中将剖析出人类文明史中许多耀眼的时刻。

(5) 物质文化。这是一个与人民生活紧密相关的民俗摄影创作领域。它包括医术、文体消遣与娱乐、竞技表演、节日文化、饮食文化、服饰文化、烟酒文化、盐文化、茶文化，甚至煤炭、石油、钢铁等产业文化等许许多多的表现内容。精神文化滋生于物质文化之上，丰厚的物质基础给予了精神文明的生长土壤。

物质文化的本身就是一座宝贵的库藏。仅将饮食文化细分，就可以分成主食、副食、饮品、菜肴等几项。在每项中，又存在着选料、加工和尝用方式等内容。至于各种风味小吃，更是一个地方一个样，名目繁多，数不胜数。如果要比较全面地反映它们的各自地域特色、形成和发展的历史背景和缘由，无疑又是重笔重墨了。

饮食文化除了集欣赏、品尝、进补和健身等作用外，还有着更为丰富的思想内涵。每年除夕的午夜，在鞭炮声中请来了灶神、财神、喜神等吉祥神后，全家团坐在一起吃年夜饭，表示岁交之时的天伦之乐和美好心愿。农历五月端午节家家吃粽子，除了有庆贺佳节的意思外，还有缅怀诗人屈原的含意。中秋八月十五月圆之时吃月饼，除家人团聚之意外，还有着庆贺丰收的含意。至于烟酒文化的意义则更广。就酒文化而言，就包括了酒史、酒俗、酒词、酒令和酒拳等诸多内容。酒与礼仪，酒与情感，酒与政治，酒与交友，酒与成败方面都有着许多微妙的关系。在酒文化里还包括着许多关于酒的传说。古窑发掘、酿造、酒器、酒幌、酒旗和酒歌等都给古老的酒文化增加了许多光彩，为民俗专题组照摄影提供了许多上好的题材。

(6) 时代印象。这是一个反映时代与各种时俗表现关系广泛的民俗摄影创作范畴。它取材涉及面很广，在许多地方能与其他创作范围搭接和融合。它以多方位的视角记录了人类发展的各个历史时期的琐碎和辉煌。各种时尚和观念在这里云集和亮相，有些比较旧的传统和观念在这里将得到修正和更新。时代的印记还无时无刻地处处显示在人们的衣、食、住、行各个方面。从它们的变化中，可以明显地感到时代在快速发展和变化着。例如，通过对服饰面料、款式和做工质量的衡量，就可以分出人们所处的时代和社会地位。在娱乐和消费硬件上变化也相当大。原来的小书馆、小茶馆大多变成了处处闪烁着时代光芒的桑拿浴、大饭店、游艺厅和夜总会。

(7) 思想意识。这个民俗摄影类别主题深厚，表现难度较大。它是事象民俗与心意民俗相结合的民俗摄影表现类型。优秀的思想意识类民俗组照，可以在一定程度上展示出社会的某个层面，继而表现出某个方面的社会时代风貌。假定需要搞一个"中国学子"的民俗摄影专题，可以在内容上表现出这些学子们学成以后对祖国的巨大奉献，还可以在某种程度上体现出中国人在儒家思想的长期熏陶下，对学而优则仕的追求。也会出现一些废寝忘食、埋头只读圣贤书，两耳不闻天下事的现象。由于考场上的成败在很大程度上决定考生的命运，于是，考场风云骤起，万众同挤独木桥的现象也屡见不鲜。所以"中国学子"也可成为一个非常沉重和严肃的民俗创作题材。

在思想意识领域内，能够反映的社会时俗往往是很深刻的。它通常采用纪实的手法，层层地记录下表现人类心意方面的点点滴滴，反映出社会中某些层面的动态。为了准确地找准位置和把握好表现尺度，要求作者一定要持久地深入生活，观察和体悟生活、反思人生。在平凡的生活和工作中，去采撷一些典型的闪光的东西，以此反映出当代人们具有代表性的意识和形态。上述这些创作行为都属于心意民俗所应表现的内容。由于心意民俗的内容涵盖了相当范围的纪实摄影，它的创作前景将会无比广阔。

(8) 生活方式。在生活方式上，很多方面也是喜忧参半的。在正反两个方面都可以进行民俗专题摄影创作。社会上的各种事象和心意，就可以反映出许多焦点话题来。由于经济发展而使人民的生活水平得以大幅度提高，全国范围内的健身运动热了起来。从古代的八段锦、太极拳到各种气功与健身、体育与娱乐等锻炼的方式多了起来。为了健身，许多新观念背离了传统。进补、素食、减肥等健身措施层出不穷。在这里面，有时科学的和不科学的，甚至反科学的东西会相互掺杂。

2. 以小见大的民俗摄影

民俗摄影的组成一般有两部分：一是根据民俗活动和现象对每一张照片的说明文字；二是一组摄影作品，记录当时民俗活动和现象的现场，参加民俗活动的人们的真实情感，以及民俗活动的社会环境。

面对众多民族民俗文化事象，摄影创作如何入手是摆在摄影师面前的重要课题。文化事象，特别是无形的文化涉及到生活的方方面面，但很多事象因为太习以为常而被忽略的，还有一部分是图像不太容易记录的。一个民族的文化是这个民族现存的文化记忆，它有许多种不同的形式。有形的，诸如纪念碑、风景名胜和各种实物；无形的，如语言、技术、表演艺术、音乐等等。保护性的拍摄记录需要对它们进行归类划分，使拍摄具有系统性。适宜用照片表现的民族民俗内容大致可分为如下几个方面：

建筑——民宅、庙宇、亭、塔、桥、商铺；

服饰——服装、饰品、发式；

习俗——人生礼仪、生育、敬老、丧葬、日常起居、婚丧嫁娶、节庆、饮食、居住、交通、游戏、娱乐、竞技；

生产贸易——农业、狩猎、畜牧、渔业、矿业、林业、工匠、贸易、信贷；

社会家庭——婚姻、社团、乡规民约；

生态科技——生态民俗、民间科技、民间医药；

宗教信仰——图腾禁忌、民间宗教、神灵崇拜；

艺术——说唱、戏剧、舞蹈、剪纸、窗花、皮影、绘画、雕塑、工艺美术。

确定了拍摄选题后，就面临着怎样拍的问题。民俗摄影要秉承发掘抢救、拍摄整理、保存研究中华民族优秀民俗文化遗产，弘扬祖国民族文化的宗旨。民俗摄影不是文明对愚昧的猎奇，不是先进对于落后的俯瞰，而是人类认识自身、认识昨天的一个窗口、一面镜子。民俗摄影是人与人之间、心灵与心灵的对视和理解，是洋溢着深切关怀精神、人文内涵的人类平等的对话和交流，是对人类曾经有过、行将消逝的独特生命现象的尊重和礼赞。

民俗摄影要记录下文化的渊源，而且更加重要的是它充分展现了它的美学意义。充分细致地记录民俗活动中的每一个细节，真实地传达了情感的体验。它是以文字记录民俗的一个进步，它使得记录历史实现了从"定性"记录到"定量"记录的转化，避免了将有血有肉、有情感、有文化倾向的民俗活动在文字记录的抽象过程中损失掉情感、细节和寓意。

从关心光影、色彩、照相机，到研究民族、宗教、建筑、服饰、生活方式等各方面的学问，需要有一个转变过程。在拍摄研究民俗事象的过程中，更重要的是研究态度。进行民俗研究不能用一种强势文化的面目来评点所研究的民俗文化，应放下架子，以平等、客观、历史的态度去研究。民俗是当时、当地文化的具体表现，其中包含人们的期望、情感，有着当地的大众情结，辅佐着彼时、彼地的社会架构，维护着当时、当地的道德。它可能是主流文化的原生态，也可能是主流文化的发展脉络和遗迹。只有放下架子，用平等的姿态去对现存的民俗进行研究，才能从中发现民俗现象的寓意和内涵。如果以一种强势文化的面目出现，就会做出某一种民俗现象是落后文化的表现，是封建迷信，是骗人的巫术的判断，就会丧失对世俗文化中有价值的东西的捕捉。

民俗摄影是用摄影的方式来研究民俗。也就是用摄影来做学问。既然是学问，就要使这个学问具有科学性。这个学问涉及到社会学、人类学，牵涉到民族、宗教、建筑、服饰、生活方式等方面的学问。研究学问必须从学习开始，一是从书本上学习理论，它较全面地科学地阐述了民俗学的发展演变历史，以及民俗学所应包含的内容，以及研究民俗学所需要的基本方法，这能帮助摄影师打开思路，理性地对待研究对象，科学地进行研究；二是到实际中去学习，与研究对象交流、参与活动，并从中发现民俗的文化意义。

三、民俗摄影的表现形式

1. 民俗专题摄影

民俗专题摄影是指以记录和再现民俗事象为主体，在为观赏者提供审美愉悦的同时提供民俗认知的系列摄影作品。

民俗专题摄影所提供的审美功能。不是仅仅表明民俗信息是简单的、表面的，也不仅仅是告知某地某民族有这样一些民间事象。如陕北的"信天游"，民俗艺术片可以把它拍成MTV的形式，也可以用舞台演出的形式予以表现，但它所表现的仅仅是这种民歌的曲调、歌词和演唱形式。而作为摄影专题拍摄"信天游"，则要求表现出信天游作为一种艺术样式的历史渊源、信天游的特色及传承方式、信天游的演唱环境，还要表现出信天游发生的自然环境、服饰、生产生活状况以及信仰、禁忌。除此之外，最为主要的是对人的生活状态的记录。

民俗专题摄影虽然同样具有审美功能，但其主旨是通过审美去实现认知功能。它所提供的应是较为完整和全面的民俗信息。因此，民俗摄影拍摄"信天游"，就要求在当地民众唱"信天游"的时候（比如生产劳动中、男女青年恋爱时、民间自发的歌会上）跟踪拍摄，要用画面讲述生活。

民俗风光专题摄影是指包含有民俗内容的自然风光。它所提供的主要也是审美功能。如描写内蒙古大草原的风光照片，在一望无垠的草原上，在高亢的马头琴声中，会看到牧人正追赶着白云般的羊群，会看到一座座蒙古包，也许会看到正在举行的草原婚礼上，青年男女在进行"姑娘追"等娱乐活动。

民俗风情专题摄影，比如拍摄放风筝，会着重表现放风筝的盛况与情趣，风筝的起源、制作、种类，放风筝的不同情景，放风筝在陶冶情操和健身方面的作用。如进一步对放风筝进行研究则涉及人们放风筝中期望得到什么，在风筝的制作与放飞中的民间信仰，风筝神，风筝的扎制与放飞有什么仪式，扎制与放飞中有无禁忌，风筝起源或扎制放飞的民间传说等等。

2. 抓拍生动传神的典型

抓拍是民俗摄影的重要技法。摄影对美学的贡献或者说摄影的美学特征，主要表现在：贵在真实——以生活自身的形式表现生活自身的内容和意义；贵在动态——通过人物及其生活的活的、动态的、真情实感的形象来表现人物及其生活；贵在瞬间精华——固定在照片画面上的，是人物及其生活动态形象的瞬间精华或典型瞬间。而这三个主要特征是由抓拍来实现的。摆拍对于表现民俗摄影的美学特征也有贡献，但要表现得自然、真实、生动，则要具备一定的导演技巧。一个民俗摄影工作者，除非必须运用摆拍手段外，应熟练掌握抓拍的基本技术与技巧，以适应深入各民族拍摄各种不同题材的需要。抓拍，应该成为民俗摄影工作者的一大基本功。抓拍并不神秘，但作为一种拍摄技法，它确有自己的特点和规律。摄影师要正视它，研究它，认识它。这对于熟练掌握和运用这一技法，提高民俗摄影水平，将是大有益处的。

比较封闭的地区，人们对摄影看得比较重，反应比较强烈；在开放的地区，人们对摄影则司空见惯，一般来说不大理会是否有人拍照。在春节庙会上，人们被相声逗得捧腹大笑，忘乎所以。如果发现有人拍照了，人们的反应是不一样的：有的人依然故我，落落大方；有的人虽也笑，但总有点拿着劲，不像原来那么自然了；有的人会立即收敛笑容，脸部肌肉变得僵滞。所以，每当接触新的抓拍对象，都应观察一下、估量一下他对拍照会作如何反应。

赶集不仅仅是为了买或卖，赶集同时也是一种享受、一种娱乐，不然为什么每逢集日，赶集的姑娘、小伙要比平时穿戴得漂亮些呢？摄影师也要重视下乡赶集，挤在庄稼汉中间，看他们的表情，了解他们的追求，体验他们火热的心。少数民族地区的赶场、赶摆，民俗味道更浓。赶集的人多处于一种兴奋状态，况且不少地区的赶集人少见拍照，一见相机往往大惊小怪，拍摄者不隐蔽一般难于抓到自然的神态。在这种情况下，常用的隐蔽点是路边的小商店、小饭馆、住户的小门洞……，隐蔽与否，效果不同。利用集市上眼前买者或卖者作掩体，更机动灵活，效果也很好。过年前夕的农村集市更有看头，从忙着买年货准备过年的庄稼人身上，既可以看到传统的中国习俗，又能看到时代的变化、社会的发展。但抓拍起来却很困难，人群熙熙攘攘，拍人的特写就得靠近被摄者。近了又难免被发现，这时可借用镜头前的人隐蔽自己。这都是"伏击法"的实践。

火把节是彝族人民的盛大节日。节日期间，男女老少翻山越岭去参加聚会。在聚会时，彝族姑娘喜欢打一把黄色的伞。这把伞一是遮阳，二是美化。打着伞漫步或舞蹈，更添风韵。但用这把伞对付摄影师也是很奇妙的，她只要把伞在面前一横，拍摄者就什么也拍不成了。"佯攻"法却可以帮助克服这把伞，拍到朴实美丽的"阿咪子"（彝语，姑娘的意思）自然的神态。

3. 常用的表现方法

民俗摄影创作中面临着"拍什么"和"怎么拍"的问题。摄影是从现实生活中拍摄画面，"拍什么"就是一个发现和选择的过程。这与文学创作不同，作家发现了生活中的亮点，可以储存在头脑中，以后任何时候都可以取出来使用。而摄影师的发现和选择有时需要在同一瞬间立即完成，如果错过了机会，就只能看着生活的亮点消逝而无法记录，留下的只是无限的遗憾。

"拍什么"是一个发现和选择的过程。如何发现和选择，需要有敏锐的判断力。这种判断力需要有深厚的民俗研究做基础，敏锐地观察生活，发现生活的本质。这就是：不是你没拍到，而是你没看到；不是你没看到，而是你没想到。"拍什么"之中还有一个"为什么拍"的问题，"拍什么"也可以认为是一个主题思想的问题，是表达拍摄者对民俗的见解，表达作者对民俗研究的丰富度和深刻度的问题，即你的这次拍摄想表达给读者什么东西，说的是一个什么故事。只有拍摄者明白了"为什么拍"之后，才能解决好"怎么拍"的问题。"怎么拍"是建立在对民俗深入的研究之上的，明白了"为什么拍"，就知道用什么拍摄角度，用何种技法，就能有预见地提早到达将要发生民俗活动的现场，并选好最佳角度拍摄。这样才能避免只注意了光影的美好而丢掉了有意义的民俗现象的瞬间，才能记录到珍贵的、十分有意义的民俗活动的瞬间。

民俗摄影不仅是摄影艺术的一个门类，而且它所承载的内容包含了更多的人文、社会和生活的因素。因此，除去形式上的摄影技术不说，在内涵表现上就有相当的难度。

民俗摄影不同于一般的风景摄影或小品式摄影，它所要表达的东西要复杂、深厚得多，因而在内容、角度上的挖掘显得更为重要。它不仅需要真实地再现不同民族的真实生活，留下人类生活的真实烙印，还要透过人类行为、生活的表象，看到背后多彩、厚重的文化和人类的智慧，以及努力生存的顽强、乐观精神。因此，在对一个民俗主题的表现上，需要从狭窄、浅表走向全面和深入的挖掘。现在所提倡的学术化摄影，正表明了在拍摄内容上需要做深入的思考，这些思考可以涉及社会学、政治学、经济学、历史学等等，它们能帮助更清楚了解被摄者和被摄物后面的东西，不论是历史、社会、政治的传统和现实的文化、观念的环境，还是人们深层的思维、精神状态等，都让摄影师能够更接近和理解被摄者的真实生存状态。

民俗摄影是民俗文化的纪实。因而民俗文化是第一性的，这就需要先研究民俗文化，然后才能较好地完成纪实任务。民俗文化是每个民族人民大众在长期劳动中，在社会历史发展过程中创造的物质财富和精神财富总和的一个方面，是建立在本民族社会、经济基础上的上层建筑，是社会政治、经济的反映。

因为每个民族在各自不同的历史环境中求生存和发展采取的生产、生活方式不同，所创造的文化也各具特色，因而形成了世界上五彩缤纷的民俗文化。由此可以说民俗文化既有民族性，又有世界意义。

作为民俗文化纪实的民俗摄影，必须保持民俗文化的真实性。只有真实地再现民俗文化的本来面目，才能让人们看到人类文明进步的真实步伐和人类在劳动生息过程中创造的民俗文化的丰富多彩性，才有欣赏价值，才能对人类学、民族学、社会学、考古学等相关学科具有研究和参考价值。同时也明示了只有真实地反映出各个民族的民族风情、民间习俗、民俗文化的各种表现，才能显现出它的生动性和特色，从这些生动性和特色中才能看到总体的丰富多彩性，也就蕴含了世界意义。

四、民俗摄影佳作欣赏（见彩图 43~48）

第二节 舞台摄影

"舞台摄影",顾名思义就是运用摄影手段,表现舞台上各种表演艺术的摄影活动。例如拍摄戏剧、音乐、舞蹈、杂技等摄影活动,都属于舞台摄影范畴。

由于受舞台形状大小的限制,舞台灯光的变幻以及各种舞台表演艺术的形式多样化,决定了舞台摄影是在特殊的环境里,拍摄条件有一定难度的情况下进行的。但是,只要熟悉和掌握舞台摄影的规律,充分发挥主观能动性,在实践中提高,在摸索中总结,就完全能够拍出具有独特艺术表现力的摄影佳作。

一、舞台摄影使用的摄影器材和感光材料的选择

要拍好舞台摄影作品,首先对摄影器材的选择有一定的要求。使用中、高档次的135单镜头反光照相机是较为理想的。此类相机的曝光机构中有手动曝光、光圈优先、快门时间优先以及程序曝光等多种曝光方式可供拍摄者选择。在对焦的方式中,也有手动对焦与自动对焦两种对焦方式可供选择。如目前市场上有售的尼康 F90 X,F 5,F100;佳能 EOS 1,EOS 5 等。照相机的镜头则要求配备成像质量好的摄影镜头。因拍摄点与舞台之间的距离不同,可配备变焦距镜头,例如 28~85 mm,70~210 mm 的变焦距镜头。也可配备几只定焦距镜头,例如 50 mm,85 mm,180 mm,200 mm,300 mm 定焦距镜头。在条件许可的情况下,选择口径大的镜头较为理想。

在舞台摄影中,对感光材料的选择是至关重要的。由于舞台灯光的色温在 3 200 K 以下,舞台灯光的照明相对来讲较弱,采用 ISO 100 的日光型彩色胶卷很难适应舞台摄影的需要。因此,应该选用高感光度的胶卷,例如 ISO 400 的彩色负片或彩色反转片。

必须指出的是,舞台摄影不能使用闪光灯。如果在舞台摄影中使用了闪光灯,既破坏了舞台灯光的造型效果,又影响了舞台上演员的表演情绪,也影响到观众的欣赏情绪。

为了减少在握持相机拍摄过程中的抖动,在舞台摄影中,使用一付结实而又灵活的三脚架是十分必要的。它对你能全神贯注地抓取舞台上的精彩瞬间有很大的帮助。

二、舞台摄影的曝光

由于舞台灯光种类繁杂,光源色温多变,舞台表演区照度变化多端,选用何种曝光组合成为舞台摄影曝光的关键。舞台摄影曝光的关键在于找准拍摄主体。演员是舞台上的主体,主要演员在舞台中起着主导的地位。因此必须寻找并确定舞台上的主体,同时决定曝光的基准点。主要演员的脸部应该成为曝光的基准点。在舞台的灯光照明设计中,往往主要演员的面部照度最大。按照主要演员的面部亮度进行测光,根据读到的曝光组合进行曝光。使用照相机的内测光方式测光时,可以运用照相机上的长焦距镜头直接对准演员的脸部测光(演员的脸部应该充满镜头)。使用照相机中的"点测光"测光模式,将测光的目

标区对准演员的脸部，或者使用独立式的点测光表来测量被摄主体的脸部。根据所得到的EV值或曝光组合进行曝光，就能得到合适的曝光量。

舞台上，演员会因剧情的变化而不断地移动位置，其面部的照度也在不断地发生变化，摄影师应根据这种变化及时地作曝光组合的调整，如果使用照相机自动曝光的功能，则要作曝光+1，+2，-1，-2 的曝光补偿处理。

三、舞台摄影中自动对焦技术的应用

正确地掌握"舞台摄影"中的对焦技术，是获得优秀舞台摄影作品的关键。这是因为舞台上的演员位置经常在移动，特别是在舞蹈的表演中，演员的移动幅度更大，摄影师的跟踪对焦更为频繁。其次，舞台摄影中常采用大光圈，故而景深浅，对聚焦的要求则更高。如果使用具有自动对焦机构的照相机，对于摄影师全心投入抓取主体人物最佳表情和动作是十分有益的。一台多点对焦或利用眼对焦的自动对焦照相机，在舞台摄影中是十分有用的。

在摄影师的跟踪对焦中，也有一些摄影者不依赖 AF 自动对焦系统，而是偏爱手动对焦。这就要求摄影师具有相当娴熟的手动对焦技巧。手动对焦能避免 AF 自动对焦时的误动作所造成的对焦失误、焦点失实。

四、舞台摄影时对色彩还原的考虑

舞台上光源的色彩变化很大，这种变化跟光源的色温有关，也与为了营造舞台的气氛在舞台的灯具上使用滤色镜有关。舞台的灯光光源色温通常在 3 200 K 以下，因此在选用感光材料时，选用灯光型的胶卷较为适宜。如果选用的是日光型彩色负片或彩色反转片，则需要加用换型彩色滤色镜（雷登 80A），加用了换型滤色镜后，使光源的色温得到升高，与胶卷的平衡色温相一致，色彩的还原就能比较准确了。

如果使用的是日光型彩色负片，在拍摄前不加换型滤色镜的话，而在胶片冲洗后放大、彩扩制作彩色照片时使用校色滤色镜来校正偏色，同样可以得到一付色彩还原较为满意的舞台照片。

有些舞台摄影作品，在拍摄时注重强调舞台灯光的现场气氛，不使用彩色校色温滤色镜，却能达到一种特殊色调的艺术效果。

五、舞台摄影的艺术追求

舞台摄影是摄影者在剧场中运用照相机，寻找最佳的拍摄位置，通过照相机上的取景器取景构图，按照摄影师本人的审美意识，敏捷地将舞台上演员表演的美好瞬间拍摄记录下来。因此，镜头聚焦在哪一点，在哪一瞬间按动快门，就是舞台摄影者艺术追求的目的。

一幅优秀的舞台摄影作品应该具备摄影艺术中所追求的构图美、造型美、影调美和动感美。

1. 构图美

构图美就是舞台摄影艺术中的美感首先是通过画面的构图来体现的。在一个大的舞台

中,拍全景、拍局部还是拍特写,这完全是按照摄影者在观察舞台整体效果的基础上,通过镜头取景,进行合理取舍,达到艺术的再创作过程。一幅构图完美的舞台摄影作品,应该是主题突出,画面均衡(见彩图49《渔舟唱晚》,祖忠人摄)。

2. 造型美

造型美本身就是舞台表演艺术中最基本的特征,也是舞台摄影艺术中必须强调的美感形式。造型是指演员在舞台上表演时的姿态和神态。什么时候演员的姿态最动人,什么时候的神态最感人,对摄影者来说必须事前有所了解,也就是说舞台摄影必须在拍摄前了解剧情,熟悉演员,了解演员根据剧情的变化所作的舞台调度。这样才能根据剧情的发展,不失时机地抓住精彩的瞬间(见彩图50《雀之灵》,祖忠人摄)。

3. 影调美

当前舞台美术设计的发展日新月异,舞台灯光照明五彩缤纷,新型光源层出不穷,这对于舞台摄影艺术中影调表现的多样化提供了良好的条件。由于舞美的布置和灯光的设计是随剧情的变化而变化的,随着剧中主人公的情感变化而变化,时而呈暖色调,时而呈冷色调;时而高调,时而低调。所以,把握好舞台摄影艺术中影调的处理,对烘托主题,突出人物性格起着推波助澜的作用(见彩图51《黄河儿女婚嫁图》,祖忠人摄)。

4. 动感美

动感美在舞台摄影中是最具艺术魅力的,同时也是摄影者最难把握的表现形式。

舞台上的演员因剧情的要求形体动作的变化幅度很大,很激烈,尤其在舞蹈、杂技、戏曲包括武打等表演中,演员的运动速度都很快。然而要将这些运动中的瞬间凝固在照片上,必须对演员动作的起伏规律,演员动态发生的各种先兆了如指掌。同时,在掌握快门开启的时机上要恰到好处。这就要求舞台摄影工作者勤学苦练,不断地实践。功夫不负有心人。一个在舞台摄影园地中勤于耕耘,在实践中积累较多,具有较强美感意识的舞台摄影师,必定会创作出优美的、具有动感的舞台摄影佳作(见彩图52《酣畅》,祖忠人摄;彩图53《空中飞人》,祖忠人摄)。

单元测试题

简答题

1. 试述民俗的基本概念。简述中国民俗事象的一些特点。
2. 简述民俗题材摄影的含义。
3. 简述民俗摄影和纪实摄影的异同点。
4. 简述民俗摄影常见的表现形式。
5. 用民俗摄影的方法对我国的一些少数民族的特点进行概述。

单元测试题答案

简答题

1. 答：民俗，即民间风俗。就是人们在日常的物质生活和精神生活中，通过语言与行为传承的各种民俗事象。

我国有56个民族，是文明古国，疆域辽阔，传统民俗源远流长。民俗事象特点有人物服饰、居民建筑、生活方式、节日文化、饮食文化、人生礼仪、传统体育、民间游艺、宗教文化，还有某一地区民族或原始部落的综合、系列生活习俗等。

2. 答：用摄影手段反映民俗。它的取材范围是民俗生活，是艺术的再现。它所反映的民俗形象，是摄影者在生活中不断观察、分析、思考、了解、选择所捕捉的典型民俗形象。民俗摄影包容的是一个民族、一个群体的历史、文化沿革与习俗整合，特定的物质生存环境和独有的精神面貌纪实。民俗摄影的大众性就是拍好自己民族、自己身边的人、情事、物、景。

3. 答：民俗摄影起源于纪实摄影，而又涵盖于相当范围的纪实摄影中。

纪实摄影中，摄影家对现实世界中具有社会历史意义的人与人、人与环境间的关系作相对全面的、诚实生动的描写，以引导观赏者对被描写对象的关注与正确认识。

民俗摄影，是围绕一个民俗主题，用一张或一组照片配合一定的文字完整展开的民俗摄影形式。民俗摄影要记录下民俗文化的渊源，充分体现它的美学意义。细致地记录民俗活动中的每一个细节，通过摄影的手段真实地传达情感的体验。

4. 答：可以通过民俗风光摄影、民俗建筑摄影、民俗风情摄影、民俗人物活动摄影、民俗节日摄影等来表现民俗摄影。

好的民俗摄影作品自身应具备高、新、活、真、难、美。高，为摄影的立意高，内涵深。新，题材新，手法新。活，画面活，视觉冲击力强。真，真实、真情，能打动人。难，题材难寻，技术难度大。美，光、色、影、形讲求形式美。

5. 答：在我国的55个少数民族中，有刚刚脱离原始社会刀耕火种的云南省基诺族人，有被称为人类活化石并还处于母系社会的摩梭人，还有至今留有奴隶社会习俗痕迹的四川省大小凉山的彝族兄弟……。但这些个性异常鲜明的民俗风情很少在旅途中遇上。因此捕捉对象更多的是一些看上去很普通的生活场景，其中包含有受不同地域、不同文化传统和审美心态影响的细微差别，这也有利于培养拍摄者敏锐的观察能力。比如以江南古镇清晨时的袅袅炊烟为背景，拍摄在河边洗衣淘米的村姑，就似一曲轻松柔慢的江南丝竹；又如在残阳如血的西北黄昏，以黄土高坡为背景拍摄几个赶着羊群回家的牧童，分明又是一段苍凉豪放的塞上吟；还有山乡姑娘采春茶，水乡秋夜燃灯捕蟹的农民，清明时节踏青进香的善男信女……，这些具有浓郁风俗气息的生活场景都是拍摄的好题材。

到少数民族集中的地区，又遇上地方性节日，那可是摄影师大显身手的好机会。如到九寨沟或黄龙风景区旅游，恰逢冬日的扎如寺庙会或夏日的黄龙庙会，就要抓紧时间不惜胶卷抓取个性突出的精彩瞬间。当然也应注意，不要一味地追求表面形式上的热闹，而忽略了从内在精神上去表现不同民族的本质特色。同样拍摄少数民族和马，蒙古族爱马是以那达慕赛马大会表达他们对健与美的追求，而哈萨克族爱马则是通过"叼羊"和"姑娘追"反映一种质朴的性格美。民族的服饰也各有千秋：人称素衣民族的朝鲜族以白色服装为美，彝族则以黑色服装显示严肃深沉的性格，而维吾尔族穿着色彩艳丽、对比强烈的服饰展示性格开朗、热情活泼的一面。拍摄服饰可以从正面、侧面、背面等各种角度全方位摄取。

拍摄民俗风情的关键是一个"快"字，要有熟练的抓拍功夫。一般来说，抓拍以小广角镜头为宜，根据光线情况调好光圈、快门。光圈应尽可能小些，通过大景深来弥补慌乱中对焦不实的不足。要像观察一件心爱的东西那样集中精力，时刻准备举机捕捉。中长焦距镜头在抓拍时也有长处，可以离被摄者较远而不被发现，由于这类镜头大多比较重，拍摄时的快门速度不能太慢，否则极容易抖动，使拍摄失败。

遇上有些少数民族不喜欢别人拍摄，一是不要任性去拍摄，以免引起不快；二是可以采用一些技巧，比如找些隐蔽物，不要让被摄者发现，或是采用"盲目射击法"拍摄，也就是将照相机挂在胸前，凭感觉对焦和构图，然后用大拇指（而不是食指）按下快门，这样不会引起别人的注意。当然，采用"盲目射击法"把握不是很大，在画面取景时要多留些余地，回来后再作精确的剪裁。在一些边远地区，由于少数民族与外界接触少，见到背照相机的旅客就会匆匆避开。进入他们的寨子时，最好请一位当地人带路，既懂地方语言又熟知风俗习惯，就能方便地拍到一些民俗照片。如果当地人愿意你为他们拍摄一些照片，并要求得到照片，那就一定要讲信誉，回去以后寄上几张给他们，不要一走了之。否则会造成不良后果，并可能影响以后去旅游的拍摄者。

总之，摄影要尊重当地少数民族的信仰和风俗习惯，决不能为了猎奇而触犯禁忌，更不能对少数民族的风俗信仰有丝毫的亵渎和不敬。

第六单元 艺术理论知识

第一节 摄影艺术的表现形式

一、摄影的艺术特征

摄影是近代科学的产物,它是应用光学、化学、机械学、电子学、计算机学等科学技术手段,通过选题、构图、用光、制作、命题等表现艺术形式来完成的艺术体系。

二、摄影的表现形式

摄影的表现形式是多样的、百花齐放的,但是归集起来则分为纪实摄影和艺术摄影两大类。

1. 纪实摄影

纪实摄影是一种以新闻摄影为代表的现场实录式的摄影。纪实摄影的实质是不干涉被摄对象、不破坏现场的环境气氛而摄录事物客观形象的"原生态摄影"(见彩图54《外交家基辛格》,潘锋摄)。

纪实摄影除了新闻摄影以外,还有军事、科技、体育、民俗等题材的摄影。纪实摄影一般不使用焦距广的鱼眼和超广角镜头,以避免使画面过于夸张,通常也不使用那些花哨的效果镜。纪实摄影强调的是一种现场感和真实感,因此真情实感就是纪实摄影的本质特征。

2. 艺术摄影

艺术摄影是一种以创作为指导思想,张扬个人艺术风格的创造性摄影。艺术摄影不像纪实摄影那样有许多清规戒律,但它较强调用光、构图等美学造型元素,特别注重创作、立意、艺术思想与表现形式。

艺术摄影讲究光线、光比、明暗、反差等画面的影调与色彩，重视被摄景物的形体、质感、排列等，尤其要注意画面中主体的表现力度。强调被摄景物形象的内涵，即画面的意境。这就是人们常说的"创意"。因此，艺术摄影也常被称为创意摄影。

三、艺术摄影作品的分类

1. 唯美作品

唯美作品讲究摄影画面的美学结构，即构图、用光、立意，它给人以纯美的愉悦欣赏。这类作品又可以分为丽景作品和写意作品两类：

（1）丽景作品（见彩图55《三阳开泰渔晚晴》，潘锋摄；彩图56《大漠古堡》，潘锋摄）。这两幅作品分别表现朝/晚霞、蓝天白云下的原野植被、晨昏中的江河山川之秀。

（2）写意作品（见彩图57《仙境》，潘锋摄）。这幅作品用虚幻、比拟的手法表现出犹如中国画般的意境。

2. 风格派作品

风格派作品张扬个性、反映流派，摄影的流派有荒诞派、抽象派、达达主义、现代派、后现代派、现实主义和超现实主义等等。常见的风格派作品有：

（1）古典和现代风格作品（见彩图58《矛盾》，怀特摄）。

（2）借意叙事作品（见彩图59《嫉妒》，潘锋摄；彩图60《十月的螃蟹》，黄翔摄）。

第二节　摄影艺术的审美要素

一、光与影

摄影又称"光画"，摄影画面是靠"曝光"而猎取的，光是摄影的基本造型元素。事物的具体形象是由光的照射才被眼睛所看见的。摄影画面中各种景物的各种姿态，是物体接收光线后产生反射呈现在感光材料上的影像。

1. 光线

光线因受到光源种类、光照强弱、色温、距离和被摄体的材质、质感以及周边环境的影响而不一样，它给摄影造成曝光量和色彩、影调的变化。比如直射光的光照强烈，影纹线条有力、色彩饱和；散射光的光照匀匀，影调较柔和、缺少层次，但在拍摄时胶片对景物亮度接收的宽容度相对较大。

在摄影中，根据光线不同的照射性质而把它分为直射光、散射光和反射光。

（1）直射光。直射光是由晴天直射的阳光或各种直射的人造光源所构成的光质，通常把这类光线称为"硬光"。被摄景物在这种光线照射下，受光面和阴影面的光比较大，反差强烈，影调明朗，立体感强（见彩图61《远行》，潘锋摄）。这种光线的正面光适宜拍摄儿童和青春女性等影像明朗的照片，前侧光适宜拍摄大众人像，使人物面部呈"三角光"而具最佳效果。

(2) 散射光。是由阴、雨、云、雾、雪天的自然光或是经过柔化的人造光源所构成的光质，通常把这类光线称为"软光"。被摄景物在这种光线照射下影调柔和，色彩饱和，无鲜明反差，但是缺乏立体效果。这种光线下能得到色彩鲜艳、影像柔和、层次丰富的照片。虽然在自然风光摄影中不易表现景物的立体感和空间感，但是可以用它拍摄出一种纯净的风光小品（见彩图62《漓江泛舟》，潘锋摄）。

(3) 反射光。这类光线一是由自然界中的环境物质如：墙面、沙滩、水面、冰面、雪地等景物的反射光；二是由人造的反光板、反光伞等物品产生的反射光。反射光在摄影中可以起到调整反差、丰富层次的补光作用。

2. 影调

影调是景物形象在光线的照射下所产生的，从亮部向暗部过渡的层次变化结构。光与影始终是相随相伴的，物体的形态和质感都是借助于光线与影调来刻画的，环境和气氛也是依托光线与影调来构成的。在这里要指出的是，光线在摄影画面中营造的层次变化不仅反映在景物本身的影调上，它还表现在与景物相随的阴影中。摄影中的阴影具有双面性，表现得好富有魅力，表现得不好则成为遗憾（见彩图63《过街》，名家摄）。例如：主体景物所在的地面上或是低于主体景物所在的墙面上所形成的投影，起到"跳出"平面的视觉而使画面产生空间感，具有立体的视觉效果。假如在室内用仰摄进行机上闪光摄影，背景上人物的上方产生一个浓重的黑影，不就破坏了画面的整体形象效果了吗？

综上所述，光与影是摄影造型的"母体"。只有会用光与影并用好光与影这两大摄影造型元素，才能够创作出摄影的艺术佳作。

二、线与形

1. 线条

线条是构成景物的外形轮廓的基本元素。线条也是艺术形象语言，不同的线条会给人不同的暗示和想象。

(1) 直线。给人"刚强、耿直、延伸"的感觉，使人产生一种平铺直叙的视觉效果。

(2) 曲线。给人"柔软、优雅、圆满"的感觉，使人产生一种迂回曲折的视觉效果。

(3) 斜线。给人"活泼、变化、流畅"的感觉，同时又会使人产生"不稳定"的视觉。

(4) 上扬线。给人"舒展、向上"的感觉。

(5) 下垂线。给人"低沉、下落"的感觉。

2. 形状

形状是由各种相连的线条构成的景物外观形态、或者是整幅画面中主体与陪体共同组成的一种结构形式，不同形状会使人产生不同的思想情感。

(1) 正方形。给人以端庄、规矩、严肃的感觉，但是过于严肃、守旧。

(2) 长方形。给人以规矩但却有潇洒、大方的感觉。

（3）圆形。给人以圆满、完美和始终不变的感觉，但有时也不免会给人产生一种圆滑的感觉。

（4）三角形。给人以稳定、永久而又有变化的感觉，有时也会给人一种较为尖锐的感觉。

线条和形状是摄影构图中的两大基本结构，它不仅是刻画外貌和形体，更重要的是各种景物相互之间的排列与组合所呈现的虚拟形状，它是画面艺术表现的张力，经常会对作品的主题起到画龙点睛的作用（见彩图64《钢琴家》，卡什摄）。

三、色彩与质感

1. 色彩

各种不同的色彩能够给人以不同的视觉效果和情感印象。人们常说的"感情色彩"，就是说色彩是带有情感的。

（1）红色。红色是象征热烈、温暖和英雄果敢的精神色彩，使人联想到太阳给人以温暖，常用于喜庆欢乐的场面，又常与鲜血和火焰相联系。它也是一种警示色彩，如信号灯光。它还是一种很刚强、独立、鲜艳的色彩。

（2）白色。白色是象征着清白、洁净、恬静、圣洁、纯真、高尚、明朗和高远的色彩。白色具有最大的明度，寓意着光明的、积极的、进步的、向上的精神色彩，它在画面中有向外延伸、扩展的视觉感受。

（3）黑色。黑色象征着庄严、神圣、悲哀、深沉、污秽，它在画面中有一种庄严、肃穆、凝重的视觉感受。

（4）黄色。黄色是象征着光明、辉煌、庄严、欢乐、温暖和希望的色彩。深黄和金黄的颜色常表现于财富、高贵和至尊、辉煌，如宫殿的装饰和帝王的衣饰。浅黄的色彩具有轻柔、飘逸的美感；而暗淡的灰黄色常被表现为猜忌、怀疑及背叛等不健康、不道德的情感色彩。

（5）粉色。粉色是象征着光辉、热情、挚爱与欢乐的色彩，多用于表现女性权势的高贵和华丽的画面。

（6）绿色。绿色是象征着生命与希望的感情色彩。柔和的绿色使人感到新鲜、平静、心情舒畅；嫩绿色给人以希望，具有田园般的生命活力；深绿色则给人以富饶、茂盛和欣欣向荣的视觉心理。

（7）青色。青色象征着宁静、悠远和寒冷以及悲哀的情调，它适宜表现深沉、朴实的情感。

（8）紫色。紫色是象征着华贵、娴静与高雅的感情色彩。紫色的心理联想取决于它的明度和纯度，明度和纯度高的紫色，显示威严和豪华之感；浅紫色会有一种思念牵挂之情；暗紫色则是一种忧伤与衰弱、悲叹之调（见彩图65《川西风光》，潘锋摄）。

2. 质感

质感是物体的表面肌理，如光滑、粗糙、滋润、干枯、坚硬、柔软等。摄影艺术对摄影图片的质量要求，首先要对其主体景物的质感有很好的表现力，而且还要运用视角、光线使之表现为给观赏者产生"触摸"和"尝试"的欲望，激发起人们对它的丰富遐想（见彩图66《面包》，陈康龄摄）。

第三节 表现形式

一、作品的内容

内容应当是由画面中的主体和陪体共同构成的形象所要反映的主题。照片反映的内容是摄影艺术作品的灵魂，一幅佳作往往是作者在众多的生活题材中观察、积累、概括和提炼出来的结晶，并且是最典型的形象在瞬间的精彩表现。

内容应该是由兴趣中心，即视觉与焦点来表现的。要使观赏者能通过画面的内容直观地领悟到作品所传达的意境、拍摄者的思想情感与创作意图，首先就必须抓住创作内容的观赏中心。视觉中心并非画面的几何中心，而应是主体的形象构成，它是主题的集中体现，又是组合画面中其他诸多陪体的统帅。主体是直接表现主题的，陪体是烘托主体而深化主题的，因此主体要形象生动、富有情趣，它应当既是大众形象的客观表现，又是大众形象的集中代表和典型特征的体现；陪体则是主体周围由环境与气氛等组成的画面形象。抓住创作的灵魂，即使画面的内容既来源于生活又高于生活，这样的艺术作品才有生命力。

二、作品的形式

形式是指画面中主体和陪体的结构状态，即画面的构图方式。

形式是由线条与形体构成的，完整、简洁、生动、稳定是摄影画面形象结构的基本原则。景物形象的表现形式可由下面几种手法来实现：

1. 确立画面的色彩基调

由内容来明确选择暖调还是冷调；高调还是低调或中间调。

暖调——表现喜庆的、进步的、积极的、热情的事物以及晨曦、傍晚、夜间的画面。

冷调——反映诙谐的、批评的、落后的，以及萧条的、冷漠的场面和冬日时段以及高寒冰雪地域环境的画面。

高调——刻画纯净、恬静的景色，天真活泼的儿童，纯洁无瑕的少女形象。

低调——象征历史的、古老的画面和刚毅资深的老者造型。

中间调——随意、自然、通常的情景。

2. 表现色彩

色彩的明度、饱和度以及色彩的多少和色彩的形式（粗犷的写意与细腻的工笔），这都要根据画面的主题与内容来选择决定。但有一点需要指出的是，通常画面中的色彩不要太杂，以免纷繁乱眼，另外对比色要少些，以免落俗。色彩上的运用，可以借鉴"万绿丛中一点红"这句诗意来表现。

3. 运用对比

画面结构中的对比手法，往往可以丰富画面的表现形式，使主题更有表现力度。这里常用的对比形式有大与小、多与少、明与暗、动与静、虚与实（见彩图 67《维纳斯家属》，潘锋摄）。

三、意境

意境即作品的主题，是摄影艺术作品中作者创作意图的集中体现，它是作者通过作品的内容与形式而向观众传达的一种信息。因此，意境是作者的思想情感和艺术创作在作品中的表现和升华。它是作者个性的风格和信念、寄思与遐梦；它是给观众的诗情与画意、哲理与启迪。它提供生动的形象、美丽的画面、感人的场景、深邃的寓意；它选取的是事物的表面形象，揭示的却是事物的本质与内涵。所以，意境不仅给人赏心悦目的快感，更能激发起人们的理性情绪和丰富的想象能力。

第四节 摄影艺术的创作要点

一、深入生活

生活是创作的源泉，离开生活的创作是无生命力的。因此，摄影创作是无法关起门来靠凭空想象去完成的。让我们来欣赏那些摄影大师的经典作品，品味这些作品与生活实践的关系吧。

从世界摄影史上的处女作《餐桌》（1822年尼矣普斯摄）到《繁华的大街》（斯地文摄）、《生活的两种方式》（见彩图 68，1857年雷蓝德摄）、《矛盾》（见彩图 58，怀特摄）、《阿拉巴马州的农户》和《阿肯色州的难民》（埃文斯摄）、《白求恩大夫》（吴印咸摄）、《星期天的早晨》（布勒松摄）、《美智子和伤心的母亲》（史密斯摄）、《兴登堡飞艇的爆炸》（谢尔摄）、《十月的螃蟹》（见彩图 60，黄翔摄）、《战争与和平》（见彩图 69，陈复礼摄）、《穹顶之月》（见彩图 70，亚当斯摄）、《牧羊图》（郎静摄）、《我要读书》（彩图 71，解海龙摄），所有这些都是他们在各自生活的年代里，在自然、社会的实践中亲历、观察拍摄的结晶。因此，生活是创作的基础，离开了生活的实践，摄影将失去取景的目标和构图的组合要件，失去用光的对象和意境所要表现的主题。

创作，顾名思义是创意、创造，绝非是对生活的照搬照抄式的画面记录，而是要加以选择和提炼，并通过构图、用光、构思的艺术表现手法来摄取画面。

深入生活，讲起来容易，做起来就没那么容易了，有时甚至很难，而且是十分艰难的。为了适应各种自然环境，你必须具有吃苦耐劳的精神，经受诸如风、霜、雨、雪、或高寒缺氧、或高温酷暑、或大漠干枯、或泥泞湿滑、山洪暴发、狂风暴雨的考验，甚至像伟大的帕卡在枪林弹雨的火线上去拍摄。

二、把握机遇

作家、书画家、音乐家的创作可以不受时间与空间的限制。比如：郭沫若凭着天才的灵感可以在一天就完成了长诗《凤凰涅槃》，达·芬奇的名画《蒙娜丽莎》用了四年的时间才创作完成，曹雪芹创作历史名著《石头记》（红楼梦），历经十年寒窗笔耕还未尽终。而摄影创作却不能像他们那样可以闭门居舍完成拍摄，你必须走出去，亲临现场，适应各种自然环境。你想拍日出的照片，必须根据天气预报，在晴天太阳还未出来之前赶到现场，选择好拍摄点，持机等待，如若日出时云层太厚，那就令人失望了，还得耐心等待它日好时机。我们不否认机缘，所谓偶然的运气，这在摄影的创作中还不显见。但是机缘、运气不是摄影家的忠实朋友。偶然不是必然，对摄影家来说重要的是必须在经常性的创作实践中，去发现和把握这种机缘的规律性和必然性，将这种有序的机缘为我所用。比如拍风光照片，你必须了解各地的气候以及地形地貌的特征；拍人物照片，你必须把握各地人物的风格、衣着、文化以及他们生产、生活、节庆等常规习俗。只有这样才能避免花费很大、行程很远、耗时很长，却高兴而去扫兴而归。因此，在进行摄影创作的时候，必须把拍摄可能性与事物的存在和发展的规律性与必然性结合起来，才能抓住机缘获得成功，正如黑格尔所说："最伟大的艺术品也往往是因外在机缘里而创造出来的"。

三、抓好瞬间

摄影艺术是瞬间的艺术，最终的成败取决于瞬间自觉的心理感知和外在的技术手段。

瞬间的自觉是经长期的磨炼而造就的一种对事物运动及其变化的急速的思维反映，它具有必然性，又有偶然性；有长存性，又有短暂性；有多重性，又有突发性；有时甚至是不受逻辑思维的现行支配。对于摄影家来说，这种自觉恰是其生活阅历、实践经验和审美情趣在拍摄时的综合快速反映。当然自觉是人人都有的，然而由于各人的个性差异和经验不等，对眼前各种事物的感觉也不相同，即使在同等的客观条件下，各人对事物的本质的评判和反映采取的对策也不尽相同，各人都会以自己的理解选择自己的视角、景深与表现手法去拍摄。有人站在此处常规平摄；有人在彼处用慢门拍成动静相宜的场面；有人用小景深拍成虚实对比的画面；有人在这一处分别用不同的视角去拍摄（平摄、仰摄、俯摄）；有人在那一处分别用不同的焦距段（短焦、中焦、长焦）去拍摄；有人对瞬间中的突变无动于衷；有人却非常的敏感，甚至对即将发生的事物有着预感而抢先应变。

我们说对瞬间的敏感是长期积累而偶然得之的直觉，可以这么认为，好作品应该是抓取最佳瞬间的结果。

四、构思与创意

构思与创意实质上就是创作想象。它是对事物的表面形象进行加工改造，从而创造出一种新的形象和理念。

人们的眼睛看到的一切形象都是表象，如果就事论事地拍摄，那只能是对它的直观记录而缺乏艺术的感染力。当然在一些特定的摄影领域中，需要这样直观的记录式的拍摄，如证件照、司法取证、科研资料等等。但是这些记录性的资料摄影并非艺术创作，只是对于存在的忠实写真，缺乏艺术的创作美感，如证件照之强调两耳间的脸面的完全完整，两眼正面平视，故当脸的某部或是一个耳朵存在瑕疵时或缺点时，也就暴露无遗了。而肖像艺术照就不是这样了，它可以采用斜侧面或是侧面，用柔光、柔焦或是低调等艺术造型来扬长避短，还可以采用托腮沉思或是仰面遐想来美化形象。这里人物没变，但是通过艺术造型，形象变得美了。我们说这就是创意，这种创意不是凭空的想象和虚构，首先它是来自于生活、取自于经验。创意的丰富程度源于我们对自然、社会、时政的关切与了解、分析与判断、联想与联系、借鉴与组合、认知与思维、深度与力度、修养与技法。

自然和生活中的某些表象，有些是相互联系的，而有些是毫无关系的，但如果充分发挥了思维和想象的主观能动性，则可以把两种原本不相关的事物结合起来，联系在一起，塑造出一种新的形象而产生新的含义，成为一幅形式新颖、立意深刻的艺术作品。例如彩图 72《稻子与稗子》（李英杰摄），作者把极为普通的稻子和野草组合在一起，用上下结构的竖画面形象来刻画腹中空空的稗子傲向天空高昂着头，硕果累累的稻穗却向着地面弯腰低垂着头，从而让人们在摄影家的丰富、绝妙的想象中品味出做人的哲理。又如彩图 73《征程》（潘锋摄），作者用旋梯来比喻中国的建设历程是曲折向上的。

第五节　摄影艺术作品赏析

一、《双龙喜日满天红》（见彩图 74）潘锋摄影、撰文

华夏亘古皆炎黄，唇齿相依龙子民。
东西隔阂仅咫尺，新人相思难相逢。
港澳昨日早归兮，海峡理当架鹊桥。
于戈阗息半世纪，和平之旅起春风。
双龙永结秦晋和，唯愿神州大统一。

技艺评述：作品《双龙喜日满天红》拍摄时加用了一块大红的滤色镜，使整个天穹呈现了红色，象征着五星红旗下的祖国。再则使用了一个 28 mm 的广角镜头加仰摄，使这两条原本同样大小的对称的树龙，产生近大远小、近高远低的透视比例，意示祖国大陆与台湾的地理关系。两条龙之间的枝节，又警示着炎黄子孙，今日两岸还存有阻隔。

第六单元 艺术理论知识

二、《"经济"观点》（见彩图 75）潘锋摄影、撰文

　　　　　　　　水中观点——虚无又缥缈，

　　　　　　　　钱於水底——可望不可"捡"。

　　　　　　　　如果——经济是一根杠杆的话，

　　　　　　　　那么——物质和精神则是砝码。

　　　　　　　　满脑——充满着金钱的人儿，

　　　　　　　　只能——背负起黄金的枷锁。

　　　　　　　　社会生活——需要金钱，

　　　　　　　　人生道路——须向前看。

　　拍摄要素：美能达 XD—7 相机，28—70 mm 镜头，柯达 ASA100 彩卷。光圈 f/4，快门 1/30 s。阴天，散射光，摄于浙江杭州虎跑。

　　技艺评述：《经济观点》是一副写意性小品，这类作品是把人们的普遍活动、普通生活运用一种非写实的表现手法，借鉴现象，寓意某些哲理和社会热点问题，给人们以警示和教诲，对谬误进行揭露和鞭挞，以正社会道德之风。

　　拍摄时为阴天，运用超广角镜头贴近水面，对着人在水中的影子构图，此时的光线隐去了那个时代（1980 年）冬日里年轻人穿着的非常显眼的滑雪衫的艳丽色彩，而呈诙谐的影调。曝光则以水下的钱币为标准，因而使这些"满脑金钱"成为黑色的幻影。

三、《生命》（见彩图 76）潘锋摄影、撰文

　　生命是万物之灵，生命让世界焕发生气，生命使宇宙生辉，但是"生命"则是斯芬克斯之最。生命是生生不息、新陈代谢的，它会延续和诞生，并发育、成长、壮大；它也有生老病死；它自循客观规律，从初期经过盛期走向衰老而身亡；生命在有生之时孕育新的生命，并为社会而献身。

　　《生命》就是寓意着这么一种哲理的小品。深秋雨后的沙地上，一片飘落的枯叶，凄凉地静躺在冰冷的湿沙上，一个生命走向了终点。可是就在此时，一个新的幼小的绿色生命不畏瑟瑟的秋风和早霜的寒意，又正破土而出，来到这世界上探寻生活之路。

　　老褐色的枯叶和嫩绿色的幼苗，相互仰望、倾诉着生命的春秋；新陈代谢、演义着历史的沧桑；晨昏朝夕、谱写着生活的哲理。

四、《山盟海誓》（见彩图 77）潘锋摄影、撰文

　　夏日的太阳斜射在静寂的海岛上，辉煌的山岩散发着刺人的光热，海面上荡漾着阵阵浓烈的热波。

　　大自然为投入到情海恋屿中的山伯和英台营造了绝佳的景地，一缕金色的阳光正覆盖在老虎滩伸向渤海湾远处这"爱情"岛上。只见一朵红色的蘑菇云下，一对爱侣坐在灼热的礁石上，尔依我恋情深意笃，彼此倾吐着衷肠，许下山盟海誓："苍天大海永不分离，海枯石烂永不变心"。此时，海涛激起阵阵白色的浪花，簇拥着她们纯洁的爱情；愿即将

西落的红日,象那9 999朵红玫瑰献给这天底下最挚爱、最幸福的亚当和夏娃,并祝愿这对有情人一往情深,天长地久。

五、《开发与振兴》(见彩图78) 潘锋摄影、撰文

上海是我国改革开放、国民经济高度发展的大都市。那么作为摄影人如何来反映、见证和表现这段历史?又怎样来展望那未来的憧憬呢?

众所周知,上海的建设日新月异,新事物、新景观如雨后春笋般不断地在浦江两岸云涌而生、拔地而起。然而,摄影却不像影视那样可以用连续的画面和蒙太奇的手法来体现各个不同时段和不同形象的画面,因此你就无法面面俱到的把跨时间、跨地域的景物拍摄在一幅画面里。(艺术摄影画面毕竟有别于年画或宣传画,故这里不谈用多次曝光的拍摄手法)。

摄影作为艺术,它不只是单纯的"写真与记录",一幅耐看的摄影作品还需融入光影、形象与意境等等诸多艺术元素。《开发与振兴》就是通过现场的构思和创意,借助于摄影器材的运用和暗房制作技法,把三个要素有机地结合在一起,特别是运用构图中的寓意、对比、想象来刻画和揭示新上海城市建设的前程。

技艺评述:《开发与振兴》在画面上方运用了一个深色、沉重而又醒目的吊钩为主体,让人们联想到它的作用是建设,因为它是建筑业的巨无霸形象。画面的下方是采用逆光拍摄在同一画面中的外滩的万国建筑,通过暗房遮挡而成现在这样的灰浅和残缺,意味着它是昔日外国殖民主义的产物,试想今日吊钩下建起的将是崭新的东方之珠、时代之筑。画面的右上方原是连着吊钩的两根钢绳,通过暗房特技,仿制成如同舞台上的幕布,寓意着揭开改革开放和经济建设的序幕。

六、《嫉妒》(见彩图59) 潘锋摄影、撰文

这是一幅诙谐的批评性照片。

说起维纳斯,可以说世人皆知,她是女性美的象征和化身,因此维纳斯亦是美女的代名词。

曾记否,社会上出现过这样一些"靓妹",她们有的脸上的粉底厚如刚刷的白墙没了血色,有的口红涂得又像出了鲜血,有的紧裹着拖地的喇叭裤或是身挂薄如蝉翼的微型吊带袒胸露脐,鼻梁上架着不揭商标贴签的墨镜,耳悬一副犹如老房子门环般的巨无霸耳环,那气势好不让路人肃然起敬,叹为观止。此时她们的脸上浮云翩翩,好不得意,真似腾云驾雾,飘飘然也,因为她们确是"服众的超一流之媚"。当然,一流不是第一,于是又朝思暮想,如何再包装,怎样赶潮头。谁知此时她脑海中一波还未平,眼前却又起一波:"这维纳斯(塑像),我还天天放在面前做什么?人人都说她美,可岂能与我相比,街上那些"老土"还说我不雅,你看我不比这维姐文明得多了吗?你看她姓维的一丝不挂地站着,我不还有点线条嘛,若掩若明的才叫性感呢!更不用说,我眉清目秀,手脚勤巧,而她却双臂全无,残肢断手的……,怎么竟成了世界美姐,真乃气死我了。"只听"哐"的一声碎,接着"哈"的一声笑,女神的塑像被女煞打倒了,但是我要告诉这位小肚鸡肠的靓妹,谁不知:维纳

斯——女之美典的形象是举世公认的,嫉妒是无知的,棒打是徒劳的。

　　　　　　朝思暮想　越潮头,靓丽超时髦;
　　　　　　嫉妒棒打　维纳斯,无知更徒劳。

　　技艺评述:因为在此类无知者的眼中,是看不清真正的美之形象,所以在拍摄时,借用长焦距和大光圈产生的小景深,把维纳斯拍成虚化的,寓示愚昧者对事物的视态与结果。

　　七、《雾云山庄》(见彩图79)潘锋摄影、撰文

　　摄影画面的平衡是摄影构图中的一个相当重要的部分,它会影响作品的稳定感,直接影响到作品的艺术感染力。

　　画面的平衡,可分为两种表现形式。一是景物平衡,在一个框架的左面与右面这一对景物,或上面与下面这一对景物的布局要保持平衡,不可在任何一对景物中,将景物集中于一边而把另一边留作空白,这样布局的画面,使人看了很不舒服,会有一种失重的感觉。另一种叫做影调平衡,一个框架中一边景物影调很浓很深,而另一边却非常浅淡,这样的画面必然也会叫人感到不平衡,因为浅淡的影调使人感觉分量较轻,而深沉的影调让人感到分量较重。那么怎样才能使画面平衡呢?先来谈谈如何平衡景物的问题。通常都不能将景物居于画面的几何中心,因为这样的画面必然较为呆板、乏味,这也是较为忌讳的画面构图。所以就要设法使画面的左、右两边都有景物,但是这些景物,又不是类同的排列与组合,因为平衡绝非缺少变化的平均。以《雾云山庄》为例,要使画面平衡,可以运用这样几种方法:如利用早、晚在山脉的左面摄入一些朝霞或晚霞,当然也可在其他时间拍上朵朵云彩来平衡画面;如改变视角,寻找前景,设法在画面的左上角拍进一些树梢和树叶来平衡画面;等候一些飞鸟进入左上方,摄入画面取得平衡;如取逆光位,使太阳从左上方呈环形组合的形式斜线分布在空白处;如果上述这些方法在当时无法摄取的话,可以回来后另外拍摄,通过暗房制作,两底合成;也可以模仿中国画留空题词的手法来平衡画面。

　　再来谈谈如何平衡影调的问题。应尽量避免使画面两边形成明暗反差强烈的场景,如果当时实在避免不了,可在后期通过暗房制作来改变其影调结构。综合平衡画面,即将景物平衡与影调平衡融合在一起。布局时将形体较大、视觉分量较重的景象安排在影调浅淡的画面一边;运用拍摄的视点和镜头焦距的透视性能,将影调较深沉的部分景物压缩得小一点;根据主体景物与陪体的形体、色彩、影调的视觉比例,在用光时通过光线和阴影的明暗来调整画面的平衡度。

　　八、《祈祷》(见彩图80)潘锋摄影、撰文

　　高调摄影是在顺光下(或在高光位),以浅色(通常以白色为基调)环境为背景,对浅色调的景物所进行的一种瞬间造型。

　　高调以色彩来分析应表现为浅灰或白色的基调。

　　高调构图的画面通常给人以明快的印象。因此宜反映儿童天真活泼的稚感及青年人朝

气蓬勃的精神面貌，特别是女性和青少年那种典雅的神韵和靓丽的风采。另外，高调还宜表现晨雾中的山水风光以及圣洁的场景。

高调摄影的形式和内容往往含有强烈的情感特征，它所反映的是快乐事件、活泼情调和那些向前发展的事物及充满生气和活力的画面。

进行高调人像摄影，对人物的服饰和背景均要求为浅色的色调，当然还要使主体人物（或背景）与作陪体的背景在共存的浅色中略有差异，也就是说需使人物的脸庞、服饰与背景在影调上分得开，它的技术手法则是利用灯光的光比造型来营造出一条黑叶线，使主体从背景中剥离出来。若是在室外自然光之下拍摄高调照片的话，那么可以运用空气透视来解决。

高调摄影的曝光量是以主体景物的主要部分的亮度感光，最好在此基础上稍微再让它曝光过度半级到一级左右，这样可以使制作后的照片能隐去一些中间调。

作品《祈祷》摄自于拉卜楞寺。拉卜楞寺是我国六大藏教宗寺之一，那里寺院林立、金瓦朱墙、旌旗招展、经轮悠悠，一派庄严、神秘的气氛给人以清静圣洁的感觉。一喇嘛信步登上寺顶，面对苍天，闭目敬仰，合掌祈祷……。这不是至高无上、赤诚无瑕的灵魂之净化吗？作者借助于第三只眼睛中的框架，将佛祖的忠实信徒定格于洁白纯净的苍天一角，运用形式上、视觉上、意念上高调的拍摄，使作品《祈祷》寓以净地、净空、净身、净心、净愿、净灵的意境之升华。

单元测试题

一、单项选择题（下列每题的选项中，只有1个是正确的，请将其代号填在横线空白处）

1. 摄影艺术的第一造型元素是_____。
   A. 影调　　　B. 光线　　　C. 色彩　　　D. 形象
2. 表现进步的、向上的事物，应选用_____的基调构成。
   A. 红色　　　B. 绿色　　　C. 白色　　　D. 金色
3. 象征着生命与希望、给人以富饶茂盛和欣欣向荣的视觉心理的色彩是_____。
   A. 红色　　　B. 黄色　　　C. 粉色　　　D. 绿色

二、多项选择题（下列每题的选项中，至少有2个是正确的，请将其代号填在横线空白处）

1. 摄影的流派有_____。
   A. 荒诞派　　B. 抽象派　　C. 达达主义　　D. 现代派
   E. 后现代派　F. 超现实主义
2. 物体的质感主要表现为_____。
   A. 光滑　　　B. 粗糙　　　C. 色彩　　　D. 滋润

E. 光线   F. 软硬

三、判断题（下列判断正确的请打"√"，错误的打"×"）
1. 直线给人以"刚强、耿直、延伸"的感觉。（   ）
2. 曲线给人以"活泼、变化、流畅"的感觉。（   ）
3. 斜线给人以"柔软、优雅、圆满"的感觉。（   ）

四、简答题
1. 摄影的主要表现形式可以分为哪两大类？并简述其艺术特征与表现手法。
2. 艺术摄影大致分为几类作品？
3. 什么是借意叙事作品？
4. 为什么警示信号灯多为红色？

单元测试题答案

一、单项选择题
1. B   2. C   3. D

二、多项选择题
1. ABCDEF   2. ABDF

三、判断题
1. √   2. ×   3. ×

四、简答题
1. 答：摄影的主要表现形式可以分为纪实摄影和艺术摄影两大类。

纪实摄影的特征是不干涉被摄对象和不破坏现场环境气氛而摄取事物客观形象的"原生态摄影"；艺术摄影是一种以创作为指导思想，张扬个人艺术风格的创造性摄影。

纪实摄影的表现手法是强调现场感和真实感；艺术摄影的表现手法是讲究艺术造型的，注重形象的内涵，强调思想的创意。

2. 答：艺术摄影大致可分为唯美作品和流派作品。

3. 答：借意叙事作品是一种借鉴存在于大自然或日常生活中的景物，构成作者主观创想的画面形象，从而寓于感人的意境和哲理的启迪的摄影作品。

4. 答：因为红色是一种警示的色彩，它是一种很刚强、独立、鲜艳的色彩。

知识考核模拟试卷（一）

一、判断题（下列判断正确的请打"√"，错误的打"×"；每题1分，共10分）

1. 多层涂膜的镜头能增加多种色光的亮度。（　　）
2. 只要镜头焦距相同，视角必定相同。（　　）
3. 色温越高，亮度也就越高。（　　）
4. 灯光人像摄影中的副灯，都与拍摄角成90°。（　　）
5. 拍摄人像，主光都应以45°俯射。（　　）
6. 黑线条光最宜拍摄低调人像。（　　）
7. 用侧光拍摄人像，可得阴阳光效果。（　　）
8. 无论明亮部位或是阴暗部位，人的视觉的敏感程度都是相同的。（　　）
9. 顺光最宜用于透明类静物的造型。（　　）
10. 正因为"爱美之心人皆有之。"所以拍摄人像时就应尽可能地美化被摄对象。（　　）

二、单项选择题（下列每题的选项中，只有1个是正确的，请将其代号填在横线空白处；每题1分，共10分）

1. 人像摄影作品的审美_____。
   A. 是主观的　　　　　　　B. 是客观的
   C. 既是主观的，又是客观的　D. 是"心血来潮"的
2. 最早的实用摄影法是达盖尔的_____法。
   A. 银版　　B. 湿版　　C. 铁板　　D. 干版
3. _____摄影的拍摄对象不存在瞬息变化的特点。
   A. 风光　　B. 纪实　　C. 静物　　D. 人像
4. 人像摄影的拍摄方法应当是_____。
   A. 摆拍　　B. 抓拍　　C. 抓摆结合　　D. 兴之所至
5. 人像特写的表现中心是_____。
   A. 头面　　B. 脸形和五官　　C. 眼睛、嘴和眉毛　　D. 整个人
6. 如遇拍摄对象有眼睛过小的缺陷，可采用_____予以弥补。
   A. 视线向上　　B. 被摄者看极远处　　C. 让被摄者眼睛睁大　　D. 仰摄
7. 风景人像的主景宜偏在画面的一边或一角，人物则对应在另一边且_____。
   A. 与主景等大　　B. 偏中　　C. 也近角　　D. 与主景等大且近角
8. 用全色片翻拍，要去除照片中的绿色污染，应选用_____色滤镜。

A. 红　　　　B. 黄　　　　C. 绿　　　D. 蓝
9. D-72配方主要是专对_____进行冲洗的配方。
　　A. 黑白胶片　B. 黑白相纸　C. 彩色胶片　D. 彩色相纸
10. 倒易律是指光照度和曝光时间按正比互易而_____保持不变的规律。
　　A. 密度　　　B. 透明度　　C. 显影　　　D. 曝光量

三、多项选择题（下列每题的选项中，至少有2个是正确的，请将其代号填在横线空白处；每题2分，共20分）

1. 彩色感光材料可按_____分类。
　　A. 胶片指定的色温　　B. 感色性能　　　　C. 影像的正负性能
　　D. 感光度的高低　　　E. 规格　　　　　　F. 曝光宽容度
2. 光圈有如下作用：控制进光照度、控制景深和_____。
　　A. 控制视角　　　　　B. 控制光行差　　　C. 控制景物照度
　　D. 调整拍摄距离　　　E. 控制焦深　　　　F. 影响成像质量
3. 色盲片对_____色光起敏度反应。
　　A. 红　　　　　　　　B. 橙　　　　　　　C. 黄
　　D. 绿　　　　　　　　E. 蓝　　　　　　　F. 紫
4. 高正光最宜用于_____脸形。
　　A. 瘦长　　　　　　　B. 尖窄　　　　　　C. 圆胖
　　D. 四方　　　　　　　E. 双下巴　　　　　F. 深法令
5. 室内人像通过正确布光，能赋予被摄对象以明暗块面而形成_____这几个光影区。
　　A. 反光区　　　　　　B. 反射区　　　　　C. 灰级区
　　D. 过渡区　　　　　　E. 暗影区　　　　　F. 明亮区
6. 影室人像的布光，有安排光位_____四个技法。
　　A. 集散光束　　　　　B. 设配光型　　　　C. 调整光比
　　D. 运用光种　　　　　E. 全面照明　　　　F. 选择光质
7. 人像姿势造型因素包括_____。
　　A. 服饰因素　　　　　B. 道具因素　　　　C. 拍摄因素
　　D. 心理因素　　　　　E. 构图因素　　　　F. 形体因素
8. 手出现在人像画面中可有_____等作用。
　　A. 均衡画面　　　　　B. 展现人物肢体　　C. 显示人物肌肤
　　D. 丰富画面形式　　　E. 扬美避丑　　　　F. 表达立体空间
9. 拍摄透明类玻璃制品，应采用_____进行用光造型。
　　A. 顺光　　　　　　　B. 逆光　　　　　　C. 侧光
　　D. 顶光　　　　　　　E. 底光　　　　　　F. 逆侧光

10. 职业道德的基本规范有_____。
   A. 照章纳税　　　B. 敬老爱幼　　　C. 诚实守信
   D. 办事公道　　　E. 无私奉献　　　F. 敬业爱岗

四、简答题（每题6分，共60分）

1. 简述摄影师的奉献社会是什么？
2. 拍摄透明类玻璃制品有什么注意事项？
3. 简述几种引导表情的方法。
4. 简述合影像用光的基本要求和布光方法。
5. 简述人像摄影所运用的透视规律有哪些？
6. 高调人像的布光有哪些布光原则？
7. 被摄对象的形象比较瘦削，拍摄时该如何处理？
8. 如何设定扫描分辨率？
9. 影响景深的因素有哪些？他们有何关系？
10. 何种测光方式需对测得数据进行曝光补偿后再确定曝光组合？原因是什么？

知识考核模拟试卷（一）答案

一、判断题

1. × 2. × 3. × 4. × 5. × 6. × 7. × 8. × 9. ×
10. ×

二、单选题

1. C 2. A 3. C 4. C 5. C 6. D 7. B 8. C 9. B 10. D

三、多项选择题

1. ACDE 2. BEF 3. EF 4. CDEF 5. DEF 6. CDF 7. CF
8. ADE 9. BDEF 10. CDF

四、简答题（每题6分，共60分）

1. 答：奉献社会指正确处理个人利益和公众利益、经济利益和社会效益的关系。如不因经济利益驱动而拍摄黄色、反动或有损国格的照片；不因某人像照片效果特好而不征得被摄者、作者同意而擅自张挂以招揽生意；不因取景构图好而擅入绿地，影响绿化环境……。

2. 答：①应选择不破不裂、表面光洁无划痕，内部无气泡的玻璃器皿。②仔细拭净指纹、手印、灰尘和污渍等物，使之达到洁净的程度。③注意"变化"，渲染气氛。④准确测光。⑤整个操作玻璃器皿的过程中，宜戴手套。⑥选配合适的素色背景。

3. 答：①通过热情友善的对话来影响被摄者的情绪。②通过启发，宛如导演对演员"说戏"，使对象进入角色，从而流露出原先期望的表情。③声东击西，采用迂回手法，调动对象的注意力。④引导并调动对象视线，使其流露表情。⑤通过"陪逗"——逗引被摄者的同伴以使对象表情自然流露。⑥"投其所好"，以使对象兴高采烈，流露真情……。

4. 答：合影像用光的基本要求是"匀"。即上下、左右、前后每位被摄对象的亮度、光比、光型都基本一致。布光方法是"近光照近又照远，远光照远不照近。"原因在于排列时采用弧角面向。如果单灯主光，必定造成近亮远暗、光比、亮度和光型均会发生很大差异，因此要多灯主光，弧角接射，采用上述布光方法。

5. 答：人像摄影的透视规律主要分为线条透视和影调透视这两大类。线条透视最根本的一条是近大远小，由于拍摄角度的变化从而衍生出平行透视、纵角透视、横角透视和斜角透视。影调透视的一般规律是远亮近暗，反映在色彩上是：远：淡、蓝、晦；近：鲜艳、浓郁。影调透视的特殊规律是近亮远暗。影调透视的一般规律和特殊规律尽管互相相反、互相矛盾，但往往对立统一在同一幅画面中。

6. 答：高调人像的布光基本原则是：①顺光为主，光位宜低宜平，缩小或消除投影。

②背景亮度应控制在"与面部高光亮度相等或不超过面部高光二级"这一范围内。③光质宜软不宜硬。④光比宜小不宜大。⑤以暗影区亮度为测光曝光基准,确定曝光组合,曝光宜足不宜欠。

7. 答:较瘦削的被摄者,在拍摄时应让形象朝"不胖不瘦"的方向靠,也就是要较其本人胖一些。拍半身时,应选用标准镜头,摄距短于 2 m,或正面,或全侧面,不能用半侧面;用阴阳光或小三角光,反差略低;镜头角度也应在下巴或再低一些;全身像身体宜正不宜侧;在不影响全局的情况下,光位宜低角。

8. 答:公式:①扫描分辨率=最终图像高度÷被扫描图像高度×打印分辨率(dpi)。②确定分辨率时需注意扫描所得文件大小与扫描分辨率直接相关;相同尺寸图像,分辨率越高,图像文件占有量越大。扫描分辨率提高 N 倍,所得文件大小就提高 N^2 倍。③勿使扫描文件大小超过内存,否则会造成"死机"。④确定分辨率时,应选择能被扫描光学分辨率整除的分辨率,不能整除时,"就高不就低"。

9. 答:影响景深的因素有拍摄距离、镜头焦距和光圈。在其他因素相同时,拍摄距离越大(即对焦距离越远),景深范围越大;拍摄距离越小(即对焦距离越近),景深范围越小。其他因素相同时,镜头焦距越长,景深越小;焦距越短,景深越大。其他因素相同时,光圈越大,景深越小;光圈越小,景深越大。其他因素不同时,没有可比性。

10. 答:用反射式测光往往需要对测得的数据实施曝光补偿,再确定曝光组合。原因在于测光表都是假定被摄对象(测定物)反射率为18%的中灰亮度。在被测物与中灰亮度有较大差异时,就必须实施"遇亮要加,遇暗要减"的曝光补偿。否则,浅色或白色主体就会因曝光不足而发灰;深色或黑色主体也会因曝光过度而变灰。

知识考核模拟试卷（二）

一、判断题（下列判断正确的请打"√"，错误的打"×"；每题1分，共13分）

1. 镜头的有效口径是光圈。（　　）
2. 快门时间越长，因机震而引起的相机抖动也较大。（　　）
3. 35 mm单反相机是完全没有视差的相机。（　　）
4. 只要镜头焦距越短，景深必然越大。（　　）
5. 无限远的景物在焦平面上结成清晰影像时，镜头的第二节点至焦平面的垂直距离是镜头焦距。（　　）
6. 正光（又称正面光）是主光顺向照射被摄者形成的。（　　）
7. 白一线光是主光与拍摄方向成正负15°角。（　　）
8. 影室人像的布光，应摆中有抓。（　　）
9. 观察光影效果时，眼睛的视点必须在镜头的同一位置，才可保证与负片记录的效果相一致。（　　）
10. 人像的姿势，只能由被摄者自由发挥。（　　）
11. 静物摄影必须纪实。（　　）
12. 所谓再现性艺术，在摄影中就是指客观反映、准确再现或描绘被摄对象，而决不掺入拍摄者的主观感情。（　　）
13. 在艺术人像摄影中，形与神的关系乃是形神兼备，贵在传神。（　　）

二、单项选择题（下列每题的选项中，只有1个是正确的，请将其代号填在横线空白处；每题1分，共12分）

1. 在人像摄影中，被摄者的"神"是_____的，必须依靠"形"来揭示。
   A. 天生的　　B. 外露的　　C. 外表的　　D. 内在的
2. 职业道德乃是_____都必须遵守的。
   A. 每位公民　B. 每个从业者　C. 广大消费者　D. 每个从业者和服务对象
3. 分析透明类玻璃制品的透光率，我们可以发现这样的规律：透光率与玻璃的厚度、色泽成_____。
   A. 正比　　B. 反比　　C. 恒定　　D. 特定
4. 单人的全侧面、半侧面像构图属_____构图。
   A. 超前式　　B. 传统式　　C. 对称式　　D. 不对称式
5. 无论静物还是人像，如果整幅画面色彩缤纷绚丽，易使_____。
   A. 赏心悦目　B. 主题鲜明　C. 主次难分　D. 主题鲜明突出

6. 拍摄人像，对被摄者服装的要求，在色彩、明度等方面，始终应贯彻_____。
   A. 以流行时尚为宜　　B. 以鲜艳明亮为主　　C. 以质地高贵为主
   D. 作"人"的陪衬

7. 人像的构图中，凡是"线"，应当_____。
   A. 都是有具体形状的　　B. 是没有具体性状的　　C. 是既可有形，也可无形的
   D. 介于有形于无形之间的

8. 影调处理只是手段，而不是摄影创作的_____。
   A. 目的　　　　B. 方法　　　　C. 思想　　　　D. 基础

9. 通过镜头测量胶片反射光的测光方式又被称为_____测光。
   A. TTL　　　　B. TTF　　　　C. A　　　　D. TTL-OTF

10. 彩色反转片冲洗的标准工艺是_____。
    A. D-72　　　B. D-76　　　C. C-41　　　D. E-6

11. 当光线完全能解决曝光对光圈和快门的需要时，选用胶片感光度应当_____。
    A. 宜低不宜高　　B. 宜高不宜低　　C. 宜贵不宜贱　　D. 任选

12. ISO64 的感光度与 DIN _____相同。
    A. 22　　　　B. 19　　　　C. 18　　　　D. 15

三、多项选择题（下列每题的选项中，至少有 2 个是正确的，请将其代号填在横线空白处；每题 3 分，共 21 分）

1. 染料型黑白胶片具有_____等特点。
   A. 颗粒粗　　　B. 颗粒细　　　C. 反差低　　　D. 反差高
   E. 曝光宽容度大　　F. 高倍放大清晰

2. 胶片的解像力与_____有关。
   A. 显影程度　　B. 光圈　　　C. 镜头解像力　　D. 曝光量
   E. 现场光情况　　F. 对焦程度

3. 阴阳光最宜用于下述被摄者_____。
   A. 圆胖脸　　　B. 四方脸　　　C. 双下巴　　　D. 瘦长脸
   E. 低鼻梁　　　F. 深法令

4. 人像的姿势造型的形体因素有_____。
   A. 头姿　　　B. 角度　　　C. 透视　　　D. 身架
   E. 腰肢　　　F. 手势

5. 低调人像的主光，应当_____。
   A. 俯　　　　B. 平　　　　C. 仰　　　　D. 顺
   E. 逆　　　　F. 侧

6. 静物摄影最常用的镜头是_____。
   A. 超广角镜头　　B. 广角镜头　　C. 标准镜头　　D. 中焦镜头

E. 长焦镜头
7. 敬业爱岗就是要摄影师_____。
　　A. 入业　　　B. 从业　　　C. 乐业　　　D. 勤业
　　E. 精业　　　F. 执业

四、简答题（每题6分，共54分）

1. 用全色片翻拍双面印有黑字的白色文件，应该采取什么方法？
2. 静物摄影的特点有哪些？
3. 就你的认识，谈证件照与艺术人像的创作有何异同？
4. 平行透视有何特点？
5. 低调照片的成调条件有哪些？
6. 你认为家庭合影照的排列应遵循哪些规律？
7. 拍人像时，镜头距离远近有何作用？
8. 数码摄影有哪些特点？
9. 摄影时，光源色温是否应统一？

知识考核模拟试卷（二）答案

一、判断题
1. ×　2. √　3. ×　4. ×　5. √　6. ×　7. √　8. ×　9. √
10. ×　11. ×　12. ×　13. √

二、单项选择题
1. D　2. B　3. B　4. D　5. C　6. D　7. C　8. A　9. D　10. D
11. A　12. B

三、多项选择题
1. BCEF　2. ACDF　3. CD　4. ADEF　5. AEF　6. BCD　7. CDE

四、简答题

1. ①镜头光轴与文件中垂线重合。②布光均匀。③在文件背面衬黑纸。④单独显影并略增加显影程度。

2. 答：①静物摄影的特点在于整个摄影全程均是组织加工和摆布拍摄。②摄影对象不存在瞬息变化。③对于如何用光、选择光圈、快门时间、拍摄角度、方向……，一切均由摄影师独自决定。

3. 答：①证件照以"真实为主，美化为副"。甚至不提美化、不应美化。②艺术人像的创作目的，并不强调真实再现被摄对象本来面目。③艺术人像或强调人的美，或强调反映生活本质；有时像不像本人并不是考虑作品成败的因素。④二者均以人为拍摄对象，都要运用摄影技能。

4. 答：①采用平行透视的画面，所有的线条都能保持横平和竖直，无变形现象（摄距过近另当别论）。②平行透视有使立体形状（主要指前后的凹凸）变得比较不明显些的作用。

5. 答：①整幅画面中至少50％是深色块或黑色，余下部分灰色块和明色块约占各半。为此，深色或黑色衣服是基础条件。②选用深色或是黑色背景。③拉大背景与主体的间距，避免照主体的灯光照亮背景。④尽可能用逆光、逆侧光位为主光，以产生大面积阴影来降低影调。⑤轮廓光不宜过亮、过强和过"宽"，以免影响整体影调。

6. 答：①尊长者坐、卑幼者立；但最幼小者可不受此限制。②居中者重要，应安排家庭中最高长辈或最年长者安坐，其他按上下首"对号入座"。③以最长者为中心，逐层排列时先考虑辈分，再结合序次。④尽可能兼顾小家庭的完整。

7. 答：①镜头距离的远近，既与体裁有关，也与透视效果有关。②对于定焦镜头而言，距离近，成像大，可拍特写、头像或胸像；距离远，只能拍大半身、全身或群像。③

从透视的作用看，摄距远，不会变形；摄距近易变形，而且变形程度与摄距成反比的关系，摄距越近，变形程度越甚。

8. 答：①数码摄影的特点其实是相对于传统胶片的。②传感器用 CCD 或 CMOS 而不用胶卷。③储存卡可反复使用，随时可在相机或显示屏上观看，不满意可立即删除，既无成本损耗，也不费时。④无色温限制，感光度随时都可设定，对光照条件要求远低于胶片。⑤既可打印出照片，又可在计算机上观看和经网络快速传递。

9. 答：①摄影时的光源色温并不强调完全统一，而且实际上也统一不了。②以自然光为例，太阳为主光，天空光、地面反射光、草地和树丛及建筑物的环境光……，这些副光的色温决不可能与阳光统一，拍摄时也不可能完全隔绝这些副光。③现在的外景婚纱照中，有人将桅灯照明人脸，以取得局部暖调效果。④上述情况均被视为正常也均被人们接受，充分证明拍摄时光源色温并不一定要强调统一。⑤至于其他不少场合的现场照片，各种色温光源同时存在，至多是在亮度上有差异，但均能接受。

附录

中级摄影师操作技能鉴定项目表

序号	项目名称	单元内容	鉴定方式	抽选方法	时限（min）	配分
1	人像	护照用证件照	操作	必选	5	10
		高调或低调艺术人像	操作	二选一	7	20
		双人婚纱横半身	操作	三选一	7	20
		双人婚纱直半身			7	
		双人婚纱全身			7	
2	静物	透明类玻璃制品	操作	必选	9	30
3	数字摄影	风光照	操作	必选	20	10
4	数字影像处理	数字影像处理	操作	必选	15	10